ANÁLISE DO PLANEJAMENTO FISCAL PARA GRANDES SOCIEDADES EMPRESÁRIAS BRASILEIRAS E PORTUGUESAS

Catalogação na Fonte
Elaborado por: Dayanne Leal Souza
Bibliotecária CRB 9/2162

C917a
2025

Crepaldi, Silvio Aparecido
Análise do planejamento fiscal para grandes sociedades empresárias brasileiras e portuguesas / Silvio Aparecido Crepaldi. – 1. ed. – Curitiba: Appris, 2025.
224 p. ; 23 cm. – (Coleção Direito e Constituição).

Inclui referências.
ISBN 978-65-250-8108-3

1. Planejamento tributário. 2. Tributário. 3. Tributação. 4. Regime empresarial. I. Crepaldi, Silvio Aparecido. II. Título. III. Série.

CDD – 341.39

Livro de acordo com a normalização técnica da ABNT

Editora e Livraria Appris Ltda.
Av. Manoel Ribas, 2265 – Mercês
Curitiba/PR – CEP: 80810-002
Tel. (41) 3156 - 4731
www.editoraappris.com.br

Printed in Brazil
Impresso no Brasil

Silvio Aparecido Crepaldi

ANÁLISE DO PLANEJAMENTO FISCAL PARA GRANDES SOCIEDADES EMPRESÁRIAS BRASILEIRAS E PORTUGUESAS

Appris editora

Curitiba, PR
2025

FICHA TÉCNICA

SUPERVISORA EDITORIAL: Renata C. Lopes

PRODUÇÃO EDITORIAL: Sabrina Costa da Silva

REVISÃO: Bianca S. Pechiski

DIAGRAMAÇÃO: Andrezza Libel

CAPA: Amélia Lopes

REVISÃO DE PROVA: Colméia Studios

COMITÊ CIENTÍFICO DA COLEÇÃO DIREITO E CONSTITUIÇÃO

*Às pessoas mais importantes para mim: meu pai, exemplo de vida, Silvio Crepaldi (*in memoriam*); minha querida mãe, Maria Terezinha de Castro Crepaldi (*in memoriam*); principais responsáveis pela minha vida, a quem devo meu caráter e a disciplina no trabalho, princípio de tudo.*

À minha adorada esposa, Solange Simões Crepaldi, companheira inseparável que compartilha comigo momentos de alegria e de sucesso, meio e fim.

Aos meus filhos, Cynthia, Guilherme e Silvia; e, também, aos meus netos, Helena, Gustavo, Luiza e Bruno.

AGRADECIMENTOS

Agradeço ao Grande Arquiteto do Universo pelo dom da vida; a Ele, que constantemente nos dá forças suficientes para o desempenho do trabalho.

À Universidade Autônoma de Lisboa Luís de Camões (UAL), Departamento de Direito, pelo curso ministrado.

De modo especial, à minha família, que sempre, com amor, me estimulou, compreendendo as longas horas em que estive ausente, mesmo quando estava no lar. Apesar de a redação de uma tese de doutorado ser um produto de responsabilidade e de estresse de natureza individual, sem o apoio contínuo e incondicional de minha família – meu pai, Silvio Crepaldi (*in memoriam*); minha mãe, Maria Terezinha de Castro Crepaldi, (*in memoriam*); minha esposa, Solange Simões Crepaldi; meus filhos, Cynthia, Guilherme e Silvia; e meus netos: Helena, Gustavo, Luísa e Bruno –, nada disto teria sido possível. Vocês são simplesmente fundamentais na minha vida, responsáveis diretos pela minha saúde afetiva.

Aos professores do Departamento de Direito, pelos ensinamentos ministrados, e aos colegas do curso de doutorado, pelo ambiente agradável de trabalho que sempre proporcionaram.

Aos amigos próximos e aos distantes fisicamente, meus sinceros agradecimentos. Sem sua contribuição e dedicação coletiva, certamente este trabalho não chegaria a bom termo.

Ao meu coorientador, Prof. Dr. Cláudio Carneiro Bezerra Pinto Coelho, profissional de grande competência e larga experiência na área tributária, pela sua prestimosa colaboração e auxílio.

Ao excelentíssimo diretor do Departamento de Direito, Prof. Dr. Pedro Gonçalo Tavares Trovão do Rosário, meu orientador, homem íntegro que tive a oportunidade e a alegria de conhecer desde a minha primeira disciplina no curso de doutorado em Direito, manifesto minha profunda gratidão por sua ajuda constante, pela orientação criteriosa, pelas ideias sugeridas, pelo empenho travado junto a mim para a conquista desse título.

Não há nada tão certo neste mundo como a morte e os impostos.

(Benjamin Franklin)

LISTA DE ABREVIATURAS E DE SIGLAS

AC	Ato de Concentração
ACE-58	Acordo de Complementação Económica entre o Mercosul e o Peru
ADCT	Ato das Disposições Constitucionais Transitórias
ALCA	Área de Livre Comércio das Américas
BACEN	Banco Central
BEPS BASE	Base Erosion and Profit Shifting Action Plan
BRIC	Brasil, Rússia, Índia e China
CADE	Conselho Administrativo de Defesa Económica
CC	Código Civil
CDA	Certidão de Dívida Ativa
CEE	Comunidade Econômica Europeia
CF	Constituição Federal
CMC	Conselho do Mercado Comum
CMN	Conselho Monetário Nacional
COFINS	Contribuição para o Financiamento da Seguridade Social.
CPI	Comissão Parlamentar de Inquérito
CRP	Constituição da República Portuguesa
CSLL	Contribuição Social sobre o Lucro Líquido
CTN	Código Tributário Nacional
CVM	Comissão de Valores Mobiliários
DLRR	Dedução por Lucros Retidos e Reinvestidos
E-LALUR	Livro de Apuração do Lucro Real

ECF	Escrituração Contábil Fiscal
E.P.E	Entidade Pública Empresarial
EUA	Estados Unidos da América
FED	*Federal Reserve System*
FINSOCIAL	Fundo de Investimento Social
FMI	Fundo Monetário Internacional
IBPT	Instituto Brasileiro de Planeamento Tributário
HIV	*Human Immunodeficiency Virus* – Vírus da Imunodeficiência Humana
IA	Imposto automóvel (Portugal)
ICM	Imposto sobre Circulação de Mercadorias
ICMS	Imposto sobre Operações relativas à Circulação de Mercadorias Serviços
IGCP	Instituto de Gestão de Tesouraria e do Crédito Público
IMI	Imposto Municipal sobre Imóveis (Portugal)
IMT	Imposto Municipal sobre Transmissões Onerosas de Imóveis
INMETRO	Instituto Nacional de Metrologia Qualidade e Tecnologia
INSS	Instituto Nacional do Seguro Social
IOF	Imposto sobre Operações Financeiras
IPI	Imposto sobre Produtos Industrializados
IPMF	Imposto Provisório sobre Movimentação ou Transmissão de Valores e de Créditos e Direitos de Natureza Financeira
IPTU	Imposto Predial e Territorial Urbano
IPVA	Imposto sobre a Propriedade de Veículos Automotores
IR	Imposto de Renda
IRC	IRC Imposto sobre Rendimento de Pessoas Coletivas (Portugal)

IRPJ	Imposto de Renda pessoa jurídica
IRRF/PF	Imposto de Renda Retido na Fonte – Pessoa física
IRS	Imposto sobre rendimentos de pessoas singulares (Portugal)
ISP	Imposto sobre os produtos petrolíferos
ISQN	Imposto Sobre Serviços de Qualquer Natureza
ISS	Imposto sobre Serviços
IT	Imposto de consumo sobre o tabaco (Portugal)
ITBI	Imposto sobre a Transmissão de Bens Imóveis
ITCD	Imposto sobre Transmissão *Causa Mortis* e Doação de Quaisquer Bens ou Direito
ITR	Imposto Territorial Rural
IUC	Imposto Único de Circulação (Portugal)
IVA	Imposto sobre o Valor Agregado
IVC	Imposto Estadual sobre Vendas e Consignações
IVVC	Imposto sobre Vendas a Varejo de Combustíveis Líquidos e Gasosos
MERCOSUL	Mercado Comum do Sul
MEI	Microempreendedor individual
OCDE	Organização para a Cooperação e Desenvolvimento Económico
OECE	Organização para a Cooperação Econômica Europeia
OIT	Organização Internacional do Trabalho
OMC	Organização Mundial do Comércio
PAC	Política Agrícola Comum
PEC	Propostas de Emenda à Constituição
PASEP	Programa de Integração Social e do Programa de Formação do Patrimônio do Servidor Público
PIB	Produto Interno Bruto

PIS	Programa de Integração Social
PT	Partido dos Trabalhadores
PWC	*Pricewaterhouse Coopers*
RCCS	Remuneração Convencional do Capital Social
RETGS	Regime Especial de Tributação dos Grupos de Sociedades
RFAI	Regime Fiscal de Apoio ao Investimento
RFB	Receita Federal do Brasil
RIR	Regulamento do Imposto de Renda
ROA	Revista da Ordem dos Advogados
RPS	Rendimento das Pessoas Singulares
SEBRAE	Serviço Brasileiro de Apoio às Micro e Pequenas Empresas
SELIC	Sistema Especial de Liquidação e de Custódia
SIFIDE	Sistema de incentivos em investigação e desenvolvimento empresarial
SIMPLES	Sistema Integrado de Pagamento de Impostos e Contribuições
STJ	Superior Tribunal de Justiça
STN	Sistema Tributário Nacional
SENAC	Serviço Nacional de Aprendizagem Comercial
SENAT	Serviço Nacional de Aprendizagem do Transporte
SESC	Serviço Social do Comércio
SESI	Serviço Social da Indústria
SEST	Serviço Social do Transporte
SUMOC	Superintendência da Moeda e do Crédito
TA	Tributação Autónoma (Portugal)
TVA	*Taxe sur la Valeur Ajoutée*

TEC	Tarifa Externa Comum
TRF	Tribunal Regional Federal
UE	União Europeia
UK	*United Kingdom* (Reino Unido)

SUMÁRIO

INTRODUÇÃO

A sociedade de hoje desenvolve-se de forma globalizada, uma vez que a interferência sofrida nos países, devido à globalização, faz com que a informação se torne mais rápida e ágil em qualquer lugar do planeta. Seja para o bem ou para o mal, a velocidade com que a tecnologia se propaga é a mais rápida da história. As empresas, por sua vez, seguem o caminho previsto por esta rapidez evolutiva. Entretanto, o planejamento, em todos os setores de uma organização, é um fator chave na sua motivação para o sucesso. É economicamente relevante, no sentido do seu significado em relação à arrecadação tributária e ao perfil do impacto da tributação junto aos contribuintes, apontar para realidades marcantes. Na perspectiva do direito, existem dois temas relevantes: a isonomia, pois pode ser quebrada não apenas quando se cobra tributo de quem não deveria ser cobrado; e a concorrência, pois o ideal é que a tributação seja um piso único a partir do qual todos os concorrentes passem a agir. A isonomia na constituição é incontestável. A relevância da concorrência, ao lado da liberdade de iniciativa, também é inegável, conforme previsão constitucional.

As empresas estão constantemente a implementar estratégias táticas e operacionais para criar *valores* para *os seus acionistas*; assim, tentam reduzir ao máximo os custos operacionais e o impacto dos impostos nos resultados líquidos.

A conciliação dos fatores de produção com outros fatores, a fim de criar valores (nomeadamente através do planejamento fiscal) faz com que a expectativa de lucro aumente e, consequentemente, atraia mais *acionistas*. Para uma empresa num mercado global, a criação de valores e a capacidade de manter os *acionistas satisfeitos* são da maior importância.

Assim, nesta tese, abordar-se-ão os sistemas fiscal brasileiro e português de modo a compreender como o planejamento fiscal é aceito pelas legislações. Será demonstrado que é possível estar dentro da lei e escolher uma forma menos dispendiosa de pagar impostos e fazer da cobrança um instrumento administrativo no planejamento a longo prazo, atingindo um saldo mais baixo dos impostos a pagar no final do mês – uma despesa fiscal mais baixa significa maior margem de lucro e mais competitividade.

Ao estudar o planejamento fiscal, percebe-se que a realidade tributária brasileira se tornou notoriamente complexa, trazendo um enorme custo financeiro às empresas e ainda causando insegurança constante aos empresários, que não têm a certeza de estar em conformidade com as obrigações exigidas pelo Fisco (Crepaldi, 2023 p. 4). Saber se o que a sociedade empresária está recolhendo de impostos é justo e se há oportunidades de economia pode auxiliar na gestão de crescimento da exploração da atividade econômica. É de alta complexidade acarretados pelo negócio, aspectos jurídicos, sistema contábil e aspectos ideológicos-normativos.

O planejamento fiscal, também conhecido como elisão fiscal, também denominado de evasão fiscal lícita ou elisão, é um ato preventivo que, no âmbito da rigorosa observação da legislação brasileira em vigor, procura encontrar mecanismos para reduzir o desembolso financeiro com o pagamento de impostos, tornando-se algo latente nas administrações empresariais. O seu objetivo é evitar a incidência tributária, de forma a evitar a ocorrência do fato gerador de imposto, minimizando assim o seu montante, de forma a reduzir a taxa ou a base de cálculo (Crepaldi, 2023 p. 4). Atividade estritamente preventiva que estuda os atos e fatos jurídicos visando diminuir ônus tributários mediante a escolha da melhor opção legal disponível. É anterior à ocorrência do fato gerador. Envolve uma realidade complexa, de múltiplos desdobramentos, geralmente realizada por equipe multidisciplinar – contábil e jurídica.

Este planejamento tem sido objeto de numerosas discussões e reflexões, porque algumas premissas que lhe davam suporte sofreram alguma flexibilização e alteraram os contornos do que se pode entender por uma conduta legítima do contribuinte, com vista à economia de impostos. Isto porque tal entendimento foi considerado no sentido de que, tendo em conta aspectos éticos, sociais e concorrenciais, inseridos no texto constitucional, não seria razoável que o imposto fosse o diferencial nas relações concorrenciais entre empresas, para além do qual todos deveriam contribuir, dentro da sua capacidade contributiva positiva, para a realização dos fins atribuídos a um Estado de Direito Democrático. O que se percebe, portanto, embora confesse pessoalmente um certo desconforto em relação a tais ponderações, é uma mudança de paradigma relevante dos valores no planejamento fiscal.

Assim, atualmente, um empresário que conduz, por exemplo, a reorganização societária, não vedada na lei, com o propósito exclusivo de reduzir impostos, pode ser questionado pelo Fisco? A resposta, em geral, tem sido afirmativa, uma vez que é possível realizar condutas com o propósito exclusivo de reduzir a carga fiscal.

A liberdade de auto-organização e de gestão empresarial – que lhe permite praticar qualquer tipo de procedimento, desde que não esteja vedado em lei, com o objetivo exclusivo de poupar impostos, pela força da mudança de valores e paradigmas – tem sido limitada e subordinada a outros limites legais, especialmente com base na noção de solidariedade e capacidade contributiva positiva. Tendo em conta estes aspectos, para que um planejamento fiscal, neste momento, não corra o risco de ser ignorado pela Administração Tributária, é necessário cumprir, para além dos requisitos negativos, como a ilegalidade, a anterioridade do evento gerador e a ausência de patologias (simulação, fraude à lei etc.), elementos positivos, nomeadamente a motivação extratributária e a necessidade da substância do negócio. Isto significa que os negócios realizados, com os efeitos da redução de impostos (elisão fiscal), exigem uma justificação interna da sua causa que não seja apenas de natureza tributária. Assim, vale a pena analisar quais foram as razões que conduziram a um determinado procedimento, por exemplo, administrativo, familiar, político, económico, entre outros, uma vez que razões estritamente ligadas à redução de impostos não foram reconhecidas como suficientes para estruturar e legitimar o planejamento fiscal perante a Administração Tributária.

Com efeito, o que se nota, neste momento, é que nenhum empresário é obrigado a pagar o maior imposto possível, aniquilando o planejamento fiscal, no entanto, isto não significa que qualquer imposto menor possível seja legítimo e tenha os seus efeitos protegidos pelo sistema legal contra a Administração Tributária. Há vários anos, a Receita Federal do Brasil (RFB) começou a avaliar o propósito económico de cada uma das partes em operações com menor incidência fiscal. O recomendado é que o empresário analise cuidadosamente o risco de operações de planejamento fiscal direcionadas ao não pagamento de impostos.

Para manter a competitividade da empresa, é essencial conhecer os impostos cobrados na atividade e procurar soluções seguras e legais para reduzir a carga fiscal através do planejamento fiscal. A questão fiscal é de grande relevância para a empresa e não pode ser ignorada pelo administrador societário, sob pena de aumento substancial da carga tributária, cujas implicações seriam a redução da margem de lucro ou a transferência deste aumento para o consumidor, através de um aumento indesejado do preço final do produto e/ou serviço, o que, nas atuais condições de competitividade do mercado, pode ter consequências nefastas para a continuidade das operações da empresa.

Segundo Carneiro (2020), a estrutura tributária vigente no Brasil é extremamente complexa e é bastante comum a dúvida sobre quais impostos afetam os preços, pois impostos confundem-se facilmente com encargos sociais. A grande diferença reside na base de cálculo sobre a qual incidem uns e outros: enquanto os tributos incidem sobre faturação, os encargos sociais incidem sobre a folha de pagamento. Na formação de preços, somente os tributos são considerados e tratados como despesas variáveis, uma vez que os encargos sociais são concebidos como despesas fixas. O tributo é custo variável que não pode ser desprezado nem ignorado. É, portanto, determinante no preço final ao consumidor, visto que a participação do tributo é crescente à medida que a cadeia de valor aumenta; a taxa marginal está a diminuir, definindo, assim, o preço final da venda. É necessário adotar cautelas na formulação do sistema tributário. Assim, quanto maior for o volume de receitas e mais funções atribuídas ao sistema, maior o grau das distorções no mercado, levando, muitas vezes, a conflitos entre diferentes objetivos, consoante Andrade Filho (2018).

A tributação afeta os incentivos para a atuação dos agentes económicos e pode alterar o comportamento dos consumidores, produtores e trabalhadores de forma a reduzir a eficiência da economia. Quanto mais simples o sistema tributário, mais claro é seu entendimento pelo contribuinte, e quanto mais justo e eficiente for considerado, maior é o seu grau de aceitação pela sociedade (Castardo, 2017; Holmes; Sunstein; Cipolia, 2019). Aquela é válida quando exercida na forma e na medida admitidas pela Constituição da República Federativa do Brasil (1988) e pela Constituição da República Portuguesa (1976).

Entretanto, deve-se salientar que, na tributação internacional, ocorrem situações em que existe um contacto de normas, um ponto comum, cujos elementos serão dotados de mais de uma ordem jurídica-tributária. Esta ligação poderá sobrepujar duplo grau de tributação jurídica internacional, gerando assim obstáculos para os negócios.

A crise global dos últimos anos, presente tanto no Brasil quanto em Portugal, fez com que os governantes queiram ampliar seu espectro de receitas tributárias, assim como, logicamente, os contribuintes estudarem novas formas de minimizar o impacto fiscal. É cediço que o Estado, enquanto instituição jurídica, tenha a tributação como uma das fontes de receita, para que possa sobreviver e ser administrado, e o fundamento do poder de tributar, inicialmente, baseia-se na soberania que cada Estado exerce em seu território. Entretanto, nem sempre foi assim, porque ao longo da Idade Média, camponeses e artesãos, baseados em costumes e convenções, entregaram ao Príncipe parte da sua produção de colheita e/ou criação, além de participarem diretamente na reparação de estradas e muralhas. Em contrapartida, receberam a autorização do uso das terras reais, que não lhes pertenciam, e, de mesmo modo, a garantia de segurança por parte do Príncipe. Ocorre que estes pagamentos de rendas forma devidos à pessoa do Príncipe, e não à instituição do Estado, podendo este dispor da maneira que melhor lhe conviesse, caracterizando a fazenda real. Com o crescimento das relações e, portanto, o crescimento de guerras e batalhas para conquistar mais territórios, as rendas existentes do Príncipe já não bastavam, e então, passou-se a requerer rendas adicionais, de natureza temporária, para custear armas, campanhas, e tudo o mais de que os exércitos necessitavam.

Esta prática estendeu-se ao longo dos séculos, atingindo a fase atual, insatisfatória para as empresas. Nesta perspectiva, analisou-se a legalidade e a economicidade do planeamento fiscal eficaz e foi identificado o regime adequado de tributação para as sociedades empresariais brasileiras e portuguesas, de forma a reduzir a sua carga tributária para alcançar resultados económicos compensadores, seguindo os princípios constitucionais tributários.

Especificamente, identificaram-se as possibilidades de redução no recolhimento dos tributos, através de informações fiáveis e, finalmente, buscou-se conhecer e utilizar as alternativas aplicadas às sociedades empresariais. O planeamento fiscal (tributário) é um direito fundamental, pelo que o contribuinte procura diminuir a tributação a pagar dentro da lei. Trata-se, portanto, de um estudo anterior à execução dos factos geradores e que está a permitir a escolha entre da melhor tributação, desse modo é a forma legal de minorar a carga tributária. Pode ser uma imensa fonte de oportunidades para a sociedade empresarial reduzir custos e melhorar os resultados. Além disto, quando a lei autoriza diferentes quadros jurídicos existentes, ou mesmo determina a existência de regimes de tributação outros, com normas de incidência distintas, e há a permissão para a escolha da alternativa de conduta fiscal pelas organizações empresariais, o planeamento tributário está disponível.

Segundo Crepaldi (2019, p. 3), com a expansão dos negócios e a necessidade de adaptar-se e usar as constantes mudanças legislativas a seu favor, muitas empresas estão a reforçar suas áreas tributárias, tornando-as menos operacionais e mais estratégicas. O conhecimento exato das obrigações fiscais das empresas, brasileiras e portuguesas, dos princípios constitucionais tributários e das diversas alternativas de procedimentos relativos aos tributos, geralmente resulta em menor ônus no cumprimento do dever tributário e menor grau de exposição da empresa às punições fiscais, que possam colocar em risco os resultados a serem alcançados ou a própria estabilidade do empreendimento. Evitar a incidência do evento gerador de tributo e encontrar alternativas legais para postergar o pagamento são as alternativas sugeridas, posto que não se pode romper o pacto social, composto por leis, prescritas na Carta Magna.

Todavia, numa constituição, deve-se conceber a existência de normas que não possuem o mesmo grau de importância, porque algumas simplesmente veiculam regras enquanto outras são princípios verdadeiros, que representam "vigas mestras" de um ordenamento jurídico. Sempre que houver uma dupla interpretação da norma ou um entendimento dúbio, os princípios devem ser utilizados para encontrar a solução interpretativa.

Princípio é regra básica implícita ou explícita que, por sua grande generalidade, ocupa posição de destaque no ordenamento jurídico e, por isto, vincula o entendimento e a boa aplicação, quer de simples atos normativos, quer dos próprios mandamentos constitucionais. Demonstra uma regra superior, positivada ou não, à qual devem moldar-se às disposições legais, visto que os princípios indicam a "direção" que deve ser tomada pelo exegeta ou pelo legislador, conforme Sabbag (2020).

A Constituição brasileira, no capítulo referente ao Sistema Tributário Nacional, art.º 145 e seguintes, traz vários princípios a serem observados no campo de ação do Direito Tributário. Estes princípios constituem-se de limitações reais ao poder de tributar, ou seja, limitações que o Estado impõe em relação ao seu próprio poder de tributar. O princípio é, portanto, um vetor para as soluções interpretativas. É uma regra básica, como referido, com âmbito de validade maior, que exerce, dentro do sistema jurídico, função axiologicamente mais importante do que a regra, mesmo a constitucional. Assim, ao interpretar, o aplicador do direito não pode contrariar o sentido demonstrado e deve caminhar na direção indicada por tal princípio, sob pena de feri-lo, o que tornará inconstitucional a interpretação. Também deve respeito aos princípios do legislador, uma vez que, ignorar suas disposições, criará lei contaminada pela inconstitucionalidade.

Não importa a forma pela qual o princípio é exteriorizado; faz-se importante, na realidade, sua existência ou não. Assim, pode, o princípio constitucional, ser implícito ou explícito, o que não retira seu caráter de regra orientadora. A título de exemplo, temos o princípio da isonomia das pessoas políticas, que é implícito; existe o princípio da legalidade, expressamente previsto no inciso I do art.º 150, CF (1988). Os princípios constitucionais tributários são a expressão da soberania estatal e traduzem-se em limitações ao poder de tributar, o que não impede o Estado de exigir dos indivíduos, por atividade vinculada, parcela do seu patrimônio. As limitações ao poder de tributar devem ser observadas em dois aspectos: o primeiro diz respeito aos princípios, que regulam, norteiam a competência dos entes políticos; o segundo, às imunidades, regras que proíbem a tributação sobre certos bens, pessoas ou fatos a fim de proteger determinados conteúdos axiológicos na Constituição, razão pela qual tais limitações representam importante conquista político-jurídica dos contribuintes.

Próximas da elisão fiscal e distantes da evasão fiscal, as exemplificações mais comuns são a substituição da maior parte do pró-labore dos sócios da empresa pela distribuição de lucros, uma vez que não há incidência do imposto de renda e do desconto previdenciário, e a escolha pelo regime de caixa, em contraponto ao regime de competência. No regime de caixa, receitas e despesas são apropriadas no recebimento ou no pagamento; já no regime de competência, são apropriadas na data do fato gerador, independentemente da data de recebimento ou de pagamento. Há uma grande diferença nas vendas a prazo: é o mecanismo para alcançar um impacto tributário reduzido, em que se recorre a um ato ou negócio jurídico real, verdadeiro, não carregando vício no seu alicerce fático ou na manifestação de vontade, daí se materializar como lícito, segundo Machado (2019). Será obtida através de atividade lícita, que procura apontar, com a antecedência indispensável, a alternativa legal e tributária menos custosa para atingir determinado objetivo negocial ou patrimonial. Ao passo que o efeito decorrente de condutas ilícitas, cujo resultado é a redução da carga tributária, é considerado sonegação fiscal. Uma vez ocorrido o fato gerador, qualquer ato praticado pelo sujeito passivo, com o intuito de fugir ao cumprimento da obrigação tributária, será considerado evasão fiscal.

A elisão fiscal é um proceder legalmente autorizado, que ajuda a lei tributária a atingir a sua finalidade extrafiscal, quando presente; é um conjunto de atos adotados por um contribuinte, autorizados ou não proibidos pela lei, visando uma menor carga fiscal, mesmo quando este comportamento prejudica a administração tributária; precede os fatos geradores e evita a sua ocorrência; não há divergência entre os negócios formais exteriorizados e os negócios reais; configura-se num planejamento que utiliza métodos legais para diminuir a carga tributária.

Podem ser obtidos por segregação de atividades, escolha da forma de tributação, controles internos e localização. Consiste na economia lícita de tributos, deixando-se de fazer determinadas operações ou realizando-as da forma menos onerosa possível para o contribuinte. Trata-se de ação perfeitamente lícita, de planejamento tributário ou economia fiscal. No caso da elisão decorrente da lei, o próprio dispositivo legal permite ou até mesmo induz a economia de tributos. Lacunas e brechas existentes na própria lei contemplam hipóteses em que o contribuinte opta por configurar seus negócios de tal forma que se harmonizem com um menor ônus tributário, utilizando-se de elementos que a lei não proíbe ou que possibilitem evitar o fato gerador de determinado tributo com elementos da própria lei.

Mudança de cidades em busca de menores alíquotas tributárias. A lei não proíbe que os estabelecimentos escolham o lugar onde exercerão atividades.

A evasão fiscal objetiva a descaracterização do fato gerador do tributo – verdadeira fraude, consiste em utilizar procedimentos que violem diretamente a lei fiscal. Pressupõe o descasamento entre os negócios exteriorizados, meramente formais, e o negócio real. É o uso de meios ilícitos para evitar o pagamento de tributos através de falsificação, sonegação, fraude, omissão. Corresponde a toda ação ou omissão dolosa tendente a impedir ou retardar, total ou parcialmente, o conhecimento por parte da administração tributária quanto à ocorrência do fato gerador da obrigação tributária principal, a sua natureza ou circunstâncias materiais e as condições pessoais do contribuinte, suscetíveis de afetar a obrigação tributária principal ou o crédito tributário correspondente. A evasão consiste na lesão ilícita do fisco, não se pagando o tributo devido, ou pagando-se menos que o devido, de forma deliberada ou por negligência. A evasão proposital poderia ocorrer por sonegação ou por fraude. A sonegação teria lugar após o fato gerador, com a ocultação do fato perante o Fisco e o não pagamento do tributo.

O crescimento da carga tributária brasileira, acrescido do fato de a concentração do aumento referir-se a tributos sobre o consumo, portanto, com reflexos diretos sobre os negócios, implica em necessidade, cada vez mais premente, de se controlar o custo tributário, buscando neutralizar seus efeitos danosos sobre o resultado das atividades das organizações, como forma de lhes dotar de um mínimo de estabilidade na relação entre o Estado arrecadador e as organizações de sociedades empresariais com fins lucrativos, segundo Greco (2019).

Grande parte do empresariado, ao procurar recursos para sua empresa, encontra grandes dificuldades na burocracia. Necessita de tempo e dinheiro para atender às exigências que surgem dentro das empresas, o que dificulta a sua administração e leva a tomadas de decisões que, por vezes, não são as corretas. Observa-se, pois, que garantir a sobrevivência no mercado requer às empresas um custo muito oneroso, uma vez que a carga tributária, no Brasil, é muito elevada, fazendo com que as empresas sofram uma incidência grande de impostos sobre suas receitas. Daí a necessidade de mais estudos e análises referentes às informações contabilísticas da empresa, buscando, a partir daí, alternativas que possam maximizar seus lucros, apesar de seu elevado contributo fiscal para o Estado.

Nesta perspectiva, estas lacunas motivaram o presente estudo: a análise do planejamento fiscal aplicado a empresas brasileiras e portuguesas, no que diz respeito à legalidade da redução da carga tributária. Não obstante, em nossa opinião, os comparadores internacionais não oferecem um contributo totalmente válido para o cálculo da tributação efetiva, uma vez que a necessária harmonização dos critérios para a realização das comparações entre Brasil e Portugal não contempla a diversidade de práticas, todas utilizadas pela jurisdição tributária, para o cálculo da carga fiscal total.

O planejamento fiscal representa o conjunto de procedimentos adotados pelo contribuinte, visando aproveitar as oportunidades disponibilizadas pela legislação tributária, eliminar, reduzir e diferir para o momento mais oportuno as incidências dos tributos. Neste sentido, isto configura-se como elisão fiscal, qualificada como procedimento lícito realizado pelo contribuinte para reduzir a carga tributária. Trata-se de uma prática contábil que permite adaptar a empresa ao formato mais vantajoso de pagamento dos tributos, sem, para isso, cometer qualquer ilegalidade: economizar tributos não depende de apelar à sonegação.

É uma atividade desenvolvida de forma estritamente preventiva que busca a economia tributária em decorrência da avaliação das opções legais, evitando procedimentos onerosos do ponto de vista fiscal. Dimensiona-

-se a carga de tributação e demais obrigações fiscais às quais a empresa está sujeita. Compõe-se de uma estratégia para reduzir os impactos da tributação no custo da atividade empresarial.

Para manter a competitividade da empresa, é fundamental conhecer os tributos incidentes na atividade e buscar soluções seguras e legais para a diminuição da carga fiscal através do planejamento tributário. A questão é de grande relevância para um estabelecimento e não pode ser menosprezada pelo administrador societário, sob pena de majoração substancial do ônus tributário, cujas implicações seriam a redução da margem de faturamento líquido ou o repasse deste acréscimo ao consumidor, por meio de elevação indesejada do preço final do produto e/ou serviço, o que, nas condições atuais de competitividade do mercado, poderia gerar consequências danosas para a continuidade das operações da empresa.

Segundo Machado (2019), a realidade tributária tornou-se notoriamente complexa, trazendo um enorme custo financeiro às empresas e ainda causando insegurança aos empresários, que não têm a certeza de cumprir com as obrigações exigidas pelo Fisco.

Diante do exposto, esta tese apresentará como tema uma análise do planejamento fiscal para sociedades empresariais brasileiras e portuguesas. Sabemos que a tributação é um encargo pago pelas empresas, e há numerosas peculiaridades que envolvem as atividades empresariais neste campo; todavia, existem regras que permitem a redução da carga tributária com isenção, imposto zero, suspensão, incentivos, créditos ou mesmo postergação de vários tributos. Atualmente, há empresários que desconhecem tais benefícios e oportunidades, pois a legislação fiscal, aplicável à atividade econômica explorada, exige conhecimentos práticos de como as atividades especuladas se desenvolvem. Sem tais conhecimentos, existe a possibilidade de cometer equívocos, quer com o recolhimento de tributos ao máximo, quer com a criação de riscos fiscais desnecessários.

Sabe-se que a tributação é parte da política fiscal e deve ser estudada por empresários, gestores empresariais, advogados e contabilistas. Tendo em conta sua importância, apresentaremos uma visão de como o imposto interfere na formação de preços e nos lucros das empresas. Diante deste fato, mostraremos que o planejamento fiscal possibilita solucionar os problemas de como produzir, onde produzir, a quem vender e de quem comprar insumos, de modo que, respeitando a legislação vigente, a carga fiscal sobre a atividade seja reduzida. A economia com tributos, de forma lícita e bem estruturada, é uma medida legítima e essencial para a continuidade operacional da empresa.

Trata-se, portanto, de uma medida necessária para as empresas que pretendem sobreviver e crescer na área, pois, dependendo da estrutura que utilizarem, poderão ter mais ou menos benefícios do ponto de vista fiscal, com recolhimento maior ou menor de tributos. A planificação dos impostos é o conjunto de sistemas que visa diminuir o recolhimento de tributos, otimizar processos, prevenir a empresa de sanções fiscais e ajustar previamente as obrigações cumpridas, sem que ocorra cobrança por procedimentos administrativos da administração tributária. Traz muitas vantagens, pois permite analisar todos os procedimentos fiscais e relatórios contábeis, regimes de tributação e estrutura societária das instituições, bem como desenvolver estratégias tributárias e de gestão de risco fiscal para buscar oportunidades, incentivos fiscais e encontrar a menor carga tributária possível, sem, contudo, incorrer em fraude ou simulação.

Ademais, permite identificar pontos que podem ser revistos, como a oportunidade de isentar a empresa de algum tributo e, ainda, permite a recuperação de créditos fiscais e a consequente recuperação de valores excedentes pagos em tributos durante o exercício fiscal. Enfim, o escopo do planejamento é a implementação de decisões mais assertivas e estudadas, prevendo e minimizando fatores que podem ter um impacto negativo no alcance do objetivo empresarial e otimizando o aproveitamento das oportunidades existentes no sistema tributário, com vistas a alcançar, da melhor forma possível, os objetivos definidos pela empresa.

Neste âmbito, deparamo-nos com a questão das diferenças de direito tributário interno, cuja solução pode centrar-se na uniformidade de normas ou em sua compatibilidade. Além disto, em alguns casos, pode também ser uso de instrumentação. Acerca do assunto tributação brasileira e portuguesa, ora em estudo, é possível identificar algumas problemáticas existentes e como isto interfere significativamente na economia local e na soberania dos países. Dessa forma, o problema de pesquisa baseia-se na proposta de uma nova classificação para o planejamento fiscal através da releitura do seu conceito tradicional, mostrando como isto pode interferir na gestão de risco e continuidade empresarial de grandes empresas.

Neste ínterim, pretende-se, enquanto **objetivo geral**, propor uma nova classificação através da releitura do conceito tradicional do planejamento fiscal calcada na gestão de risco e continuidade empresarial.

Assim, pode-se chegar à compreensão da gestão fiscal e do Planejamento de tributos, fornecendo subsídios para aprimorar práticas de gestão empresarial e financeira e esboçar algumas especificidades objetivas, a exemplo, os tipos de regimes tributários incidentes sobre as sociedades empresariais, a fim de apoiar a tomada de decisão por parte de empresários interessados em adotá-los, para evitar contingências fiscais e minimizar a carga tributária.

Seguindo essa congruência, os **objetivos específicos** são os de mostrar como o planejamento fiscal pode subsidiar o conhecimento da tributação, como está a verdadeira situação da empresa e se esta encontra-se no modelo de taxação adequado. Outrossim, identificar as possibilidades de redução no recolhimento dos tributos, por meio de informações fiáveis e, ainda, exibir as alternativas e exemplificar sua aplicabilidade às sociedades empresariais. Por último, pretende-se contribuir para a compreensão da gestão e do planejamento de tributos, fornecendo subsídios para aprimorar as práticas de gestão empresarial e financeira. Não se pretende esgotar o assunto, mesmo porque é inesgotável, uma vez que é renovado a cada alteração legislativa, a cada mudança na interpretação das leis.

No que tange à metodologia, este trabalho, com base nas premissas de Gil (2008), caracterizou-se como uma pesquisa aplicada qualitativa, por ser um processo formal e sistemático de desenvolvimento do método científico, tendo como objetivo fundamental a descoberta de respostas para problemas com o emprego de procedimentos científicos. Ainda consoante Gil (2010, p. 47),

> [...] para que se possa avaliar a qualidade dos resultados de uma pesquisa, torna-se necessário saber como os dados foram obtidos, bem como os procedimentos adotados em sua análise e interpretação. Daí, o surgimento de sistemas que classificam as pesquisas segundo a natureza dos dados (pesquisa quantitativa e qualitativa).

A investigação exploratória estabelece os critérios, os métodos e as técnicas para a elaboração de uma pesquisa e visa oferecer informações sobre o objeto desta e orientar a formulação de hipóteses. A investigação exploratória visa à descoberta, à elucidação de fenômenos ou, também, à explicação daqueles que não eram aceitos, apesar de evidentes, no viés da pesquisa sistematizada de conteúdo. A exploração representa, atualmente, um importante diferencial competitivo em termos de concorrência (Marconi; Lakatos, 2021; Servilha; Mezaroba, 2019; Fincato; Gillet, 2018).

É também descritiva, numa abordagem qualitativa. Exploratória, conforme supracitado, pois terá como objetivo principal o aprimoramento de ideias a respeito do tema. Assim, desenvolver-se-á um trabalho de identificação dentro das legislações tributárias, das oportunidades para eliminação ou minimização da carga tributária e formas de maximizar a utilização de oportunidades legais, nas diversas situações que resultam em benefícios fiscais ou que apresentam dois ou mais procedimentos alternativos com impactos financeiros diferentes, para propiciar ao empresário a escolha do procedimento legal menos oneroso, baseando-se no impacto do procedimento.

Contemplará, ainda, os procedimentos de uma delineação bibliográfica, pelo fato de ser "[...] elaborada com base em material já publicado. Esta modalidade de pesquisa inclui material impresso, como livros, revistas, jornais, teses, dissertações e anais de eventos científicos" (Gil, 2008, p. 29).

O conhecimento é real porque lida com fatos e é sistemático.

> [...] já que se trata de um saber ordenado logicamente, formando um sistema de ideias (teoria) e não conhecimentos dispersos e desconexos. Possui a característica da verificabilidade, a tal ponto que as afirmações (hipóteses) que não podem ser comprovadas não pertencem ao âmbito da ciência [...] (Marconi; Lakatos, 2021, p. 21).

Outrossim, caracteriza-se como aplicada, por objetivar a geração de conhecimentos para aplicação prática e dirigida à solução de problemas específicos. Envolve verdades e interesses locais (Servilha; Mezaroba, 2019). A pesquisa a desenvolver visa apontar o planejamento fiscal mais adequado que pode ser adotado em cada situação estudada, para propiciar às empresas maior segurança e melhores resultados financeiros e, portanto, contribuir não apenas para a eficácia das organizações privadas com foco na gestão tributária, contábil e financeira, fornecendo a base teórica, prática e o perfeito conhecimento da legislação pertinente necessárias à gestão dessas organizações, mas também para sua permanência no mercado econômico.

Por fim, é qualitativa, porque será realizada no próprio ambiente natural, e o pesquisador é o instrumento-chave, sem o uso de métodos e técnicas estatísticas. O processo e seu significado são o centro da abordagem (Servilha; Mezaroba, 2019).

Quanto aos procedimentos adotados, abordaram-se tanto o método indutivo quanto o dedutivo: trabalhou-se a situação específica, efetuando-se sua generalização, como no caso em que se analisarão as pessoas jurídicas que são tributadas por uma das formas de apuração do IRPJ e da CSLL, por opção do contribuinte ou por determinação legal, nas seguintes modalidades: simples nacional, presumido, arbitrado ou real. Uma importante decisão fiscal deve ser efetivada anualmente pelos administradores empresariais, relativamente às opções. Uma vez que a legislação não permite mudança de sistemática no mesmo exercício, a opção por uma das modalidades será definitiva. Para que a intenção de plena tributação e efetividade do princípio da solidariedade seja possível ao Estado, este deve valer-se de sua atividade legislativa e, por meio do exercício pleno desta função, eliminar brechas da legislação, benefícios fiscais, criar tributos em caráter residual (União) etc., em conformidade com os direitos e as garantias individuais do cidadão, assim como as limitações constitucionais sobre o poder de tributar.

A coleta de dados foi realizada através de pesquisas bibliográficas em livros relacionados à matéria, artigos, revistas e consultas em sites específicos da internet, que procuram explicar o tema a partir de referências teóricas. Por meio dos dados da pesquisa bibliográfica e da legislação tributária em vigor no Brasil, será realizada uma análise de conteúdo, com o objetivo básico de abranger a máxima extensão na compreensão e na análise do foco em estudo. Procuraremos demonstrar como ocorre o fenômeno da tributação, quais seus conceitos, princípios e normas, que figuras distintas do planejamento fiscal eficaz, os objetivos que este planejamento visa alcançar e algumas de suas estratégias, conforme salientam Falcão, Guerra e Almeida (2016).

As obras

> [...] mais conhecidas são os livros de leitura corrente. No entanto, existem outras fontes de interesse para a pesquisa bibliográfica, tais como: obras de referência, teses e dissertações, periódicos científicos, anais de encontros científicos e periódicos de indexação e de resumo (Gil, 2010, p. 49).

Nessa perspectiva, as leis contidas na Constituição da República Federativa do Brasil de 1988 e na Constituição da República Portuguesa de 1976 predominaram como referência teórica, bem como os estudos de Carneiro (2020) no que diz respeito aos princípios constitucionais tributários e outras limitações ao poder de tributar (imunidades), à discriminação de competências, incluindo o delineamento geral dos impostos atribuídos a todas as pessoas políticas, e à repartição das receitas tributárias.

Com relação aos apontamentos sobre Planejamento Tributário, serão relevantes os dados do Instituto Brasileiro de Planejamento e Tributação e os estudos de Crepaldi (2023), de Andrade Filho (2018), de Greco (2019), de Minardi (2021), de Pimentel (2014) e de Nabais (2019). Ainda sobre o tema da economia tributária e da contabilidade como instrumento de gestão e de controle das organizações, utilizaremos as pesquisas de Pêgas (2017), de Fabretti (2017) e de Almeida (2019) e as regras contábeis contidas no *International Financial Reporting Standards* (IFRS), aplicadas às empresas públicas nacionais e estrangeiras ou nas Normas Nacionais de Contabilidade Portuguesa, discriminadas por Rodrigues (2020), direcionadas a pequenas e médias empresas.

Acerca da elisão fiscal, nas suas diversas formas, como um mecanismo para alcançar um impacto tributário reduzido e lícito, as observações de Shoueri e Mosquera (2020), de Castardo (2017), de Domingos (2019) e de Carlos, Pimenta e Durão (2021) contribuirão significativamente para esta pesquisa.

Na análise da elisão fiscal e da redução da carga tributária, bem como na identificação dos benefícios fiscais federais, estaduais e municipais incidentes sobre os produtos ou serviços da empresa, as anotações e pesquisas de Crepaldi (2023), de Varsano (2021) e de Barcellos (2017) serão bastante elucidativas, não se excluindo a possibilidade de considerar outros que sejam necessários ou que, por algum motivo, não foram mencionados.

Ao estabelecer uma hipótese a respeito da pesquisa, acredita-se que, na exploração da atividade empresarial por parte da maioria das sociedades empresariais, estas não utilizam adequadamente as informações que um planejamento fiscal pode proporcionar com suas vantagens e, principalmente, não fazem uso deste como modelo para a gestão de risco e continuidade de sua vida econômica. Todavia, é possível reduzir a carga tributária e auferir um retorno económico compensador, contínuo e crescente em conformidade com os princípios constitucionais tributários.

Para contemplar o propósito de analisar o referido Planejamento Tributário, este trabalho será estruturado em cinco capítulos. O capítulo I apresentará a fundamentação teórica do Sistema Tributário Brasileiro, os princípios teóricos fundamentais da tributação, o conceito de planejamento tributário, seu campo de atuação, formas, objetivos e razões para a sua adoção por parte das empresas. Serão abordados os diversos regimes de tributação estabelecidos pela legislação brasileira com apresentação detalhada de suas características, tais como: definição, objetivos e formas de tributação. Analisaremos os efeitos da carga tributária nos negócios empresariais, bem como a gestão tributária, os fundamentos do planejamento fiscal com seus importantes aspectos, objetivando a economia lícita de impostos e a redução da carga tributária.

No capítulo II, serão apresentados os seguintes: a fundamentação teórica do Direito Fiscal Português, os princípios teóricos fundamentais da tributação, o conceito de planejamento tributário, seu campo de atividade, formas, objetivos e razões para a sua adoção por parte das empresas. Finalmente, a tributação portuguesa será abordada. Analisar-se-ão os efeitos da carga tributária nos negócios empresariais, bem como o gerenciamento tributário interno, as noções básicas da visão do planejamento fiscal com seus importantes aspectos, visando à economia lícita de impostos e a possibilidade de redução da carga tributária através da elisão fiscal.

O Capítulo III compreenderá o Planejamento Tributário, suas regras e sua importância na redução de tributos. Serão apresentados, ainda, o Direito Comparado e a legislação supranacional. No Capítulo IV, abordaremos o Sistema Tributário no Direito Comparado, focalizado no Brasil e em Portugal, caracterizando as especificidades de cada país no que diz respeito à carga tributária, ao sistema fiscal e suas regras estabelecidas. E, por fim, no Capítulo V, será apresentado um estudo de caso, com exemplos reais de balanços empresariais, um brasileiro e um português, com o objetivo de escolher a melhor opção para recolhimento dos tributos nos sistemas tributários destes países, visando à redução da carga tributária através da elisão fiscal.

CAPÍTULO I

SISTEMA TRIBUTÁRIO BRASILEIRO

O Direito Tributário é o ramo do Direito Público que rege as relações jurídicas entre o Estado e os particulares decorrentes da atividade financeira deste, em relação ao acréscimo de receitas derivadas (resultantes da arrecadação dos tributos), tratada nos artigos 163 a 169, "Das finanças públicas na Constituição da República Federativa do Brasil" (CRFB).

A atividade financeira, por sua vez, é a arrecadação de receitas e sua aplicação nas despesas necessárias para o alcance das finalidades públicas. Neste aspecto, pode-se afirmar que a arrecadação de tributos – embora seja apenas uma parcela da atividade financeira do Estado – é considerada como a principal receita do governo. A tributação está intimamente ligada à ideia de equidade social, na medida em que os cidadãos devem contribuir para o custeio das atividades públicas de acordo com suas potencialidades econômicas (e não por aquilo que recebem como contraprestação do Estado), como forma de colaboração na tarefa estatal de remoção de obstáculos e diferenças identificadas na ordem social e econômica nacional (Barcellos, 2017).

A Constituição da República Federativa do Brasil de 1988, no Título VI – Tributação e Orçamento – artigos 145 a 169, que institui o Sistema Tributário Brasileiro, trata do orçamento público e da repartição das receitas tributárias. Especificamente, o Sistema Tributário Brasileiro está tratado no Capítulo I do Título VI da CRFB (1988), capítulo este que vai do art. 145 ao art. 162, e é formado pelas normas constitucionais de Direito Tributário, as quais abrangem essencialmente: os princípios constitucionais tributários e outras limitações ao poder de tributar (imunidades); a discriminação de competências, incluindo o delineamento geral dos impostos atribuídos a cada uma das pessoas políticas e a repartição das receitas tributárias, segundo Carneiro (2020).

O referido sistema é composto por sessenta e um tributos federais, estaduais e municipais, configurando um exagero, porque contribui para a complexidade das normas que regulamentam os tributos. Isto faz com que sociedades empresariais, principalmente as de grande porte, tenham departamentos específicos para cuidar exclusivamente da gestão tributária, uma atividade que requer profissionais especializados e atualizados sobre as frequentes, mas nem sempre, alterações constitucionais nas legislações. Trata-se do processo de gestão dos aspectos tributários de uma determinada sociedade empresarial, com a finalidade de adequação e planejamento, visando o controle das operações que tenham relação direta com tributos, conforme declaram Barroso, Oliveira e Boldrin (2020).

Conforme a CRFB, compete à União, mediante lei complementar, instituir normas gerais de direito tributário (tais como definição de tributos e suas espécies, obrigações, lançamento, prescrição e decadência), regular as limitações constitucionais sobre o poder de tributar e dirimir conflitos de competência entre todos esses entes federados (art. 146). Tais normas estão dispostas no CTN, que, apesar de editado como lei ordinária em 1966, tem o *status* de lei complementar recepcionada pela CRFB de 1988 (Ato das Disposições Constitucionais Transitórias, art. 34, parágrafo 5º), o que é entendimento pacificado pela jurisprudência do STF (Barcellos, 2017).

Compete, também, à União, aos Estados e ao Distrito Federal legislar concorrentemente sobre o direito tributário e o orçamento (art. 24, incisos I e II). Já aos Municípios, por outro lado, compete legislar sobre matérias de interesse local, suplementar à legislação federal e estadual no que couber, bem como instituir e arrecadar os tributos de sua competência (art. 30, *caput* e incisos I a III) (Barcellos, 2017).

Ainda segundo Barcellos (2017), para além da divisão político--administrativa em três diferentes níveis (o que significa três esferas de tributação), é de se notar que o sistema constitucional tributário brasileiro prevê a existência das seguintes exações: impostos, taxas e contribuições de melhoria (art. 145), sem prejuízo de contribuições sociais e contribuições para intervenção no domínio econômico (art. 149, 149-A, 177, parágrafo 4º e 195, *caput* e parágrafo 4º), empréstimos compulsórios (art. 148), contribuições previdenciárias dos Estados e Municípios (art. 149, parágrafo 1º), contribuições para o custeio de iluminação pública (art. 149-A) e contribuições sociais gerais (art. 149 e 195, parágrafo 4º).

A maior dificuldade encontrada no atual sistema tributário brasileiro não consiste na arrecadação tributária confrontada ao Produto Interno Bruto (PIB), na carga tributária, mas, sim, na ausência de clareza no arrecadamento. O gasto público, que mantém os serviços públicos, é regulado pela carga tributária, e é exatamente aí que reside o verdadeiro problema, na qualidade da gestão das despesas públicas e nos serviços prestados.

Segundo o Instituto Brasileiro de Planejamento e Tributação (IBPT), a carga tributária brasileira, em 2018, foi de 34% do PIB. Desta forma, ainda segundo o IBPT, o Brasil estaria na 12ª posição, em 2018, no ranking que avalia os países com maior percentual de carga tributária, ficando, apenas, abaixo de países da Europa.

A ampla diferença existente entre o Brasil e os países europeus citados é a qualidade dos serviços públicos prestados, isto é, serviços de saúde, educação, segurança, medicamentos ou reembolsos, auxílio moradia etc. Neste sentido, de acordo com o estudo elaborado pelo IBPT, o Brasil ficou, pela quinta vez consecutiva, em 30º lugar, em uma lista dos 30 países com maior carga tributária, em um *ranking* que afere a qualidade do retorno oferecido, em termos de serviços públicos à população, em relação ao que o contribuinte do país paga em impostos.

Desta forma, o contribuinte que dispõe de bons serviços públicos prestados não necessitará de recorrer ao setor privado para a prestação dos serviços essenciais, não gerando gastos significativos de seus rendimentos. Logo, a dificuldade com que a população se defronta está na qualidade dos serviços públicos prestados, bem como na gestão de gastos por parte da administração, porque, no Brasil, muito é gasto para manter serviços de péssima qualidade e, às vezes, até ineficientes.

No campo empresarial, a atividade de gestão de tributos engloba a correta organização, mediante o emprego de contratos, fórmulas jurídicas e estruturas societárias que permitam excluir, reduzir ou adiar os encargos tributários que oneram a empresa. Não se pode deixar de mencionar o trabalho de organização contábil da empresa, da correta escrituração dos tributos devidos, dos reflexos contábeis e fiscais das transações comerciais, que são elementos relevantes no trato da rotina fiscal.

A base de um planejamento fiscal adequado é a existência de dados regulares e fiáveis. Chaves (2017) define "contabilidade" como um conjunto de escrituração das receitas, custos e despesas, bem como de controle patrimonial (ativos e passivos). Logo, sendo um sistema de registros permanentes das operações, é, também, um pilar deste planejamento.

Para administrar um empreendimento, não é necessário ser especialista em Contabilidade, mas, certamente, deve-se conhecer o básico para entender melhor as finanças da empresa e ter como avaliar o trabalho do seu Contabilista. A contabilidade deve ser entendida como o processo que visa medir, a fim de posteriormente informar o conhecimento financeiro a quem toma a decisão na empresa. É um instrumento de gestão e de controle das organizações, que expressa sua capacidade para solver suas dívidas, e auxilia a definir o preço de venda e mostrar sua lucratividade (Pêgas, 2017).

A Contabilidade é uma ciência que tem a função de avaliar e informar a situação patrimonial e financeira de uma entidade. Em termos contábeis, patrimônio é a soma de bens e direitos (ativos) menos o total das obrigações (passivos). Segundo Crepaldi (2023), o objeto da contabilidade é o patrimônio das entidades que o setor contabilístico estuda e controla, registrando todas as ocorrências nele verificadas. A prática contabilística surgiu da necessidade de controlar o patrimônio. É verdade que há pessoas, entidades e empresas que realizam muitas transações, decorrendo, daí, maior complexidade de controle. Seria impossível controlar um patrimônio – conjunto de bens, direitos e obrigações – sem haver registros organizados sobre todas as alterações ocorridas. Nesta perspectiva, a contabilidade estuda e pratica as funções de orientação, de controle e de registro dos atos e fatos de uma administração econômica, servindo como ferramenta de gestão da evolução de uma entidade e, também, para a prestação de contas entre os sócios e demais utilizadores, dentre os quais se destacam as autoridades responsáveis pela arrecadação dos tributos. A sua finalidade é estudar e controlar o patrimônio, fornecer informações sobre sua composição e variações, bem como sobre o resultado económico decorrente da gestão da riqueza patrimonial. Por tudo isto, atualmente, a contabilidade é a ciência da informação.

Uma empresa pode determinar qual o curso a seguir e, por meio do controlo, observar se a política traçada está a ser cumprida. Neste sentido, a contabilidade, no sistema de informações da empresa, auxilia sobremaneira na geração de informações para o planejamento e o controlo das atividades. Por conseguinte, a sua estrutura, quer seja a apresentação das informações, quer seja o registro e a avaliação, deverá atender a essa finalidade. Historicamente, o objetivo da contabilidade tem sido o patrimônio e seu uso, a determinação do lucro e o controle do patrimônio. E a sua **finalidade,** o **registro dos fatos** e a **produção de informações** que possibilitam ao administrador societário o **planejamento** e o **controle** das suas ações. Assim, a função econômica da contabilidade é apurar o lucro ou o prejuízo. O planejamento das atividades, os custos, as receitas e os resultados fazem parte de uma estruturação mínima para o sucesso de uma empresa e, principalmente, na possibilidade de corrigir rotas de problemas. E, ainda, assegurar o controle do patrimônio administrado e fornecer informações sobre a composição e as variações patrimoniais, bem como sobre o resultado das atividades econômicas desenvolvidas pela entidade para alcançar seus fins (Crepaldi, 2023, p. 9).

São também importantes os conceitos de receita, de custo e de despesa. As principais receitas de uma pessoa jurídica provêm da venda de mercadorias ou de serviços, do rendimento de aplicações financeiras e de juros recebidos nas compras a prazo. Por outro lado, os custos são os gastos diretamente relacionados com as mercadorias vendidas ou produzidas, ou com serviços prestados. Quanto às despesas, definem-se pelos gastos que não têm relação direta com a mercadoria vendida ou com o serviço prestado, como determinados impostos e juros. O resultado é o valor das receitas menos os custos de despesas. Se for positivo, chama-se lucro e pode ser distribuído aos sócios ou reinvestido na empresa. O negativo denomina-se prejuízo e significa uma diminuição do patrimônio da empresa.

Crepaldi (2023) ainda afirma que o controle **é** o processo pelo qual a administração assegura, tanto quanto possível, o seguimento dos planos e das políticas da administração, ao passo que o planejamento se caracteriza pelo processo de decidir qual curso de ação a ser tomado para o futuro. Por meio das funções contabilísticas, são exercidas as atividades de escrituração, de organização e de apuração das condições do patrimônio e de inspeção e informação dos administradores desta conjuntura.

Desta feita, entende-se que a Contabilidade é **uma ciência fundamentalmente utilitária.** Seu grande produto é o provimento de informações para o planejamento e o controle, evidenciando informações referentes à situação patrimonial, econômica e financeira de uma empresa. O seu propósito básico é prover aos "[...] tomadores de decisões" informações úteis para este fim (Crepaldi, 2023, p. 25).

O Estado, enquanto sociedade política, tem um propósito geral, constitui-se em meio para que os indivíduos e as demais sociedades atinjam seus respetivos fins particulares. Tendo como propósito o bem comum – um conjunto de todas as condições de vida social que consistem e favorecem o desenvolvimento integral da personalidade humana –, por intermédio da atividade financeira, desenvolve diversos atos voltados para a obtenção, a gestão e a aplicação de recursos pecuniários nos fins perseguidos pelo Poder Público (Greco, 2019).

Neste sentido, segundo Crepaldi (2023), os tributos ou exações fiscais são receitas derivadas, arrecadadas pelo Estado, para financiar a despesa pública. Caracterizam-se pelo instrumental necessário à obtenção de recursos, com vista à viabilização do atendimento e à satisfação das necessidades públicas. Podem-se arrolar, entre outras, as seguintes responsabilidades estatais, cujo atendimento demanda recursos pecuniários: manutenção da ordem, solução de litígios, prestação de serviços públicos, fiscalização de atividades e realização de ações sociais nos campos da saúde e da educação. Entre as atividades que o Estado desenvolve, tutelando necessidades públicas, algumas são essenciais – segurança pública, prestação jurisdicional etc.; outras são complementares, protegem itens secundários, exercidas por meio de concessionárias (Crepaldi, 2023).

Outrossim, os tributos são a principal receita financeira do Estado, classificando-se como receita derivada, porque advinda do patrimônio privado, e compulsória, uma vez que decorrem de lei, independendo da vontade das pessoas de contribuírem para o custeio da atividade estatal, segundo Carneiro (2020). Parte do patrimônio de entidades particulares é transferida para os domínios públicos, de forma compulsória e dentro do limite da legalidade, com o intuito de financiar o Estado. De fato, ainda que atividade de arrecadação, deve ser pautada estritamente pela lei, com vistas a proteger o contribuinte dos excessos e desvios do fisco.

Dessa forma, um Sistema Tributário é essencialmente um conjunto de tributos cuja principal função é arrecadar recursos para que o Estado possa custear atividades que lhe são inerentes, como educação, saúde, segurança, moradia, saneamento entre outras. Essa é a função fiscal dos tributos (Carneiro, 2020, p. 23).

Os tributos também têm funções extrafiscais. São utilizados para distribuir renda e atenuar ou eliminar as desigualdades entre pessoas e regiões. Servem para proteger a Economia nacional, estimular atividades produtivas e gerar empregos. Devem restringir o consumo de produtos não essenciais, de luxo, ou nocivos à saúde. Podem fomentar o desenvolvimento económico e social, promover a educação e a cultura, fortalecer a Economia formal, desonerar a produção, garantir a função social da propriedade e das cidades entre muitos outros objetivos. Tudo isto balizado pelos princípios do Direito Tributário, como os da legalidade, da capacidade contributiva, do não confisco, da anterioridade, da personalização do imposto, da igualdade tributária, da irretroatividade, da imunidade, da uniformidade, da progressividade das alíquotas (Carneiro, 2020, p. 23).

Integra, ainda, o Sistema Tributário Nacional (STN) a vasta legislação que o disciplina, compreendendo a Constituição Federal, o Código Tributário Nacional, as leis complementares, as leis ordinárias, os decretos-lei, os decretos, as portarias, as resoluções, as instruções e demais normas (Crepaldi, 2021, p. 29).

Conforme já explicitado, o STN compõe-se por 61 (sessenta e um) tributos federais, estaduais e municipais, facto que contribui para a complexidade das normas que regulamentam os tributos. A despeito de toda essa complexidade, muitos empresários não têm conhecimentos da legislação tributária e, por isto, gerem deliberadamente seu empreendimento e, assim, acabam por sofrer com os ataques do Fisco ou até a fechar sua empresa. Diante deste entrave, várias leis foram sendo elaboradas, visando a um aperfeiçoamento da tributação brasileira, a exemplo da Lei 9.317, de 05 de dezembro de 1996, que instituiu o Sistema Integrado de Pagamento de Impostos e Contribuições das Microempresas e das Empresas de pequeno Porte (SIMPLES), e, após alterações sucessivas, foi revogado em julho de 2007, com a publicação da Lei Complementar n.º 123, de 14 de dezembro de 2006 (Super Simples). Com a publicação da Lei Complementar 128, de 14 de dezembro de 2008, foi novamente alterada a lei que trata das microempresas (ME) e empresas de pequeno porte (EPP) e, dentre outras alterações, detalhou as obrigações, os direitos e os deveres do Microempreendedor Individual (MEI), cujas normas e procedimentos só vieram a vigorar a partir de 1º de julho de 2009. Atualmente, a Lei Complementar 139/2011 trouxe várias mudanças e complementações que demudaram substancialmente a conformação tributária das empresas brasileiras, principalmente no que se refere ao processo de abertura, registro, alteração e baixa para o microempreendedor individual, como explica Pimentel (2014, p. 37-42):

> Com a última alteração, feita pela LC 139/11, reajustamos todas as faixas de enquadramento do Simples Nacional – o que aliviou a carga tributária e permitiu a permanência do sistema das empresas que faturam até R$ 3,6 milhões/ano. Simplificamos ainda mais o processo de registro, alteração e baixa das empresas e permitimos a renegociação de dívidas tributárias – o que só era possível para as grandes empresas.

Chaves (2017) explica que, através dessa Lei, os estados puderam manter os seus regimes de ICMS, integrando-os ao Simples Nacional, desde que sejam melhores do que as alíquotas do novo sistema de tributação, cujo diferencial é a aglutinação de oito impostos, a saber:

> Imposto de Renda de Pessoa Física (IRPJ), Imposto sobre Produtos Industrializados (IPI), Contribuição Social Sobre o Lucro Líquido (CSLL), COFINS, PIS, Instituto Nacional do Seguro Social (INSS), Imposto sobre Circulação de Mercadorias e Serviços (ICMS) e Imposto sobre Serviços (ISS), em um só tributo, incluindo as obrigações acessórias. Vale ressaltar que o Simples Nacional é um regime de tratamento diferenciado que beneficia as micro e pequenas empresas, e não um sistema de imposto único (Chaves, 2017, p. 23-29).

Salienta-se que, mesmo com a simplificação dos impostos, existe a importância do Planejamento Tributário, dado que a carga tributária, para algumas empresas, ainda é elevada; por esta razão, o planejamento fiscal permite a racionalização da carga tributária, bem como beneficia o empreendimento, levando-o a otimizar a aplicação dos recursos disponíveis. Shoueri e Mosquera (2020) e Vasques (2018) conceituam o planejamento fiscal como uma alternativa de ações ou omissões lícitas, portanto, não dissimuladas e sempre anteriores à ocorrência dos fatos geradores dos tributos, que objetivem direta ou indiretamente a redução destes ônus face a um ato administrativo ou a fato económico.

Na concepção de Greco (2019, p. 58), o Planejamento fiscal "[...] é uma atividade empresarial que, desenvolvendo-se de forma estritamente preventiva, projeta os atos e fatos administrativos com o objetivo de informar quais os ônus tributários em cada uma das opções legais disponíveis".

Pode-se dizer que o Planejamento fiscal é a forma legal e lícita de se economizar impostos. Todavia, Chaves (2017) recomenda que, na execução do planejamento tributário, as decisões sejam tomadas de forma que todas as estratégias sejam combinadas com a legislação. Isto quer dizer que:

> [...] planeamento tributário deve ser efetivado, anualmente pelos administradores empresariais, relativamente às opções: Simples Nacional Lucro Real, ou Lucro Presumido. A opção por uma dessas modalidades será determinante, pois, se a decisão for acertada, ela terá efeito negativo no ano todo. A opção é definida até o último dia útil de janeiro para as empresas optantes pelo Simples Nacional, e para as

> demais no primeiro pagamento do imposto. A apuração do Imposto de Renda Pessoa Jurídica (IRPJ) e da Contribuição Social Sobre o Lucro Líquido (CSLL) pode ser feita de três formas: Simples Nacional (opção exclusiva para Microempresas e Empresas de Pequeno Porte), Lucro Presumido e o Lucro Real (apuração anual ou trimestral) (Chaves, 2017, p. 102).

Segundo Andrade Filho (2018), em uma análise entre as opções tributárias, uma série de fatores deve ser considerada: definir o ramo de atividade, os produtos e/ou serviços que serão comercializados, a estimativa da faturação mensal, a quantidade de funcionários etc. Identificados esses fatores, um sistema calcula, com base nos impostos e nas legislações vigentes, cada alíquota e imposto previsto em cada regime, o que dá o resultado real das cobranças de tributos que incidirão sobre o negócio. Dessa maneira, os dados resultantes permitem definir com assertividade e segurança a opção tributária mais econômica para a empresa.

Salienta-se que a implantação do Planejamento Fiscal não pode ser confundida com uma análise contábil-financeira ou com um estudo restrito a tributos legalmente regulamentados, usualmente pagos pela empresa contribuinte, mas sim uma ferramenta que visa reduzir tributos e maximizar lucros. Deste modo, nota-se que o Planejamento Fiscal é de suma importância, uma vez que a carga tributária, para algumas empresas, é elevada, e através da execução de um planejamento, permite a racionalização da carga tributária, bem como beneficia o empreendimento, levando-o a otimizar a aplicação dos recursos disponíveis. Portanto, o Planejamento Fiscal deve fazer parte do planejamento estratégico da empresa, desde quando a sua implantação reclama a análise dos mesmos elementos essenciais à definição da gestão empresarial, tais como: ramo de atividade econômica; natureza do produto ou serviço; matérias-primas e fornecedores; definição da localidade da sede e filiais; opção pelos processos de produção que serão utilizados e a forma de constituição adotada pela sociedade (Varsano, 2021; Brito, 2014; Greco, 2019).

O governo brasileiro, embora mantenha um processo de crescimento paulatino da carga tributária, sempre se preocupou em não provocar mudanças bruscas no Sistema Tributário Brasileiro, buscando assim amenizar o descontentamento geral dos contribuintes. Todavia, é imperativo realizar uma reforma tributária, com substituição dos tributos existentes por outros de melhor qualidade, com a implementação de um sistema efetivo de combate à sonegação, investindo no aprimoramento das administrações fazendárias, visando assim melhorar a qualidade e a distribuição da carga fiscal entre os contribuintes. O confronto da carga tributária brasileira em relação a outros países é um exercício de alta complexidade. Há tantas dessemelhanças que é preciso bem mais que números para declarar que a carga de determinado país é alta, baixa ou adequada. Por isso, se compararmos a carga tributária em relação ao PIB, conseguimos determinar que a do Brasil é semelhante à da Espanha e à da Alemanha, nações cujo retorno dos impostos e serviços para o cidadão é reconhecidamente maior. Além disso, o peso dos tributos sobre empresas e cidadãos brasileiros é maior do que o registrado em economias como a dos Estados Unidos, Japão, México e Coreia do Sul (Varsano, 2021; Brito, 2014; Greco, 2019).

O fato de a tributação no Brasil recair mais sobre o consumo do que sobre a renda, na contramão de outros países, está associado, essencialmente, à arrecadação. Para evitar ou dificultar a sonegação, preferem tributar o consumo, uma vez que esses tributos são passíveis de fiscalização. No entanto, o ideal para o país seria dar mais ênfase aos tributos que recaem sobre a renda, desonerando a produção para estimular a economia, como acontece na maioria dos demais países. A carga tributária do Brasil é a terceira maior do mundo. Supera até mesmo as de países que, embora tenham carga elevada, revertem boa parte da arrecadação à sua infraestrutura de serviços sociais, como o Canadá (Varsano, 2021; Brito, 2014; Greco, 2019).

Considerando que há uma pressão cada vez maior e mais agilizada do Governo na cobrança das dívidas fiscais, cresce a preocupação dos empresários sérios em evitar as consequências danosas oriundas do incumprimento de impostos, tais como penhora e execução de bens da empresa, penhora de faturação, indisponibilidade dos bens dos administradores societários, dificuldades em obter parcelamentos e financiamentos e, até mesmo, ameaça de prisão por apropriação indébita ou depositário infiel. Nesta conjuntura, o Planejamento Fiscal possibilita a economia fiscal ou mesmo a redução de tributos, utilizando métodos e procedimentos técnicos que permitem o estudo personalizado minucioso dos diversos setores e atividades empresariais.

Um dos fatores essenciais dentro das estratégias de competitividade das empresas é o planejamento tributário. A perfeita gestão fiscal alcança redução de custos, ocasionando reflexos positivos na situação financeira e econômica da sociedade empresarial. É sabido que a tributação é um dos principais itens na composição do preço final de qualquer produto. A sobrevivência da atividade empresarial requer que o empresário conheça os tributos incidentes à sua exploração, buscando soluções seguras e legais para a diminuição da carga tributária, além de assegurar o correto cumprimento das obrigações fiscais segundo os princípios constitucionais tributários, evitando multas e contingências fiscais. Aspectos como a forma de constituição da empresa e a utilização de recursos de terceiros (empréstimos, financiamentos etc.) também compõem um adequado planejamento tributário.

A Base de Erosão e Deslocamento de Lucro (BEPS) é objetivada como uma tentativa das principais economias do mundo para tentar reescrever as regras relativas à tributação das empresas para abordar a percepção generalizada de que as grandes corporações e conglomerados económicos não pagam sua parte justa de impostos. Desta forma, baseiam-se na premissa de que a instituição de uma tributação mundial, com a participação do Brasil, pode aproximar o sistema tributário brasileiro dos outros, permitindo e facilitando a eficácia do livre comércio no mundo e evitando a saída de recursos financeiros de forma ilegal. Todavia, não é tão simples a ocorrência de uma situação dessas em países como o Brasil, que alimentam uma forte tendência de impostos diferentes e não um imposto Federal único, pois existe a dificuldade de alteração em sua legislação para atender às normas internacionais neste sentido (Falcão; Guerra; Almeida, 2016).

O sistema jurídico brasileiro admite a figura da elisão fiscal, conceituando-a como um mecanismo para alcançar um impacto tributário reduzido, em que se recorre a um ato ou negócio jurídico real, verdadeiro, não carregando vício no seu alicerce fático nem na manifestação de vontade, razão pela qual se materializa como lícita (Shoueri; Mosquera, 2020).

Elisão fiscal é um proceder legalmente autorizado que ajuda a lei tributária a atingir a sua finalidade extrafiscal, quando presente. Difere da evasão fiscal, pois são utilizados meios legais na busca da descaracterização do fato gerador do tributo. Pressupõe a licitude do comportamento do contribuinte, evitando, de forma honesta, a submissão a uma hipótese tributária desfavorável. É um conjunto de atos adotados por um contribuinte, autorizados ou não proibidos pela lei, visando a uma carga fiscal menor, mesmo quando este comportamento prejudica o Tesouro. Consiste na economia lícita de tributos, deixando de realizar determinadas operações ou executando-as da forma menos onerosa possível para o contribuinte. Trata-se de ação perfeitamente lícita, de Planejamento Fiscal ou economia fiscal. Respeitando o ordenamento jurídico, o administrador faz escolhas prévias (antes dos eventos que sofrerão agravo fiscal) que permitem diminuir o impacto tributário nos gastos do ente administrado (Sabbag, 2020).

Na evasão fiscal, o contribuinte busca, antes ou depois da submissão a uma hipótese tributária desfavorável, um modo de mascarar seu comportamento de forma fraudulenta. Neste caso, cabe à Receita utilizar todas as prerrogativas administrativas para evitar o ilícito. A evasão ou sonegação fiscal consiste em utilizar procedimentos que violam diretamente a lei fiscal ou o regulamento fiscal por meios ilícitos, para evitar o pagamento de taxas, impostos e outros tributos. É uma fraude dificilmente perdoável, porque é flagrante e, também, porque o contribuinte se opõe conscientemente à lei. Os juristas a consideram repreensível. Entre os métodos usados para evadir tributos, estão a omissão de informações, as falsas declarações e a produção de documentos que contenham informações falsas ou distorcidas, como a contratação de notas fiscais, faturas, duplicatas etc. (Rocha; Rocha, 2021). São exemplos de evasão: falta de emissão de nota fiscal, nota fiscal calçada (primeira via com um valor diferente do das vias arquivadas na contabilidade), lançamentos contábeis de despesas inexistentes, entre outros.

A evasão, ao contrário da elisão, consiste na lesão ilícita do Fisco, não pagando o tributo devido ou pagando menos que o devido, de forma deliberada ou por negligência. A evasão propositada poderia ocorrer por sonegação ou por fraude. A sonegação teria lugar após o fato gerador, com sua ocultação perante o Fisco e o não pagamento do tributo. A fraude (na evasão) seria arquitetada antes do fato gerador, com artifícios e simulações no sentido de afastar a incidência do tributo. A distinção não parece adequada, pois a sonegação pode também ter conotação fraudulenta. O conluio, por sua vez, consiste no ajuste de duas ou mais pessoas para a prática de evasão fiscal.

De acordo com o art. 5º, inciso II, da Constituição Federal (CF), de 1988, "Ninguém será obrigado a fazer ou deixar de fazer alguma coisa senão em virtude de lei". O princípio da segurança jurídica é extraído do art. 5º, XXXVI, da CF. Por este dispositivo, a lei não prejudicará o direito adquirido, o ato jurídico perfeito e a coisa julgada. Representa a obrigatoriedade de o contribuinte conhecer com antecedência o fato imponível – regime jurídico a que ele está sujeito –, o que se efetiva pelo respeito à lei e pela aplicação dos efeitos desencadeados pelo citado regime no caso concreto. Trata-se, portanto, de princípio que garante a preservação dos direitos subjetivos do contribuinte quanto a acontecimentos imprevistos, calcados na arbitrariedade do legislador e do aplicador da norma jurídica, já que protege o direito adquirido, o ato jurídico perfeito e a coisa julgada (Constituição Federal do Brasil, 1988).

A segurança jurídica é, portanto, o direito do contribuinte de conhecer, com clareza e exatidão, os limites e o conteúdo de sua relação com o Fisco, e há de estar vinculada a três pontos distintos de inflexão: a estabilidade da lei, a determinação do direito aplicável ao caso e a certeza sobre os remédios jurídicos colocados à disposição do contribuinte, quando tiver seus direitos atingidos pelo Fisco (Crepaldi, 2021).

Este princípio diz respeito aos procedimentos de planejamento fiscal na medida em que garante o respeito aos negócios realizados sob determinado regime pelo contribuinte, ainda que com o objetivo de reduzir sua carga tributária. Logo, garante que o regime jurídico aplicável aos negócios realizados pelo contribuinte, na vigência de determinada norma, não seja ignorado ao arbítrio da autoridade fiscal, nem prejudicado por norma posterior. Trata-se, desta feita, de princípio constitucional que, em matéria tributária, protege principalmente o ato jurídico perfeito, ainda que realizado com fins precípuos de redução da carga tributária (Crepaldi, 2021).

Consoante Castardo (2017), o princípio da segurança jurídica, em conjunto com os da tipicidade e da legalidade, desautoriza a introdução em nosso ordenamento de cláusulas ante elisivas que tenham como escopo desconsiderar negócios jurídicos válidos do ponto de vista da norma civil, desde que evidentemente não simulados. Esses princípios refletem o fortalecimento do Estado de Direito e a eliminação do arbítrio. Pagar tributo, apesar de um dever, não é uma imposição que retira do contribuinte o direito à liberdade quanto ao planejamento e à gestão de seu patrimônio.

Ora, se a Constituição não nos obriga a fazer algo que nos prejudique, obviamente nenhum contribuinte estará coagido a pagar maior carga fiscal do que aquela efetivamente definida em lei. Trata-se de um direito de escolha por livre iniciativa (art. 170, CF). Então, se o contribuinte tiver duas ou mais opções, que são lícitas, terá o direito de escolher aquela que resulte no menor pagamento de numerário ao ente governamental tributário.

Neste sentido, o princípio da capacidade contributiva garante ao contribuinte ser tributado segundo a grandeza do fato descrito em lei, passível de gerar a constituição da obrigação tributária que lhe é imputável. Trata-se, portanto, de uma garantia ao contribuinte de que ele será tributado segundo dimensão adequada ao evento jurídico ou económico que realizar, descrito na hipótese de incidência do tributo previamente estabelecida em lei (Chaves, 2017).

É indiscutível a existência de uma forte tensão entre livre iniciativa e o poder de tributar, a reclamar a intervenção do Estado para limitar e controlar, de forma ampla, os atos estatais que afetam bens e interesses individuais fundamentais, como a propriedade, a liberdade de dispor do próprio patrimônio e a segurança. Pode-se retirar do ordenamento jurídico como um todo em que existe um princípio da preservação da empresa, vinculado, inclusive, à capacidade contributiva (Crepaldi, 2021).

É o que se encontra estabelecido no § 1º do art. 145 da CF, que assim dispõe:

> Sempre que possível, os impostos terão caráter pessoal e serão graduados segundo a capacidade econômica do contribuinte, facultado à administração tributária, especialmente para conferir efetividade a esses objetivos, identificar, respeitados os direitos [...] e as atividades econômicas do contribuinte.

O Código Tributário Nacional estabelece que a "[...] autoridade administrativa poderá desconsiderar atos ou negócios jurídicos praticados com a finalidade de dissimular a ocorrência do fato gerador do tributo ou a natureza dos elementos constitutivos da obrigação tributária". Poderá ser aplicado, se forem observados os procedimentos a serem estabelecidos em lei ordinária. O art. 110 do Código Tributário Nacional (CTN), que afirma explicitamente que

> A lei tributária não pode alterar a definição, o conteúdo e o alcance de institutos, conceitos e formas de direito privado, utilizados, expressa ou implicitamente, pela Constituição Federal, pelas Constituições dos Estados, ou pelas Leis Orgânicas do Distrito Federal ou dos municípios, para definir ou limitar competências tributárias.

A legislação também enumera as práticas ilícitas, a saber:

- Crimes contra a Ordem Tributária – Lei n.º 8.137/1990 – fraudar a fiscalização, omitir informação ou prestar declaração falsa, falsificar ou alterar nota fiscal, deixar de recolher tributo no prazo legal por má-fé;
- Sonegação Fiscal – ação ou omissão dolosa, impedir ou retardar total ou parcialmente o conhecimento pelo fisco de um fato ocorrido, ou da natureza do fato;
- Simulação – art. 167, Código Civil – transmissão de direitos a pessoas diversas, falsa declaração e confissão, registro de datas divergentes da ocorrência do ato, intenção de prejudicar terceiros ou violar dispositivo legal. É nulo o negócio jurídico simulado, mas subsistirá o que se dissimulou, se válido for na substância e na forma.
- Abuso de forma e negócio jurídico indireto – essência sobre a forma, Lei 10.406/2002 – art. 187: é visto como uma modalidade de abuso de direito, cuja manifestação se daria quando o contribuinte realizasse condutas voltadas à economia de tributos, fundada em formas atípicas ou anormais para a prática do negócio pretendido, o que denotaria um abuso na utilização dos institutos de direito privado para a realização dos negócios jurídicos;
- Ausência de motivos – Lei 10.406/2002 – art. 140;
- Fraude à lei imperativa – Lei 10.406/2002 – art. 166, VI, realização de Planejamento com a finalidade de contornar norma cogente que obriga determinada conduta;
- Abuso do direito – Lei 10.406/2002 – art. 187;
- Boa-fé objetiva – Lei 10.406/2002 – art. 422;
- Função social da propriedade – CF/1988, art. 5º, XXIII;
- Função social dos contratos – Lei 10.406/2002 – art. 421.

A autoridade administrativa poderá desconsiderar atos ou negócios jurídicos praticados com a finalidade de dissimular a ocorrência do fato gerador do tributo ou a natureza dos elementos constitutivos da obrigação tributária, observados os procedimentos a serem estabelecidos em lei ordinária, segundo o art. 116, parágrafo único, da Lei 5.172/1966. Em termos normativos, os atos ou negócios jurídicos passíveis de desconsideração poderão também ser justificados pelos seguintes dispositivos legais:

O Sistema Contabilístico adotado por uma empresa precisa ser integrado e coordenado com os demais setores, de forma informatizada, visando facilitar o registro dos fatos e contar com a rapidez necessária para a geração de dados fiáveis e periódicos. Os Contabilistas são as pessoas-chave nesta gestão, e são necessários apoio, treinamento e motivação para que estes profissionais participem efetivamente do planejamento fiscal na empresa (Crepaldi, 2021).

Já no caso de infração tributária penal, seguem-se as regras do Direito Penal, independente da intenção ou dolo do agente. Em princípio, o autor do crime só pode ser pessoa física, maior de 18 anos. Nos crimes praticados através de associação ou sociedade, vigora a regra de que o sujeito ativo do delito não será a pessoa jurídica, mas a pessoa física que através dela praticou o ato (Greco, 2019).

Sobre responsabilidade tributária, consoante Pêgas (2017), o representante legal de pessoa jurídica de direito privado, ainda que não seja sócio da empresa, é pessoalmente responsável pelos créditos correspondentes a obrigações tributárias resultantes de atos praticados com excesso de poderes, infração de lei, contrato social ou estatuto. A responsabilidade por infrações à legislação tributária independe da intenção do agente ou do responsável e da efetividade, natureza e extensão dos efeitos do ato, exceto se houver lei em sentido contrário.

A realidade fiscal brasileira é extensa e demanda não só um cuidado extremo na interpretação das leis, mas também no entendimento de que formas podem ser usadas em favor das sociedades empresariais.

CAPÍTULO II

SISTEMA FISCAL PORTUGUÊS

Os princípios constitucionais portugueses integram o rol de importância legislativa, assim como o fazem no Brasil. Da mesma forma, existem princípios gerais do Direito, os quais, pela sua natureza, adentram o interesse do Direito Fiscal Português e, também, encontram-se princípios específicos direcionados ao Direito Tributário ou Fiscal.

A Constituição da República Portuguesa (1976) trata – no Título IV do Sistema Financeiro e Fiscal, artigos 101º ao 107º – do Sistema financeiro, Banco de Portugal, Sistema Fiscal, Impostos, Orçamento e Elaboração do Orçamento. Não obstante, não se pode olvidar as diretivas europeias, a Fiscalidade Internacional decorrente da integração portuguesa à União Europeia, as quais Portugal aprovou e transpôs para o próprio ordenamento jurídico-fiscal. Entre os exemplos desta integração das diretivas, estão presentes as Diretivas "Fusões" – Diretiva 90/434/CEE, de 23 de Julho / Diretiva 2009/133/CE do Conselho, de 19 de Outubro de 2009; Diretiva Juros e Royalties – Diretiva 2003/49/CE do Conselho, de 3 de Junho; Diretiva "Poupança" – Diretiva 2003/48/CE, do Conselho, de 3 de Junho de 2003; Diretiva "Mães-Filhas" – Diretiva 2011/96/UE, do Conselho, de 30 de Novembro, Diretiva do Conselho 77/799/CEE, de 19.12.1977, acerca do intercâmbio de informações destinadas a uma ajuda mútua no combate à fraude e à evasão fiscal; Diretiva do Conselho 76/308/CEE, de 15.03.1976, acerca da assistência mútua em matéria de cobrança de créditos resultantes de operações que fazem parte do sistema de financiamento do Fundo Europeu de Orientação e Garantia Agrícola, bem como de direitos niveladores agrícolas e de direitos aduaneiros, alterada pela Diretiva 2001/44/CE, de 15.06.2001, que acrescentou a cobrança do IVA e de outros impostos especiais sobre o consumo, segundo Carmo e Fernandes (2013), Fernandes (2020) e Catarino e Guimarães (2021).

Teixeira (2021) e Cardoso (2019) analisam que o sistema fiscal português tem por finalidade cumprir os princípios de Direito Fiscal, em regra, seguidos pelos Estados membros da União Europeia ou por outros países desenvolvidos. Estes princípios têm sido enunciados pela doutrina e pelas jurisprudências nacionais, internacionais e europeias e consistem no elenco de princípios da neutralidade, da equidade, da não discriminação, da territorialidade, da residência e da transparência.

O princípio do Estado Social está consagrado no art. 103.º, n.º 1 da CRP e, de acordo com este, "O sistema fiscal visa a satisfação das necessidades financeiras do Estado e outras entidades públicas [...]".

Entre os princípios constitucionais, têm-se os da justiça na tributação, englobando a legalidade e o princípio da igualdade (art. 13.º da CRP), bem como o princípio da proporcionalidade (art. 18.º da CRP). O princípio da legalidade está previsto no artigo 103, n.º 2, da Constituição Portuguesa e aduz que "[...] os impostos são criados por lei, que determina a incidência, a taxa, os benefícios fiscais e as garantias dos contribuintes; ninguém será obrigado a fazer ou deixar de fazer alguma coisa senão em virtude de lei" (Marques; Carneiro, 2015; Fernandes, 2020).

Nabais (2019) e Fernandes (2018) afirmam que o princípio da legalidade "[...] se desdobra em dois aspetos: no princípio de reserva de lei e no princípio de reserva material (de lei)" (Nabais, 2019, p. 198). Quanto ao princípio de reserva de lei (formal), articula que "[...] implica que haja uma intervenção de lei parlamentar, seja esta uma intervenção material a fixar a própria disciplina dos impostos, ou uma intervenção de carácter meramente formal, autorizando o Governo-legislador a estabelecer essa disciplina [...]" (Fernandes, 2018, p. 163). Trata-se da intervenção do Estado, no processo de criação da lei, a dar legitimidade, no sentido de que traduz a vontade do povo. No que tange ao princípio de reserva material (substancial), profere que "[...] exige que a lei contenha a disciplina tão completa quanto possível da matéria reservada [...] elementos essenciais do imposto" (Nabais, 2019, p. 236). Trata-se da intervenção do Estado no processo de uma criação da lei completa, que evite divagações, e que possibilite aos cidadãos saberem, antecipadamente, quais são as regras que irão disciplinar determinado tributo (Costa, 2016).

O princípio da segurança jurídica traz inerente, na ideia de Estado de Direito Democrático – conforme o art. 2.º da CRP, a qual se traduz na ideia de tutela –, que os cidadãos depositam no ordenamento jurídico (Jordão, 2016), princípio decorrente do estado democrático de direito. A primeira limitação encontra-se prevista no art. 103.º, n.º 3 da CRP, o qual refere: "[...] ninguém pode ser obrigado a pagar impostos que não hajam sido criados nos termos da Constituição, que tenham natureza retroativa ou cuja liquidação e cobrança não se façam nos termos da lei".

Cabe ressaltar que o princípio da segurança jurídica não significa a existência de um imperativo de segurança totalmente desmedido, a ponto de impedir a mutação do direito. O que se exige é que sejam observadas as premissas mínimas de estabilidade, de observância obrigatória à força de dispositivo constitucional. Isto porque "[...] o direito assenta sobre tradição e renovação, e encontra-se permanentemente entre o imperativo da estabilidade e a necessidade de adaptação [...]" (Barcellos, 2017, p. 92).

A igualdade, por outro lado, é um princípio jurídico-constitucional, transversal a todo o ordenamento jurídico. Garante a igualdade de todos os cidadãos perante a lei e impõe que os impostos sejam estabelecidos equitativamente, de modo que os cidadãos, com capacidade contributiva similar, sejam tributados de forma igual.

O princípio da legalidade, por sua vez, desdobra-se em duas vertentes: no princípio da reserva de lei formal e no princípio da reserva de lei material. Na vertente de reserva de lei formal, prevê o art. 103.º, n.º 2, da CRP, que os impostos e os seus elementos essenciais têm de ser criados por uma lei. Logo, implica que haja uma intervenção da lei parlamentar, quer se trate de uma intervenção material a fixar a própria disciplina dos impostos, quer de uma intervenção de carácter meramente formal, que autorize o Governo-legislador a estabelecer, em consonância com a respetiva lei de autorização legislativa, essa disciplina (art. 165.º, n.º 1, al: i, 1.ª parte da CRP) (Jordão, 2016).

No tocante ao princípio da proporcionalidade, manifesta-se através de três subprincípios: da adequação, da necessidade e da proporcionalidade em stricto sensu. A adequação exterioriza-se pela escolha da medida mais apropriada para a prossecução do interesse público. A necessidade traduz-se na escolha que gere menores sacrifícios para os particulares entre os meios adequados à prossecução do interesse público. E a proporcionalidade, em sentido estrito, traz subjacente a ideia de que não poderão ser adotadas medidas excessivas, desproporcionadas para alcançar os fins pretendidos (Jordão, 2016).

O princípio da eficiência funcional do Sistema Fiscal visa garantir que o sistema fiscal seja adequado à satisfação das necessidades financeiras do Estado e à prossecução de todos os seus objetivos políticos, qualquer que seja a sua natureza (económica, social; de defesa, cultural etc.). Este princípio está implicitamente consagrado na CRP, pois, tal como já vimos, o sistema fiscal, nos termos do artigo 103.º, deve contribuir não só para

"[...] a satisfação das necessidades financeiras do Estado", mas também para "[...] uma repartição justa dos rendimentos e da riqueza" (Fortes, 2018, p. 87) e, ainda, para a consecução dos objetivos previstos no artigo 104º da CRP.

No campo do Direito Fiscal, o princípio constitucional da legalidade proíbe o recurso à analogia e, igualmente, a criação de normas, mesmo que dentro do espírito do sistema. Neste sentido, Teixeira (2021) Andrade e Pereira (2019) afirmam que as lacunas resultantes de normas tributárias abrangidas na reserva da assembleia da República não são suscetíveis de integração analógica. Diante disto, nas matérias que são reservadas à lei em sentido formal, há incidência de taxas, benefícios fiscais e garantias dos contribuintes. Entre os princípios fiscais, encontram-se os de neutralidade, equidade, não discriminação, territorialidade, transparência, reciprocidade, simplicidade, eficiência.

O princípio do consentimento é descrito como a forma pela qual o contribuinte deve ter o direito de conhecimento prévio sobre a sua existência e aplicabilidade. Este contribuinte deve estar amparado pelo conhecimento a respeito do tipo e da forma de pagamento do imposto.

No que diz respeito ao princípio da neutralidade, este poderia ser equiparado, no Brasil, ao da capacidade contributiva. Tal princípio, em Portugal, visa evitar o contributo de forma desigual para o contribuinte, ou seja, devem-se neutralizar os excessos: o contributo deve ser proporcional ao salário do contribuinte.

No princípio da neutralidade fiscal, volta-se a encontrar a correta correlação entre a tributação e a busca pela prosperidade e pela eficiência. Trata-se de alcançar a relação exata do contribuinte, interpretado como agente económico, e a esfera (ordem) pública económica, permitindo identificar em que medida a tributação se insere no contexto económico e no social. Neste sentido, Caliendo (2013) entende que o princípio da neutralidade fiscal se refere à promoção do sentido privado da tributação como um valor essencial. Parte-se da ideia de que o povo, sem justiça, é oprimido pelo poder e um povo sem prosperidade é um escravo da miséria.

O princípio da equidade pode ser descrito como aquele em que o contribuinte o faz de acordo com o que retira ou utiliza de benefícios do sistema público. Busca uma distribuição justa do quantum apurado pelo contribuinte e oferecido pelo Estado.

A não discriminação presente no rol principiológico português diz respeito ao facto de que o Estado não pode discriminar o contribuinte pelo seu grau de contributo, ou seja, o recolhimento de impostos não pode ser maior ou menor, ou ser concedida isenção para um estrangeiro ou para um cidadão nacional: desde que obedecidas as mesmas regras tributárias, não se deve dispor com discriminação (Campos, 2006).

O princípio da territorialidade diz respeito tão somente ao espaço geográfico territorial do Estado, ou seja, o país não pode tributar um ente que não faça parte do seu território, ressalvadas as exceções de prestação de serviços e importações.

Em suma, o sistema fiscal é o sistema dos impostos, os impostos vistos como um conjunto dotado duma dada articulação ou estrutura interna e visa à satisfação das necessidades financeiras do Estado e outras entidades públicas e uma repartição justa dos rendimentos e da riqueza (Nabais, 2019; Courinha, 2020).

O sistema fiscal português é baseado na CRP, que define os princípios basilares no que se refere aos tipos de impostos e aos direitos e garantias dos contribuintes. É constituído por um conjunto de impostos que incidem sobre o património, rendimento e despesa, bem como sobre as contribuições para a segurança social (Silva, 2015). Segue uma classificação tripartida, dividindo-se em impostos sobre o rendimento (IRS e IRC), sobre a despesa ou consumo (IVA e IEC) e sobre o património (IMI, IMT e IS).

"A repartição justa dos rendimentos e da riqueza" (CRP, art. 103, n.º 1, 2ª. parte) constitui o objetivo social do sistema fiscal. Nesta perspectiva, o sistema fiscal está vinculado à ideia da justiça social, havendo de traduzir-se necessariamente no seu contributo para a diminuição da desigualdade na distribuição daqueles, o que exige, designadamente, a progressividade do sistema fiscal, sobrecarregando mais os altos rendimentos e, no caso de impostos sobre o patrimônio, as maiores fortunas (cfr. art. 104, nº 1).

A Constituição da República de Portugal (CRP, 1976) dispõe sobre o Sistema Financeiro e Fiscal no Título IV, art. 103 a 107, o qual é composto por tributos, que se podem distinguir em impostos sobre o rendimento, sobre a despesa, sobre o património e demais tributos incidentes sobre factos e/ou bens específicos. Aqueles, também, fixam as normas relativas aos impostos e ao orçamento, incluindo sua criação e fiscalização (esta última a cargo do Tribunal de Contas, conforme estabelece o art. 214, n.º 1). O art. 103º institui que os impostos são criados por lei; por este motivo, é de competência da Assembleia da República determinar a incidência, a taxa, os benefícios fiscais e as garantias dos contribuintes.

Destarte, conforme prevê e regula o art. 103.º, n.º 1 da CRP, "[...] o sistema fiscal visa à satisfação das necessidades financeiras do Estado e outras entidades públicas e uma repartição justa dos rendimentos e da riqueza". Este, em conjugação com o art. 9.º, al: d, da CRP, determina que ao Estado incumbe, ainda,

> [...] promover o bem-estar e a qualidade de vida do povo e a igualdade real entre os portugueses, bem como a efetivação dos direitos económicos, sociais, culturais e ambientais, mediante a transformação e modernização das estruturas económicas e sociais.

De forma similar, a tributação em Portugal visa à "[...] satisfação das necessidades financeiras do Estado e de outras entidades públicas e promove a justiça social, a igualdade de oportunidades e as necessárias correções das desigualdades na distribuição da riqueza e do rendimento" (LGT, art.º 5.º, n.º 1).

O art. 165 da CRP trata da reserva relativa de competência legislativa. De acordo com o item n.º 1 do citado artigo, "[...] salvo autorização ao Governo", compete exclusivamente à Assembleia da República legislar sobre "Criação de impostos e sistema fiscal e regime geral das taxas e demais contribuições financeiras a favor das entidades públicas" (alínea "i").

Sendo assim, verifica-se que a CRP trata genericamente do sistema fiscal, fixando princípios a serem observados unicamente na instituição e na cobrança dos impostos, porém silenciando no que se refere às demais espécies tributárias (Barcellos, 2017). Por este motivo, torna-se, desde logo, necessário recorrer à Lei Geral Tributária (LGT), que, em seu art. 3º, estabelece os seguintes conceitos:

a. os tributos podem ser classificados como fiscais ou extrafiscais (no. 1, alínea "a"), estaduais, regionais e locais (no. 1, alínea "b");
b. os tributos compreendem os impostos e as demais espécies criadas por lei, designadamente as taxas e as contribuições financeiras a favor de entes públicos, com os respectivos regimes fixados em lei especial (nos. 2 e 3).

Outrossim, a LGT enuncia e define os princípios gerais que regem o direito fiscal português, os poderes da administração tributária e as garantias dos contribuintes (Leitão, 2021). Lê-se, em seu art. 1º: "A presente lei regula as relações jurídico-tributárias, sem prejuízo do disposto no direito comunitário e noutras normas de direito internacional que vigorem diretamente na ordem interna ou em legislação especial".

Em seu artigo 3º, evidencia-se a classificação dos tributos:

1. Os tributos podem ser:
    a. Fiscais e parafiscais;
    b. Estaduais, regionais e locais.
2. Os tributos compreendem os impostos, incluindo os aduaneiros e especiais, e outras espécies tributárias criadas por lei, designadamente as taxas e demais contribuições financeiras a favor de entidades públicas.
3. regime geral das taxas e das contribuições financeiras referidas no número anterior consta de lei especial.

Decorre do artigo 3º, inciso 2, da Lei Geral Tributária (LGT), que o sistema fiscal português se encontra estruturado em três categorias de tributos, a saber, os impostos, as taxas e as contribuições, especiais e financeiras. Os primeiros assentam predominantemente no princípio da capacidade contributiva, ao passo que os restantes encontram o seu fundamento material, tendencialmente, no princípio da equivalência: as taxas corresponderão à prestação concreta de um serviço público, à utilização de um bem de domínio público ou à remoção de um obstáculo jurídico ao comportamento dos particulares, ao passo que as contribuições contextualizam-se na obtenção, pelo sujeito passivo, de benefícios ou aumentos de valor dos seus bens em resultado de obras públicas ou da criação ou ampliação de serviços públicos ou no especial desgaste de bens públicos ocasionados pelo exercício de uma atividade (Cardoso, 2017).

O Imposto consiste numa prestação pecuniária, coativa e unilateral, exigida com o propósito de angariação de receita, repousando essencialmente no princípio da capacidade contributiva, revelada nos termos da lei, através do rendimento ou da sua utilização (consumo) e do patrimônio. Os impostos encontram-se sujeitos a diferentes classificações, verbi gratia, diretos e indiretos, pessoais e reais, específicos e ad valorem, progressivos e regressivos, periódicos e de obrigação única (Carlos; Pimenta; Durão, 2020).

Relativamente aos impostos incidentes sobre as empresas, importa salientar que estes possuem uma estrutura unilateral assente no princípio da capacidade contributiva como instrumento constitucional de legitimação dos impostos sobre o rendimento. O referido princípio encontra expresso acolhimento na Constituição, nos termos do n. 2 do seu artigo 104, o qual impõe que a tributação incida, fundamentalmente, sobre o rendimento real. O princípio da tributação pelo rendimento real constitui, assim, o critério material de aplicação do princípio da igualdade aplicado aos impostos sobre o rendimento (Carmo; Fernandes, 2013).

O Código do Procedimento e de Processo Tributário (CPPT) aplica-se "[...] no direito comunitário, noutras normas de direito internacional que vigorem diretamente na ordem interna, na lei geral tributária ou em legislação especial, incluindo as normas que regulam a liquidação e cobrança dos tributos parafiscais" (CPPT, art.º 1).

Neste viés, o artigo 103 da Constituição da República Portuguesa, conforme já referido, afirma que este sistema visa à satisfação das necessidades financeiras do Estado e outras entidades públicas e uma participação justa dos rendimentos e da riqueza; assim, estabelece que:

1. O sistema fiscal visa à satisfação das necessidades financeiras do Estado e outras entidades públicas e uma repartição justa dos rendimentos e da riqueza.
2. Os impostos são criados por lei, que determina a incidência, a taxa, os benefícios fiscais e as garantias dos contribuintes.
3. Ninguém pode ser obrigado a pagar impostos que não tenham sido criados nos termos da Constituição, que tenham natureza retroativa ou cuja liquidação e cobrança se não façam nos termos da lei.

Faz-se necessário esclarecer que o Sistema Fiscal Português está estruturado no Decreto-Lei n.º 393, de 17 de dezembro de 1998, denominado, conforme mencionado, Lei Geral Tributária (LGT), tendo sido alterado em maio de 2019. É composto por um conjunto de tributos, que se pode distinguir em impostos sobre o rendimento, impostos sobre a despesa, impostos sobre o património e demais tributos incidentes sobre factos e/ou bens específicos (Knop, 2019). O artigo 1º afirma que tem por fim regular as relações jurídico-tributárias, sem prejuízo do disposto no direito comunitário e noutras normas de direito internacional que vigorarem diretamente na ordem interna ou em legislação especial.

O princípio da legalidade tributária está insculpido no artigo 8º e afirma que estão sujeitos à incidência a taxa, os benefícios fiscais, as garantias dos contribuintes, a definição dos crimes fiscais e o regime geral das contraordenações fiscais.

A validação constitucional de um tributo não depende apenas dos requisitos de forma do princípio da legalidade. O princípio da igualdade, enquanto manifestação de justiça fiscal, presente no artigo 13 da CRP, constitui o mais importante tópico para tal validação. Ora, ao nível das taxas, o princípio da igualdade projeta-se necessariamente como o da equivalência. As taxas são, assim, tributos que não possuem o fundo solidário do imposto e que, em vez disto, se inserem numa lógica de troca entre o contribuinte e a administração, sendo essa natureza comutativa o que repele o princípio da capacidade contributiva e convoca como critério de repartição o princípio da equivalência, seja na vertente do custo, seja na vertente do benefício (Catarino; Guimarães, 2021).

O Regime Geral das Infrações Tributárias (RGIT), instituído pela Lei n.º 15, de 05 de junho de 2001, em seu artigo 23, classifica as contraordenações tributárias em simples ou graves, denominando-as como crimes de fraude e abuso de confiança contra a Segurança Social. Neste sentido, o RGIT aplica-se às infrações das normas reguladoras, a saber:

a. das prestações tributárias;
b. dos regimes tributários, aduaneiros e fiscais, independentemente de regulamentarem ou não prestações tributárias;
c. dos benefícios fiscais e franquias aduaneiras;
d. das contribuições e prestações relativas ao sistema de solidariedade e segurança social, sem prejuízo do regime das contraordenações que consta de legislação especial (RGIT, art.º 1)

O Regime Complementar do Procedimento de Inspeção Tributária (RCPIT) tem como objetivo regular "[...] o procedimento de inspeção tributária e aduaneira, adiante designado por procedimento de inspeção tributária ou procedimento de inspeção, definindo, sem prejuízo de legislação especial, os princípios e as regras aplicáveis aos atos de inspeção" (RCPIT, art.º 1).

O Código do Procedimento Administrativo (CPA) define procedimento administrativo por "[...] sucessão ordenada de atos e formalidades tendentes à formação e à manifestação da vontade da Administração Pública ou à sua execução" (Decreto-Lei 442/91, art.º 1).

O Código Civil português tem como fonte imediata as leis e as normas corporativas. Nele, as leis são

> [...] todas as disposições genéricas provindas dos órgãos estaduais competentes; são normas corporativas as regras ditadas pelos organismos representativos das diferentes categorias morais, culturais, económicas ou profissionais, no domínio das suas atribuições, bem como os respectivos estatutos e regulamentos internos (Código civil, art.º 1, n.º 2).

O Sistema de Inspeção Tributária por Iniciativa do Sujeito Passivo ou de Terceiro (SITISPT), o qual, na realidade, se denomina Regime Especial de Inspeção Tributária por Iniciativa dos Sujeito Passivo, "[...] regula o sistema de inspeção tributária por iniciativa do sujeito passivo ou de terceiros, estabelecendo o seu âmbito, condições de acesso e efeitos" (Ministério das Finanças, Decreto-Lei n.º 6/99, art.º 1).

Em Portugal, há um código para cada imposto (Ricardo, 2021):

- CIRC – Código do IRC, Imposto de Rendimento da pessoa Coletiva;
- CIVA – Código do Imposto sobre o Valor Acrescentado;
- CIS – Código do Imposto do Selo;
- CIRS – Código do IRS, Imposto de Rendimento da pessoa Singular;
- CIUC – Código do Imposto Único de Circulação.

As regras contábeis obedecem ao International Financial Reporting Standards (IFRS) e são aplicadas a todas as empresas públicas nacionais e estrangeiras. As pequenas e médias empresas podem escolher entre as normas IFRS, adotadas pela União Europeia – UE, ou pelas Normas Nacionais de Contabilidade Portuguesa (Rodrigues, 2020).

As empresas públicas, as sociedades anônimas e as empresas que negociam ações em bolsa têm a obrigação legal de publicar, anualmente, seus relatórios financeiros, atendendo ao normativo da UE. Também devem submeter tais relatórios contábeis a uma opinião de auditoria (Almeida, 2019).

Os impostos sobre o consumo são: Imposto sobre o Valor Acrescentado (IVA), incidente sobre o consumo em 23%, entretanto, podem ser reduzidos a 6% e 13%; Imposto Único de Circulação (IUC), com incidência anual sobre a propriedade de veículo automotor; Imposto do Selo, de 10% sobre doações e heranças. O funcionário contribui com 11% do salário bruto para a segurança social, conforme declara Palma (2021). O Imposto sobre o Valor Acrescentado (IVA), tal como regulado na Diretiva Comunitária 77/388/CEE e respetivas alterações posteriores, foi aprovado pelo DL 394-b/84, de 26/12 e entrou em vigor no dia 1/01/1986. É um imposto indireto que incide sobre as entregas de bens e as prestações de serviços efetuadas a título oneroso. Seu mecanismo prevê a dedução do IVA suportado nas aquisições de bens e serviços. Cada operador económico entrega ao estado a diferença entre o IVA liquidado e o IVA suportado. O referido imposto percorre, assim, todo o circuito económico até o consumidor final, que suporta a totalidade daquele. Desde 1993, as transações intracomunitárias estão sujeitas a um regime especial. A Diretiva 91/680/CEE, de 16/12, aplicada em Portugal através do DL 290/92 de 28/12, veio substituir o anterior conceito de importação por um novo: transação intracomunitária. Neste sentido, importação, no sentido legal do termo, passou a designar apenas as entradas de mercadorias ou serviços oriundos de países terceiros, ou territórios que não estão integrados no sistema fiscal da União Europeia (Regime Fiscal Português/NEWCO – *Corporate Services Provider*).

O imposto sobre as empresas tem uma alíquota de 21% e admite as deduções das despesas incorridas para gerar os lucros, bem como os créditos fiscais. Admitem-se incentivos fiscais para a criação de empregos. Há regimes especiais de tributação para pequenas empresas. As despesas iniciais e em pesquisas são dedutíveis para efeitos fiscais no respectivo ano fiscal (Marreiros, 2021).

Existe a previsão de doações para instituições de caridade, educacionais, esportivas, ambientais e hospitalares. As perdas operacionais líquidas podem ser transportadas, até 70%, por um período de cinco anos; já para as pequenas e médias empresas, por um período de até doze anos (Barcellos, 2017).

O Imposto sobre o Rendimento das Pessoas Coletivas (IRC) encontra-se regulado através do DL 442-B/88 de 30/11, tendo o mesmo entrado em vigor em 01/01/89, é aplicado ao rendimento das empresas e "[...] incide sobre os rendimentos obtidos, mesmo quando provenientes de atos ilícitos, no período de tributação, pelos respectivos sujeitos passivos, nos termos deste Código" (CIRC, art.º 1.º).

Este imposto incide sobre as seguintes entidades pelos rendimentos listados (PricewaterhouseCoopers, 2020):

- Pessoas coletivas com sede ou direção efetiva em território português que exerçam uma atividade de natureza comercial, industrial ou agrícola (sociedades comerciais, cooperativas);
- Rendimento Universal / Lucro;
- Pessoas coletivas, com sede ou direção efetiva em território português que não exerçam uma atividade de natureza comercial, industrial ou agrícola (associações, fundações, sociedades civis sem personalidade jurídica);
- Rendimento Global (soma dos rendimentos das categorias conforme regras do IRS);
- Pessoas coletivas não residentes em território português que exerçam a sua atividade através de estabelecimento estável (sucursais);
- Lucro imputável ao estabelecimento estável situado em território português;
- Pessoas coletivas não residentes em território português sem estabelecimento estável;
- Tributadas por retenção na fonte pelos rendimentos auferidos em Portugal.

O lucro tributável é quantificado a partir do resultado líquido do exercício apurado nos termos da normalização contabilística, adicionado das variações patrimoniais positivas e deduzido das variações patrimoniais negativas, não refletidas naquele resultado, sendo depois adicionados e deduzidos os ajustamentos previstos no Código do IRC (Nabais, 2017).

A matéria coletável de IRC é obtida a partir da dedução de prejuízos e benefícios fiscais ao lucro tributável apurado. Multiplica-se o montante da matéria coletável pelas respectivas taxas: entidades residentes e estabelecimentos estáveis de entidades não residentes – 21%; e entidades residentes qualificadas como pequena ou média empresa – sobre os primeiros € 25.000 de matéria coletável – 17%. Ao aplicar as deduções à coleta, obtém-se o total de IRC devido. Deste valor devem ser subtraídos as retenções na fonte e os pagamentos por conta efetuados, resultando no montante de IRC a pagar, ao qual podem acrescer as derramas e as tributações autónomas (Cardoso, 2017; Nabais, 2020a).

Segundo PricewaterhouseCoopers (2019), as entidades que exerçam, a título principal, atividade de natureza comercial, industrial ou agrícola, bem como as não residentes com estabelecimento estável em território português, devem proceder à quitação do imposto (IRC) em três pagamentos por conta (PPC), com vencimento em julho, setembro e 15 de dezembro do próprio ano a que respeita o lucro tributável ou, no caso de empresas que tenham adotado um exercício fiscal não coincidente com o ano civil, no 7.º mês, no 9º mês e no dia 15 do 12º mês do respetivo período de tributação. Os pagamentos por conta são calculados com base no imposto liquidado no período de tributação imediatamente anterior àquele em que esses pagamentos são devidos (Catarino; Guimarães, 2021; Nabais, 2020b).

Ainda segundo o PricewaterhouseCoopers (2019), os pagamentos por conta das empresas cujo volume de negócios, no período de tributação anterior, seja igual ou inferior a € 500.000, correspondem a 80% do montante do imposto liquidado naquele ano, repartido por três montantes iguais, arredondados, por excesso, para euros. Se o volume de negócios for superior a € 500.000, os pagamentos por conta correspondem a 95% do montante do imposto, igualmente repartido por três montantes iguais, arredondados, por excesso, para euros (Crepaldi, 2023).

Se a empresa verificar, pelos elementos de que disponha, que o montante do pagamento por conta já efetuado é igual ou superior ao imposto que será devido, pode deixar de efetuar o terceiro pagamento. Igualmente, se o terceiro pagamento por conta a efetuar for superior à diferença entre o imposto total que a empresa julgar devido e as entregas já efetuadas, pode a empresa limitar o terceiro pagamento a essa diferença. Verificando-se que deixou de ser paga uma importância superior a 20% da que, em condições normais, teria sido entregue, há lugar a juros compensatórios. Se o pagamento não for efetuado nos prazos mencionados, começam a correr imediatamente juros compensatórios (Marreiros, 2021).

As entidades que exerçam, a título principal, atividade de natureza comercial, industrial ou agrícola, bem como as não residentes com estabelecimento estável em território português, estão sujeitas a um pagamento especial por conta (PEC). Este deve ser efetuado durante o mês de março ou em duas prestações, durante os meses de março e outubro do ano a que respeita, ou ainda, no caso de empresas que tenham adotado um exercício fiscal não coincidente com o ano civil, no 3.º e no 10.º mês do respetivo exercício fiscal como aponta o PricewaterhouseCoopers (2019).

O montante do pagamento especial, segundo o Pricewaterhouse-Coopers (2019), por conta é igual a 1% do volume de negócios relativo ao período de tributação anterior, com o limite mínimo de € 850 e, quando superior, é igual a este limite, acrescido de 20 % da parte excedente, com o limite máximo de € 70.000. Do montante apurado, deduzem-se os pagamentos por conta efetuados no período de tributação anterior.

O pagamento especial por conta não é aplicável no período de tributação de início de atividade e no seguinte, ou seja, só no terceiro exercício, após o início de atividade, é que existe a obrigatoriedade de efetuar tal pagamento. Este pode ser deduzido no próprio período de tributação a que respeita ou, se insuficiente, até o sexto período de tributação seguinte, ainda segundo o grupo.

Quando for aplicável o regime especial de tributação dos grupos de sociedades, é devido por cada uma das empresas do grupo, incluindo a empresa dominante, um pagamento especial por conta.

Em caso de cessação de atividade no próprio período de tributação ou até ao sexto período de tributação posterior àquele a que o pagamento especial por conta respeita, a parte que não possa ter sido deduzida nos termos acima referidos, quando existir, é reembolsada mediante requerimento do sujeito passivo, apresentado nos noventa dias seguintes ao da cessação da atividade (Carvalho, 2018).

Segundo Nabais (2019), os sujeitos passivos podem, ainda, ser reembolsados da parte que não foi deduzida mediante requerimento do sujeito passivo dirigido à Administração Tributária, apresentado no prazo de noventa dias a contar do termo daquele período.

O Pagamento Adicional por Conta (PAC) é devido por sociedades que sejam também sujeitos passivos de PPC e PEC, e que tenham contabilizado no período tributário anterior um lucro tributável superior a € 1.500.000 (ou seja, nos casos em que, no período de tributação anterior, seja devida a Derrama Estadual ou Regional).

Os PAC têm vencimento em julho, setembro e 15 de dezembro do próprio ano a que respeita o lucro tributável ou, se tiver sido adotado um período anual de imposto diferente do ano civil, no 7º, 9º e no dia 15 do 12º mês do respetivo período de tributação, sendo a sua liquidação final realizada na declaração periódica de rendimentos (Modelo 22 do IRC).

Sobre a parte do lucro tributável superior a € 1.500.000, sujeito e não isento de IRC, incide ainda um imposto adicional sob a forma de Derrama Estadual, ou, no caso dos sujeitos passivos que tenham sede, direção efetiva ou estabelecimento estável nas Regiões Autónomas da Madeira ou dos Açores, de Derrama Regional, cujas taxas variam consoante o montante de lucro tributável, o pagamento deste imposto deve ser contabilizado através da diferença entre a Derrama Regional devida e os pagamentos adicionais por conta efetuados no mesmo período de tributação. Caso o montante de pagamentos adicionais por conta efetuado neste período de tributação seja superior ao montante devido de Derrama Regional, dá-se o reembolso da diferença.

A Lei 73/2013, de 3 de setembro, que estabelece o regime financeiro das autarquias locais e das entidades intermunicipais, determina que os municípios podem lançar anualmente uma **Derrama Municipal**, até o limite máximo de 1,5%, sobre o lucro tributável sujeito e não isento de imposto sobre o rendimento das pessoas coletivas (IRC). Incide sobre o lucro tributável, antes da dedução de prejuízos fiscais reportáveis. Nos Municípios de Lisboa e do Porto, a taxa geral da Derrama Municipal é de 1,5%, estando isentos os sujeitos passivos cujo volume de negócios no ano anterior não ultrapasse € 150.000.

Ainda há outros impostos sobre as empresas que incluem o Imposto Municipal sobre as Transmissões Onerosas de Imóveis (IMT), o qual é cobrado do comprador com uma alíquota de 6% para propriedades residenciais, 5% para as propriedades rurais, 7,5% para as propriedades urbanas e 10% para os proprietários que residirem em paraíso fiscal. O Imposto Municipal sobre Imóveis (IMI) incide sobre imóveis urbanos com alíquota de 0,3% a 0,45%, 0,8% para imóveis rurais, 7,5% para proprietários residentes em paraíso fiscal. O **IMT** foi aprovado através do DL 287/2003, de 12/11 e entrou em vigor a 1º de janeiro de 2004. Trata-se de um imposto que tributa as transmissões onerosas do direito de propriedade, ou de figuras parcelares deste direito, sobre bens imóveis situados no território nacional e outros casos que a lei equipara a transmissões onerosas de imóveis (Ricardo, 2021; Pereira, 2018).

O Imposto de Selo é de 0,5% a 10%. Suas origens remontam ao séc. XVII. Ele incide sobre atos e operações económicas muito variadas. A Lei 150/99 de 11/09 aprovou o Código do Imposto do Selo e, desde essa data, foi sendo sucessivamente alterado (Marques, 2019).

O **Imposto Municipal sobre Imóveis (IMI) incide sobre o valor patrimonial tributário dos prédios** (rústicos, urbanos ou mistos) situados em Portugal, aprovado através do Dec. Lei 287/2003, de 12/11 e em vigor a 1º de dezembro de 2003.

Existe, ainda, um Imposto Autônomo de 35%, cobrado sobre indenizações e compensações, bem como ônus pagos a membros do conselho e gerentes, caso excedam a 25% de sua remuneração anual.

As Despesas Dedutíveis estão sujeitas a um imposto independente, sendo, conforme declaram Domingos (2019), e Rocha e Rocha (2021):

- Despesas de entretenimento, 10%;
- Despesas não documentadas, tributadas a 50% ou 70% para os contribuintes que gozam de isenção parcial ou total de impostos;
- Despesas com carros particulares; 10%, 27,5% ou 35% dependendo do preço de aquisição do veículo;
- Diárias e despesas de deslocação dos colaboradores, 5%.

Sobre as empresas que operam no setor financeiro, incide um contributo especial que pode variar de 0,00030% a 0,11%. As contribuições previdenciárias pagas pelo empregador totalizam 23,75% da remuneração bruta mensal (Dourado, 2021).

Há a previsão do Regime Simplificado de IRC, previsto no artigo 86º-A do Código do IRC, o qual elenca os seguintes requisitos:

- Sujeitos passivos residentes;
- Não isentos ou sujeitos a regime especial de tributação;
- Atividade principal comercial, industrial ou agrícola;
- Montante anual ilíquido de EUR 200.000,00;
- Total do balanço até EUR 500.000,00;
- Adotem o regime de normalização contabilística das microentidades;
- Ausência de renúncia do regime nos três anos anteriores;
- Regime opcional;
- Cumprimento das obrigações de emissão e comunicação das faturas.

Para a isenção do IVA, previsto nos artigos 53º a 59º do Código do IVA, são necessárias as seguintes condições:

- Pessoas que não sejam obrigadas a constituir contabilidade para fins do IRS ou do IRC;

- Que não realizem importação, exportação ou atividades conexas;
- Que não operem na transmissão de bens ou serviços descritos no anexo E do respectivo Código (não tenha atingido, no ano anterior, volume de negócios superior a EUR 10.000,00).

Pode usufruir da isenção quem tem um regime de volume superior a EUR 10.000,00 e inferior a EUR 12.500,00 que, se eventualmente tributados, encaixar-se-iam no regime dos pequenos retalhistas.

- No Regime Simplificado dos Pequenos Retalhistas, são requeridas pessoas:
- Singulares (pessoas físicas);
- Desobrigadas de possuir contabilidade organizada para fins de IRS;
- Que não tenham tido, no ano civil anterior, volume de compras superior a 50.000,00 euros;
- Que não praticam operações de importação e exportação ou atividades com elas conexas, operações intracomunitárias especificadas na lei ou prestações de serviços não isentadas de valor anual superior a EUR 250,00 ou cuja atividade consista na transmissão dos bens ou prestações dos serviços mencionados no anexo E do Código.

Além dos regimes diferenciados, são concedidos diversos favorecimentos às Micro e Pequenas Empresas dentro do regime geral (lucro real), como alíquotas reduzidas, aproveitamento de prejuízos mais longo, incentivos fiscais ligados a pesquisas e ao desenvolvimento (Carlos; Pimenta; Durão, 2020).

Consoante Nabais (2017), outro aspeto interessante do regime português é a consideração aos primeiros anos de atividade da empresa, com redução das alíquotas tributárias incidentes em tal período. Esta possibilidade aumenta o retorno potencial do negócio e a capacidade de reinvestimento nos anos iniciais.

Como resultado, temos assistido a uma crescente proliferação de novas figuras fiscais que têm vindo a adquirir progressivo relevo no sistema fiscal nacional. Embora a tributação clássica (IRC, IRS, IVA, IMI e IMT) continue a constituir a principal origem de receita fiscal, verifica-se um progressivo deslocamento da taxação tradicional para um modelo assente numa multiplicidade de figuras fiscais, nomeadamente, taxas e contribuições. Em particular, o sistema fiscal tem vindo a focar-se em determinados setores de atividade económica que se presume serem dotados de maior capacidade tributária quando comparados com outros (Almeida, 2019).

Nos planeamentos fiscais pela omissão da lei, utiliza-se de lacunas normativas para gerar economia fiscal, não obstante se observe a abusividade pelo contribuinte. Seria flagrante a caracterização de simulação na estrutura societária, unicamente para atender o fim de causar diminuição da despesa fiscal, caracterizando o tipo penal da fraude fiscal, pela simulação.

Acerca das hipóteses de planeamento fiscal pelo enquadramento tributário mais benéfico, Diogo Leite de Campos (2006, p. 178) destaca diversas formas desta ocorrência, dentre elas, "[...] normas de desagravamento fiscal, exclusões tributárias, deduções específicas, abatimentos à matéria coletável, reporte de prejuízos, isenções fiscais, benefícios fiscais e zonas francas de baixa tributação".

Neste sentido, quando a norma fiscal define regimes e opções fiscais cuja exação se dará de forma distinta, com expressa autorização do contribuinte escolher aquela que lhe seja mais favorável, ou seja, que lhe trará maior poupança fiscal, tem-se definido o planeamento fiscal *intra legem*, neste caso, a elisão fiscal (Campos, 2006, p. 179). Acredita-se ser o mecanismo para alcançar um impacto tributário reduzido, em que se recorre a um ato ou negócio jurídico real, verdadeiro não portador de vício no seu alicerce fático nem na manifestação de vontade, do qual se materializa como lícito.

Não existe uma expressão única, estabelecida na doutrina, para dilucidar estes tipos de comportamentos praticados pelos contribuintes. Os termos mais comuns definidores deste fenómeno são: planeamento fiscal, planeamento fiscal *intra legem* ou planeamento fiscal scrictu sensu. Sem embargo, os mais variados termos como *tax planning, tax engineering, tax mitigation, Steuervermeidung, planificación fiscal*, também estão associados a estes procedimentos utilizados pelos sujeitos passivos (Leitão, 2021).

Com a consideração de que os resultados evidenciam a complexidade do sistema fiscal em Portugal, justificando o peso significativo das obrigações fiscais que as empresas têm de cumprir, torna-se premente que essas mesmas obrigações fiscais sejam agilizadas, simplificadas e transmitidas aos contribuintes de forma mais clara e transparente (Almeida, 2019).

Em Portugal, a carga fiscal é apontada como um dos fatores inibidores de crescimento económico, afetando a capacidade das empresas para investir em tecnologias inovadoras, potenciadoras de maiores níveis de eficiência operacional e administrativa que permitam a exploração de novas oportunidades de negócio nos diversos mercados. Apesar de o sistema fiscal português prever diversos benefícios fiscais, persiste, contudo, um nível intensivo de imposição fiscal sobre os estabelecimentos. A complexa envolvente fiscal que rodeia as empresas e os diversos setores económicos acaba por reduzir as suas margens, afetando a sua capacidade financeira para investir e crescer e, consequentemente, condicionando a sua capacidade competitiva nos mercados internacionais (Amorim, 2010).

CAPÍTULO III

PLANEAMENTO TRIBUTÁRIO

Uma das áreas que vem se destacando dentro do direito e é fundamental para o crescimento de qualquer atividade empresarial é o planejamento fiscal. É sabido que os tributos (impostos, taxas e contribuições) representam uma importante parcela dos custos das empresas, senão a maior. Com a globalização da economia, tornou-se questão de sobrevivência a correta administração do ônus tributário, segundo Crepaldi (2023). É a atividade desenvolvida de forma estritamente preventiva que busca a economia tributária em decorrência da avaliação das opções legais, evitando procedimentos onerosos do ponto de vista fiscal. Trata-se de medida obrigatória para aqueles que pretendem sobreviver e crescer na área, pois, dependendo da estrutura que se utilizar, poderão surgir mais ou menos benefícios do ponto de vista fiscal, com recolhimento maior ou menor de tributos.

O planejamento tributário é a ferramenta que as grandes sociedades empresariais têm para organizar o recolhimento dos tributos através do apuramento da melhor forma de recolher impostos e contribuições. É um conjunto de estudos e estratégias com o objetivo de reduzir a carga fiscal da sociedade empresarial de uma forma totalmente legal. Tem as seguintes vantagens: redução ou adequação da carga fiscal; redução de custos; preparação e realização do orçamento anual de forma assertiva; melhorar o desempenho financeiro e a rentabilidade da empresa; e evitar a ocorrência de autuação. Visa beneficiar com toda a liberalidade, a fim de satisfazer o interesse público de qualquer ordem e o incentivo fiscal, visando satisfazer a ordem econômica e social, como a criação de emprego, a redução dos preços dos produtos etc. Visa evitar a incidência dos fatos geradores de impostos; reduzir o montante do imposto, a sua taxa ou reduzir a base de cálculo do imposto; atrasar a cobrança do imposto, sem a ocorrência de multa. Para conseguir pagar menos tributos, o planejamento tributário da sociedade empresária deve ser realizado, sempre a observar as seguintes considerações: o valor da faturação da sociedade empresária e as expectativas de crescimento ao longo dos exercícios; a composição dos custos e despesas operacionais; a margem de lucro; e verificar pelo menos os últimos cinco anos se há recolhimento indevido de tributos.

Em termos gerais, o planejamento fiscal tem os seguintes objetivos: redução ou eliminação da carga fiscal das empresas, evitando-se que se concretizem operações tributáveis e/ou reduzindo-se a base imponível de tributação; postergação do pagamento de tributos, através do planejamento das datas de concretização de negócios e da administração adequada do fluxo de caixa; eliminação de contingências tributárias, através da manutenção de adequados controles internos e do conhecimento profundo das operações e da legislação tributária; redução do custo burocrático, através da racionalização de processos e funções, bem como da padronização e informatização de procedimentos. Um dos fatores essenciais dentro das estratégias de competitividade das empresas é o planejamento fiscal. A perfeita gestão fiscal alcança redução de custos, ocasionando reflexos positivos na situação financeira e econômica da empresa. É sabido que a tributação (impostos, taxas e contribuições) é um dos principais itens na composição do preço final de qualquer produto.

Cabe destacar que o planejamento fiscal é uma atividade lícita e permitida desde que seja realizado com parâmetros legais, não sendo permitido utilizar-se de artifícios como sonegação, simulação, abuso de direito e fraudes para obtenção de melhores resultados. É o processo de planejar, estudar a vida tributária da empresa e adaptar a sua atividade à carga tributária, acatando medidas que vão de alterações da sua própria estrutura jurídica, estabelecendo a mais vantajosa forma de se prestar serviços, até a mais proveitosa maneira de se distribuir as sedes e filiais.

Neste aspecto, a contabilidade é a base para a realização dos estudos e a elaboração do planejamento fiscal, pois oferece todo o conhecimento dos registros e das operações nas quais despesas e receitas ganham particularidades, vida e destino que devem ser considerados no momento da escolha do regime tributário. Assim, com a correta interpretação e análise dos tributos diretos e indiretos, o planejamento fiscal atinge seu objetivo na diminuição da quantia a ser paga ao governo, tendo como base dados regulares e fiáveis (Fabretti, 2017; Pêgas, 2017).

Logo, é necessário entender que planejamento fiscal nada mais é que o gerenciamento de impostos e a administração de custos e de seus reflexos na organização, visando obter economia de impostos, e não deve ser confundido com sonegação fiscal. Planejar nada mais é que escolher entre duas ou mais opções lícitas, aquela que possa dar melhores resultados para a empresa. Já sonegar é utilizar-se de meios ilegais para deixar de recolher um tributo que é devido, assim como a fraude, a simulação ou a dissimulação, sendo o uso destas considerado como omissão dolosa, tendente a impedir ou retardar o conhecimento dos fatos. A sobrevivência do negócio requer que o empresário conheça os tributos incidentes sobre a sua atividade, buscando soluções seguras e legais para a diminuição da carga tributária, além de assegurar o correto cumprimento das obrigações fiscais, evitando multas e contingências fiscais. Aspectos como a forma de constituição do empreendimento, utilização de recursos de terceiros (empréstimos, financiamentos etc.) também compõem um adequado planejamento. Deve-se considerar as diferenças de tributação decorrentes de peculiaridades dos ativos possuídos pelo contribuinte.

Estima-se que, no Brasil, em média, 33% da faturação empresarial é dirigido ao pagamento de tributos. Somente o ônus do Imposto de Renda e da Contribuição Social sobre o Lucro das empresas pode representar a incrível taxa de 51,51% do lucro líquido apurado. Da somatória dos custos e despesas, mais da metade do valor é representada pelos tributos. Sendo assim, torna-se imprescindível a adoção proativa, por parte dos empresários, de um sistema de economia legal, ou de Elisão Fiscal, que é mais conhecido atualmente como Planejamento Tributário (Andrade Filho, 2018). Todo o planejamento fiscal certamente iniciará com uma gestão tributária, que se traduz pelo gerenciamento dos aspectos tributários de uma determinada empresa, com a finalidade de adequação e planejamento, visando ao controle das operações que tenham relação direta com tributos. Para atender a todas as obrigações tributárias, conseguir uma economia tributária e evitar possíveis incertezas com o fisco, o planejamento fiscal e a organização das empresas são instrumentos valiosos. Deve-se partir do ponto de equilíbrio entre arrecadação e competitividade dos negócios através dos melhores procedimentos que levam ao planejamento estratégico.

O planejamento fiscal identificará todos os processos e cada uma das várias formas que causam as implementações de fatos geradores de tributos e a variação da carga tributária pela diferenciação de alíquotas em função da localidade de produção e/ou distribuição. Assim, o planejamento fiscal partirá para o estudo da viabilidade jurídica e empresarial do cancelamento e/ou alteração de determinados procedimentos em confronto com os consequentes impactos na inexigibilidade tributária ou na redução dos valores devidos.

A viabilidade jurídica do planejamento fiscal tem de estar voltada para os objetivos visados pelo planejamento estratégico, de forma a não impor restrições desnecessárias a determinados processos de produção ou à circulação de mercadorias ou localidade de prestação de serviços.

Destarte, o planejamento estratégico é uma ferramenta da administração. É o plano das ações e de alocação de recursos para realizar os objetivos da entidade, a fim de que haja maximização dos lucros e minimização das perdas. Para tanto, são realizados estudos e projetos visando atingir metas de menor ônus para as empresas. O planejamento estratégico é uma metodologia de gerenciamento que permite estabelecer a direção a ser seguida pela organização, objetivando maior grau de interação com o ambiente. Realizá-lo embasado legalmente é necessário para que a empresa não fique vulnerável à fiscalização existente.

A finalidade do planejamento fiscal estratégico é a economia tributária de impostos, obedecendo à legislação fiscal, evitando prejuízo para as entidades. Dessa maneira, com um planejamento fiscal estratégico, a empresa desenvolve seus negócios de modo preventivo. Projeta seus atos e fatos administrativos de forma clara e deixa transparentes as informações sobre as cargas tributárias em cada uma das opções legais disponíveis para todos os colaboradores. Ele é um grande instrumento, que serve para subsidiar a administração de uma corporação, proporcionando, de forma lícita, alternativas menos onerosas da obrigação tributária. Planejamento fiscal é a união de brechas legais para reduzir a incidência de impostos, permitindo ao contribuinte estruturar sua entidade por via menos onerosa. A fim de que o planejamento seja efetuado de maneira correta, fazem-se necessárias muitas decisões. Para tanto, é preciso que tudo seja estudado de maneira minuciosa e a situação da empresa esteja de acordo com a legislação. O planejamento não é sonegação fiscal, pois propõe atitudes que reduzirão os tributos, sem sonegar ou fraudar as entidades responsáveis. O Código Tributário Nacional (CTN, 1966) "[...] conceitua como tributo toda prestação pecuniária compulsória, em moeda ou cujo valor nela se possa exprimir, que não constitua sanção de ato ilícito, instituída em lei e cobrada mediante atividade administrativa plenamente veiculada".

Com os avanços tecnológicos, transformações digitais e globalização, os sistemas operacionais de uma sociedade empresária mudam constantemente. A inteligência artificial é uma forte aliada para a gestão de tributos e apoio no compliance, beneficiando as empresas. Na área tributária, a inteligência artificial é utilizada para agilizar os processos de revisão, cálculo, apuração e recolhimento de tributos. Está a automatizar a análise de dados sobre impostos e contribuições, a acelerar todo o processo de revisão, mitigação de riscos e cumprimento das obrigações acessórias e principais tributárias. Ela baseia-se nas regras da legislação e utiliza as informações para identificar falhas e riscos, porém necessita de um acompanhamento permanente por conta das constantes mudanças nesta mesma legislação e de parte dos dados.

É muito importante se estabelecer um planejamento fiscal; os contadores e administradores devem sempre observar novas situações para que este não seja feito de maneira equivocada. É importante, também, ser efetuado todo ano, para as empresas do Simples Nacional, Lucro Presumido e do Lucro Real. Assim, com vistas a um planejamento tributário, é necessário ter conhecimento do que são tributos, impostos, taxas e contribuições.

Ao fazer os mapas tributários de alguns produtos e serviços, é possível vislumbrar os impostos e as contribuições mais significativos na carga tributária de uma empresa. Alguns fazem parte do processo produtivo e são recolhidos durante a cadeia de fabricação, dentro da tributação indireta. Ou seja, o ônus do recolhimento é repassado ao consumidor final. Outros impostos e contribuições são pagos quando a empresa apura o lucro, na chamada tributação direta. Os melhores exemplos de tributos indiretos são o imposto sobre a Circulação de Mercadorias e Serviços (ICMS) e o Imposto sobre Produtos Industrializados (IPI). O IPI, como o nome permite deduzir, incide, em geral, somente nas etapas em que ocorre algum tipo de industrialização. O ICMS deve ser recolhido a cada etapa de venda de mercadoria dentro da cadeia de produção, declaram Castardo (2017) e Domingos (2019). Por isso, é sempre mais fácil calcular o impacto dos tributos indiretos, já que seus valores são refletidos imediatamente no custo de produção.

Exemplos de tributação direta são o Imposto de Renda Pessoa Jurídica (IRPJ) e a Contribuição Social sobre o Lucro Líquido (CSLL). Os dois são calculados sobre os ganhos das empresas. Para limitar o impacto da alta carga de tributos no Brasil, muitas empresas buscam o planejamento fiscal para a redução dos impostos. Portanto, o planejamento fiscal é uma necessidade básica para todos os contribuintes, tanto pessoas jurídicas quanto físicas. É a designação corrente de uma série de procedimentos tradicionalmente conhecidos como formas de economia de imposto. É a metodologia para se obter um menor ônus fiscal sobre operações ou produtos, utilizando-se meios legais. Com efeito, as formas de economia fiscal têm sido enriquecidas por projetos de alta complexidade, que envolvem avançada tecnologia fiscal, financeira e societária.

Estamos em um período em que as operações lícitas e documentadas entre companhias, visando à redução do imposto, estão sendo avaliadas sob uma nova ótica. Com informação e planejamento, é possível adotar medidas que ajudam a reduzir a carga tributária. Isto pode incluir desde uma forma diferente de remunerar sócios, passando por um caminho diverso na reestruturação da empresa, até a ida ao judiciário para contestar a exigência de algum imposto ou tentar recuperar o que pôde ter sido pago a mais no passado.

Todo o contribuinte tem o direito constitucional de gerir seus negócios com liberdade. Neste sentido, destacam-se os seguintes textos constitucionais (Constituição da República Federativa do Brasil, 1988):

> Art. 1º A República Federativa do Brasil, formada pela união indissolúvel dos Estados e Municípios e do Distrito Federal, constitui-se em Estado Democrático de Direito e tem como fundamentos:
> [...]
> IV – os valores sociais do trabalho e da livre iniciativa;
> [...]
> Art. 5º Todos são iguais perante a lei, sem distinção de qualquer natureza, garantindo-se aos brasileiros e aos estrangeiros residentes no País a inviolabilidade do direito à vida, à liberdade, à igualdade, à segurança e à propriedade, nos termos seguintes:
> [...]
> II – ninguém será obrigado a fazer ou deixar de fazer alguma coisa senão em virtude de lei;
> [...]
> XIII – é livre o exercício de qualquer trabalho, ofício ou profissão, atendidas as qualificações profissionais que a lei estabelecer;
> XIV – é assegurado a todos o acesso à informação e resguardado o sigilo da fonte, quando necessário ao exercício profissional;
> [...]
> XXXIX – não há crime sem lei anterior que o defina, nem pena sem prévia cominação legal;
> [...]

> Art. 170. A ordem económica, fundada na valorização do trabalho humano e na livre iniciativa, tem por fim assegurar a todos existência digna, conforme os ditames da justiça social, observados os seguintes princípios:
> [...]
> II – propriedade privada;
> [...]
> IV – livre concorrência;
>
> Parágrafo único. É assegurado a todos o livre exercício de qualquer atividade económica, independentemente de autorização de órgãos públicos, salvo nos casos previstos em lei.

Destaca-se que o conhecimento de cada imposto, taxa e contribuição, bem como os prazos e de quem recolher, é parte importante do planejamento tributário. Planejamento fiscal é o estudo de formas legais que visam diminuir o pagamento de tributos, ou seja, a melhor e menor forma de pagá-los, é economia fiscal, dicas práticas, redução legal de custos com tributos, permitindo ao contribuinte formas de estruturar o seu negócio. Segundo Greco (2019, p. 24), "[...] denomina-se planejamento fiscal a atividade empresarial que, desenvolvendo-se de forma estritamente preventiva, projeta os atos e fatos administrativos com o objetivo de informar quais os ônus tributários em cada uma das opções legais disponíveis".

O objetivo deste planejamento é a economia tributária, cotejando as várias opções legais. O administrador, obviamente, procura orientar os seus passos de forma a evitar, sempre que possível, o procedimento mais oneroso do ponto de vista fiscal. Com o planejamento fiscal, o contador tem a possibilidade de trazer enormes contribuições para a empresa. Com a intensa discussão sobre as mudanças do nosso sistema tributário e ou simplificações das rotinas tributárias, as empresas precisam cada vez mais de um planejamento fiscal mais criterioso e criativo, que possa resguardar seus direitos de contribuintes e, ao mesmo tempo, proteger seu patrimônio (Minardi, 2021).

A primeira etapa ocorre antes do fato gerador, na qual o contribuinte estudará as formas de redução dos tributos e das obrigações acessórias. Para Fabretti (2017, p. 33), "[...] o planejamento fiscal preventivo (antes da ocorrência do fato gerador do tributo) produz a elisão fiscal, ou seja, a redução da carga tributária dentro da legalidade". O fato gerador é a situação descrita em lei, ou seja, é a obrigação tributária principal, que tem como objetivo o pagamento do tributo. A etapa seguinte será posterior ao fato gerador, em que se apurará se existe algum tributo que possa ser compensado, ou se existem procedimentos administrativos ou judiciais etc. O planejamento fiscal tende a melhorar o montante dos encargos tributários a serem suportados por uma pessoa qualquer.

Segundo Chaves (2017), as opções menos onerosas ficam a cargo dos contribuintes, havendo, por exemplo, a possibilidade de empresas escolherem os regimes de tributação e as pessoas físicas considerarem certos rendimentos como tributados exclusivamente na fonte. De igual forma, também podem escolher o local para instalação de sua unidade produtiva, a fim de aproveitar os incentivos fiscais ou uma tributação menor.

O planejamento fiscal deve ser conduzido de forma a diminuir os riscos, fazendo uma correta análise de todos os aspectos envolvidos, cercando-se de precauções legais e procedimentos, para não caracterizar o planejamento como evasão fiscal. Segundo Nabais (2019, p. 89),

> A 'arma' fundamental para o planejador é a manutenção de uma contabilidade regular, fiável, que reflita a situação patrimonial verdadeira e atual da empresa, pois esta é a fonte de dados para a formação de uma análise profunda e de qualidade da mesma, para tomada de decisões.

Logo, a sociedade empresarial precisa estar atenta às formalidades fiscais, contábeis e legais, garantindo que os documentos, contratos etc., utilizados na execução do planejamento, estejam dentro da licitude. Quando ocorrerem as mudanças na legislação tributária, no âmbito federal, estadual ou municipal, o responsável pelo planejamento adequará as ações em andamento às novas normas vigentes, visando à sua permanência legal.

Para elaboração do planejamento tributário, é necessário realizar:

- Diagnóstico Preciso – analisar o modo de atuação da sociedade empresarial; é preciso realizar um mapeamento de dados e um levantamento dos fluxos administrativos, contábeis, financeiros e operacionais, além de revisar serviços e produtos prestados;
- Revisão Fiscal – auditar os processos como o cálculo de tributos e escrituração fiscal para verificação de informações e pagamentos e estruturação dos próximos passos da sociedade empresarial;

- Escolha do Regime – observar as vantagens e desvantagens de cada regime para escolher o mais vantajoso para a sociedade empresarial;
- Análise de Benefícios – verificar na legislação fiscal os ganhos tributários e benefícios fiscais aplicados à sociedade empresarial;
- Resultado e Correção – analisar os resultados obtidos anteriormente na fase de revisão fiscal para visualizar possíveis erros nos tributos pagos. Realizar uma correção de valores recolhidos indevidamente e redução da carga tributária futura.

Os requisitos do planejamento tributário são que devem ser elaborados em momento anterior ao fato gerado; fazer uma interpretação restritiva de benefícios fiscais; adotar substrato económico e utilizar-se precisamente de lacunas da legislação. Pois, o planejamento tributário abusivo é a tentativa de definir que um negócio real, sendo feito de forma diversa da tradicional, mesmo dentro da lei, tenha seus efeitos tributários alterados.

É direito constitucional do contribuinte recolher somente o tributo devido, livre iniciativa. A constituição não nos obriga a fazermos algo que nos prejudique; obviamente, nenhum contribuinte estará coagido a recolher maior carga tributária do que aquela efetivamente definida na legislação. O poder fiscal é inerente ao próprio Estado, que advém de sua soberania política, consistente na faculdade de estabelecer tributos, de exigir contribuições compulsórias, a fim de poder atender às necessidades públicas. Contudo, este poder é limitado, ou seja, deve obedecer regras. Assim, optando por uma forma de organização de seus negócios (planejamento), e estando tal forma dentro dos ditames legais, deve ser respeitado de invasão do Estado. O planejamento tributário tem por objetivo a economia legal da quantidade monetária a ser recolhida ao Estado.

As determinantes estratégicas, no regime de tributação a ser adotado pelas empresas, devem ser escolhidas cuidadosamente, por influenciarem diretamente o fluxo de caixa das entidades. O regime de tributação é um sistema que estabelece o recolhimento de tributos das sociedades empresariais. Além disto, ele também vai depender de vários outros fatores inerentes ao negócio, como o porte, o tipo de atividade exercida, o faturamento etc. No Brasil, são três os tipos de regime tributário mais adotados: lucro real, lucro presumido e simples nacional. Uma importante estratégia de planejamento tributário, em nível federal, é a comparação entre os regimes de tributação do IRPJ e da CSLL, quais sejam: Lucro Real,

Lucro Presumido e Simples Nacional (este último destinado a Microempresas e Empresas de Pequeno Porte). Pelos regimes do Lucro Presumido e do Lucro Real, é possível elaborar estudos comparativos.

O regime de tributação pelo Simples Nacional é um regime tributário que simplifica de maneira indiscutível todo o processo de arrecadação, cobrança e fiscalização de tributos para micro e pequenas empresas com faturação até R$ 4,8 milhões. A adesão tem muitas facilidades, com a descomplicação de regularização também se destaca, já que a RFB – Receita Federal do Brasil facilita o parcelamento e a apuração de débitos para empresas optantes por este regime de tributação. Além disto, outra vantagem é a tributação, já que diversas atividades são menos tributadas em relação ao lucro presumido. Além de estar de acordo com as especificações previstas na Lei Complementar 123/2006, a faturação é um dos principais critérios. O regime do Simples Nacional tem o poder de reduzir a carga tributária das sociedades empresariais, unificando, em um único documento de arrecadação, oito tributos: IRPJ, CSLL, PIS, COFINS, IPI, INSS Patronal, ICMS e ISS. São vantagens do regime do Simples Nacional: apuração e recolhimento unificado de oito tributos; tributação progressiva, reduzindo a carga tributária para negócios iniciantes e aumentando de acordo com a faturação da sociedade empresária; dispensa do recolhimento das contribuições destinadas ao Sistema S e contribuições sindicais; descontos para a obtenção de determinadas licenças e certificações do governo; preferência em licitações; dispensa de entrega de diversas obrigações acessórias; quanto maiores os gastos com a folha de pagamento, menor será a carga tributária com a contribuição previdenciária patronal. O perfil das sociedades empresariais que apresentam estas vantagens são: sociedades empresariais com margens de lucros médias e altas; com custos operacionais baixos; que tenham uma boa participação das despesas com a folha de pagamentos; comercializam com adquirentes não beneficiados por redução da base de cálculo do ICMS; não transacionam mercadorias no regime de substituição tributária; seus consumidores são clientes finais. Contudo, verifica-se desvantagens, sendo: a impossibilidade de redução de tributos através de benefícios/incentivos fiscais; a tributação será através de alíquota sobre a receita bruta e não sobre o lucro, não permitindo a compensação de prejuízos, despesas e custos; impossibilidade de pagar menos tributos utilizando despesas e custos, ou seja, a sociedade empresária recolherá tributos mesmo que tenha prejuízo; dificuldades nas relações comerciais com empresas não optantes por este regime, devido às questões tributárias; limite para distribuição de dividendos, caso a empresa não adote um sistema contabilístico.

O regime de apuração pelo Lucro Real tem como base a contabilidade elaborada de acordo com as leis societárias e fiscais. O lucro real depende do resultado apurado no final do período (trimestral ou anual), envolvendo aspectos mais rígidos de escrituração. É um regime mais complexo da legislação brasileira. A adesão ao Lucro Real é obrigatória para a empresa com faturação superior a R$ 78 milhões de reais e também para aquelas que, mesmo com faturação inferior, são do setor financeiro; tiveram lucros de origem estrangeira/ exploram atividades de factoring e as organizações que utilizam benefícios fiscais.

A outra forma de tributação que pode ser adotada pelas empresas, restrita àquelas não financeiras e as com faturação anual inferior a R$ 78 milhões, e que não estejam obrigadas ao regime do Lucro Real, é o Lucro Presumido. É um regime tributário que de forma simplificada para a determinação da base de cálculo do Imposto de Renda Pessoa Jurídica (IRPJ), da Contribuição Social sobre o Lucro Líquido (CSLL), das pessoas jurídicas que não estiverem obrigadas, no ano-calendário, à apuração do Lucro Real. A RFB – Receita Federal do Brasil presume que uma determinada percentagem do faturamento é o lucro. O lucro presumido é calculado a partir da receita já apurada. Neste caso, as alíquotas do IRPJ – Imposto de Renda Pessoa Jurídica e CSLL – Contribuição Social sobre o Lucro Líquido são pré-definidas pela RFB – Receita Federal do Brasil com base na presunção de lucro da sociedade empresária no período do recolhimento. Ou seja, o cálculo não é feito a partir do lucro realmente auferido, mas baseado em uma estimativa de lucro de acordo com as características da empresa. Este regime de tributação é muito utilizado por prestadores de serviços.

Baseia-se em realizar uma previsão do lucro da empresa para, então, calcular o tributo a ser recolhido. As margens de lucro presumidas são de 8% para atividades industriais e comércio e 32% para serviços, podendo haver exceções dependendo da atividade. O cálculo do IRPJ é feito trimestralmente e com base na alíquota de 15% sobre o lucro total presumido. Caso haja um excedente de lucro acima de R$ 60 mil reais no período, ocorrerá a incidência de um adicional de 10%. Neste regime de tributação, lucro presumido, temos: a simplificação na apuração de grande parte dos tributos; economia tributária para os casos em que o lucro tributado for inferior ao efetivo lucro da empresa; apuração do PIS – Programa de Integração Social e COFINS – Contribuição com finalidade Social por alíquotas mais baixas que as do Lucro Real; obrigações acessórias normalmente menos complexas; os tributos sobre o faturamento são recolhidos apenas trimestralmente, o que gera uma folga no caixa da empresa. As desvantagens de recolher menos tributos utilizando despesas, ou seja, a empresa recolherá tributos mesmo que tenha prejuízo; recolherá mais tributos caso o lucro tributado seja maior que o lucro efetivo da sociedade empresária; impossibilidade de redução de tributos (PIS, COFINS, IRPJ e CSLL) por meio de benefícios/incentivos fiscais; limite para distribuição de dividendos, caso a sociedade empresária não adote um sistema contabilístico semelhante ao de uma sociedade empresária tributada pelo regime do lucro real.

O lucro real é o resultado contabilístico (receitas menos os custos e despesas), ajustado pelas adições e exclusões. Quando analisado somente o Imposto de Renda e a Contribuição Social sobre o lucro, na maioria dos casos, é a melhor opção, porque a empresa somente paga os referidos tributos quando obtém lucro, segundo o Decreto 9.580/2018. As principais vantagens para opção pelo lucro real são: tributação teoricamente mais justa, sobre os resultados; aproveitamento de créditos do PIS e COFINS; possibilidades de utilização de dezenas de formas de planejamento fiscal; permite que a empresa reduza o valor a recolher de tributos com suas despesas e custos; é possível utilizar prejuízos de períodos anteriores para diminuir os tributos a serem recolhidos no futuro, art. 580, Decreto 9.580/2018; é o único regime que não possui restrições quanto à utilização de benefícios/incentivos fiscais na redução dos tributos a pagar; não há limites para distribuição de lucros aos sócios. É vantajoso para sociedades empresariais com reduzidas margens de lucro ou com prejuízo, tais como grandes sociedades empresariais que possuem muitas despesas com matéria-prima, energia elétrica e aluguéis, pois estas recebem crédito de PIS/COFINS no regime não cumulativo, além de calcular o IRPJ e CSLL sobre a baixa margem de lucro. As desvantagens seriam: maior ônus burocrático, pela necessidade de controles e acompanhamentos fiscais e contabilísticos especiais; incidência do PIS e COFINS com alíquotas mais altas; possui um número excessivo de obrigações acessórias e de alta complexidade.

No planejamento tributário deve-se valorizar a gestão tributária para garantir o recolhimento correto dos tributos cobrados pela administração tributária. Assim, torna-se essencial a escolha do regime tributário correto por parte da administração das sociedades empresariais. Assim, pode-se obter vantagens na modalidade pelo lucro real, ao invés do lucro presumido. Essas opções, por mais básicas que sejam, influenciam diretamente no futuro da exploração da atividade econômica.

A legislação fiscal e tributária prevê o lucro líquido (ou prejuízo) do período de apuração, antes da provisão para o Imposto de Renda, ajustado pelas adições, exclusões ou compensações. No entanto, deveria ser o regime tributário padrão, porque sua metodologia se resume na apuração das receitas e dedução de custos e despesas para apurar o resultado do período. A administração tributária federal exige que o lucro apurado seja comprovado com lançamentos contábeis, transmitidos à Receita Federal do Brasil (RFB) por meio da Escrituração Contabilística Fiscal (ECF), segundo o Decreto-Lei n.º 1.598/1977, art. 6º, caput; e artigo 258, Decreto 9.580/2018.

Visando a um melhor entendimento sobre essa questão, esclarecemos que Lucro Real, para fins da legislação do imposto de renda, significa o próprio lucro tributável, e distingue-se do lucro líquido apurado contabilmente. De acordo com o Art. 258 do Decreto 9.580/2018, Lucro Real é o lucro líquido do período de apuração ajustado pelas adições, exclusões ou compensações prescritas ou autorizadas pela legislação fiscal. A determinação deste lucro será precedida da apuração do lucro líquido de cada período de apuração com observância das leis comerciais.

Já o Lucro Presumido é uma modalidade prática para determinação da base de cálculo do IRPJ e da CSLL das pessoas jurídicas não obrigadas à apuração do Lucro Real. O IRPJ e a CSLL pelo lucro presumido são apurados trimestralmente. A alíquota de cada tributo (15% de IRPJ, mais 10% do AIR e 9% da CSLL) incide sobre receitas com base em percentual de presunção variável (1,6% a 32% da faturação, dependendo da atividade), consoante a Lei n.º 9.718/1998, art. 13, caput; e art. 587, Decreto 9.580/2018. Neste regime, mesmo que a empresa tenha obtido uma margem de lucro maior, a tributação recairá apenas sobre a margem pré-fixada. Porém, se a margem de lucro efetiva for inferior à pré-fixada, os tributos devem ser calculados sobre a margem presumida. Pode ser tributada pelo Lucro Presumido a pessoa jurídica cuja receita bruta total, no ano-calendário anterior, tenha sido igual ou inferior a R$ 78.000.000,00 ou a R$ 6.500.000,00, multiplicada pelo número de meses de atividade do ano-calendário anterior, quando inferior a 12 (doze) meses e que não esteja obrigada à tributação pelo lucro real em função da atividade exercida ou da sua constituição societária ou natureza jurídica. A administração tributária federal exige que o lucro apurado seja comprovado com lançamentos contábeis, transmitidos à Receita Federal do Brasil (RFB) por meio da Escrituração Contabilística Fiscal (ECF).

Há, ainda, o Lucro Arbitrado, modalidade utilizada pelo Fisco para tributar as empresas que não apresentam escrituração regular ou que escolhem o Lucro Presumido indevidamente, com tributação superior a este último. Os arts. 602 a 604, Decreto 9.580/2018, evidenciam as hipóteses de arbitramento e a forma de apuração dessa sistemática de cálculo.

E, por fim, o Simples Nacional, que só pode ser adotado pelas micro e pequenas empresas, com faturação anual de até R$ 4,8 milhões, o qual simplifica a tributação, envolvendo vários tributos federais, estaduais e municipais. Estabelece um pagamento mensal unificado, correspondente à aplicação de um percentual sobre a receita bruta mensal, estando contemplados os seguintes tributos e contribuições: IRPJ, CSLL, COFINS, PIS, IPI, CPP (parcela relativa ao empregador, com exceção de várias atividades de prestação de serviços), segundo o Artigo 6º do Decreto-Lei n.º 1.598/1977, e LC 123/2006. O regime do Simples Nacional é simplificar os impostos que devem ser recolhidos e, consequentemente, reduzir a carga tributária das sociedades empresariais. Por isto, nessa modalidade de tributação, os tributos são unificados para recolhimento em um único documento de arrecadação. Este regime tributário é indicado para sociedades empresariais com faturação máxima de R$ 4,8 milhões ao ano, as microempresas e empresas de pequeno porte, levando em consideração a atividade da sociedade empresária e o quadro de sócios.

Realizada essa análise, opta-se pela melhor alternativa que poderá ser o Simples Nacional, o Lucro Presumido ou o Lucro Real. Não se pode, sem que se faça essa análise, definir qual das três modalidades é a melhor. Pode ser que uma microempresa encontre maior vantagem optando pelo Lucro Presumido ao invés do Simples Nacional, ou até mesmo pelo Lucro Real. Somente com a adequada apuração é que se poderia eleger a modalidade tributária mais apropriada para a empresa. Vê-se que não é tão fácil eleger a opção tributária. Há a necessidade de todo um planejamento, o que envolve conhecimento e competência na área contabilística e fiscal. O primeiro passo consiste na definição do melhor regime tributário para a empresa: lucro real, lucro presumido ou arbitrado, simples nacional ou valores fixos (Empreendedor Individual). Para saber qual o regime ideal para cada negócio, é preciso elaborar um organograma que inclua claramente as etapas de todo o processo operacional e do fluxo financeiro da empresa e, em seguida, estabelecer metas e ações para um prazo de aproximadamente cinco anos. Isto vai ajudar o empresário a comparar a previsão de redução de impostos entre diferentes regimes, bem como perceber a importância de se conhecer os benefícios fiscais federais, estaduais e municipais incidentes sobre os produtos ou serviços da empresa (Greco, 2019).

Uma vez escolhido o regime de tributação, o empresário deve dedicar-se ao planejamento das operações da empresa em consonância com o modelo escolhido e, a partir daí, determinar onde há espaço para ações de redução de custos tributários, seja pela redução da base de cálculo e percentuais dos impostos, encargos e taxas, seja pela recuperação dos impostos via empréstimos subsidiados. Segundo Crepaldi (2023), a empresa eficiente, do ponto de vista tributário, é aquela que, através de uma atividade lícita, busca identificar, com a indispensável antecedência, a alternativa legal e tributária menos onerosa para atingir um determinado objetivo negocial ou patrimonial. Não é demais lembrar que, do ponto de vista dos proprietários, constitui obrigação da alta administração da empresa planejar seus negócios, com vistas a aumentar as suas receitas e reduzir seus custos, inclusive os tributários.

Machado (2019) considera que há uma pressão cada vez maior e agilizada do Governo na cobrança das dívidas fiscais, o que faz crescer a preocupação dos empresários sérios em evitar as consequências danosas oriundas da dívida com impostos, tais como penhora e execução de bens da empresa, penhora de faturação, indisponibilidade dos bens dos dirigentes, dificuldades em obter parcelamentos e financiamentos e, até mesmo, ameaça de prisão por apropriação indébita ou depositário infiel.

Assim, em suma, para um maior ganho de capital, deve-se optar por diminuir os custos tributários, objetivando a um melhor resultado. Alguns estudos mostram que o Brasil é um país com o maior custo para as empresas. Isto decorre de vários problemas estruturais e conjunturais, trazendo, assim, maior preocupação para os empresários com relação a taxas e obrigações acessórias.

Além da elevada carga tributária que deve ser paga por pessoas jurídicas, os gastos administrativos com os planejamentos tributários para controle das atividades tributárias também devem ser considerados. Em algumas empresas, os gastos e investimentos em profissionais adequados para a realização do trabalho na área tributária são altos, representando uma parcela significativa dos recursos económicos da empresa (Fabretti, 2017; Shoueri; Mosquera, 2020).

As empresas também se deparam com dificuldades perante o fisco quanto às exigências da entrega de obrigações acessórias. São obrigadas a fornecer uma infinidade de declarações, informando os impostos e contribuições que geraram para o Estado. Muitas dessas informações transmitidas são informadas em mais de uma obrigação acessória, o que termina na geração de maiores custos e tempo para a empresa cumprir com essa obrigação. Ademais, por possuir determinado grau de complexidade em seu preenchimento, é necessário que a empresa invista em treinamentos para funcionários, pois declarações enviadas com irregularidades acarretarão prejuízos financeiros para a empresa. Essas declarações variam conforme as atividades da empresa e a sua opção tributária, porém todas estão obrigadas a cumprir com as exigências do Fisco (Fabreti, 2017; Pêgas, 2017).

A empresa pode optar pelo regime de tributação que desejar, iniciando uma pesquisa para verificar se o regime tributário escolhido está compatível com a atividade de acordo com a legislação tributária. A título de ilustração, não é permitido a uma empresa de consultoria optar pelo regime Simples Nacional, por impedimento da legislação tributária. É recomendável que aquela faça um estudo tributário, analisando quais impactos fiscais ocorrerão no estabelecimento mediante a escolha de determinado regime de tributação (Greco, 2019).

Entre as opções de tributação, está o lucro presumido (art. 587, Decreto 9.580/2018), que tem a finalidade de facilitar o pagamento do imposto. A apuração, nessa modalidade, consiste em presumir ou estimar o lucro como um percentual sobre a receita bruta da empresa, percentual este que é fixado na IN RFB, n.º 1.700/2017, art. 214, sendo variável em relação ao tipo de atividade executada. No entanto, algumas empresas estão impedidas de optar pelo lucro presumido, a saber, bancos, empresas que auferiram rendimentos no exterior, que queiram usufruir de benefícios fiscais ou que, no ano-calendário anterior, obtiveram receita bruta superior a R$ 78.000.000,00 (Fabreti, 2017; Pêgas, 2017).

Outra opção é o Lucro Real. Pessoas jurídicas que se enquadrarem no artigo 258 do Regulamento do Imposto de Renda (Decreto n. 9.580/2018) terão que, obrigatoriamente, escolhê-lo. Para as outras entidades, a forma de tributação por este caminho é opcional e poderá ser exercida de acordo com a melhor conveniência financeira.

O Lucro Real é uma das formas de tributação mais complexas para as pessoas jurídicas, uma vez que, obrigadas a este tipo de taxação, as empresas devem seguir todas as regras ditas por lei. Shoueri e Mosquera (2020) pontuam que, de acordo com a Receita Federal do Brasil (RFB), o Lucro Real é a base de cálculo do imposto sobre a renda apurada segundo registros contabilísticos e fiscais efetuados sistematicamente de acordo com as leis comerciais e fiscais. A apuração dessa espécie de lucro é feita na parte A do Livro de Apuração do Lucro Real, mediante adições e exclusões ao lucro líquido do período de apuração (trimestral ou anual) do imposto e compensações de prejuízos fiscais autorizadas pela legislação do imposto de renda, de acordo com as determinações contidas no art. 277, Decreto 9.580/2018 e na IN 1700/2017 RFB, artigos 64 e 203, e demais atos legais e infralegais posteriores.

Sobre o lucro em questão, Andrade Filho (2018, p. 34) também considera que

> [...] é a forma completa de apuração do Imposto de Renda e da Contribuição Social sobre o Lucro Líquido direcionada a todas as pessoas jurídicas que por obrigatoriedade prevista na legislação vigente quer por livre opção. Conceitua-se o Lucro Real como o lucro líquido contabilístico do período de apuração ajustado pelas adições, exclusões ou compensações previstas no Regulamento do Imposto de Renda [...].

A apuração pelo Lucro Real destina-se a pessoas jurídicas que se enquadrarem no artigo 258 do Regulamento do Imposto de Renda (Decreto n. 9.580/2018). Assim, serão obrigatoriamente tributadas com base no lucro real, partindo do lucro líquido apurado pela empresa. A pessoa jurídica que optar pelo Lucro Real pagará o IRPJ a uma alíquota de 15% sobre a base de cálculo, acrescentando o adicional de imposto de renda de 10% sobre o que exceder o valor estipulado. A entidade ainda terá de apurar a CSLL com uma alíquota de 9% também sobre a base de cálculo. O adicional é calculado em cima do que exceder o limite de R$ 20.000,00 mensais, tendo, assim, que aplicar uma taxa de dez por cento para ser calculado o adicional.

O imposto de renda, junto ao adicional já calculado com base no lucro real daquele período, será comparado com os já pagos nos meses anteriores: se a soma já paga for maior que o devido, a empresa não terá de pagar o imposto relativo aos próximos meses, adquirindo um crédito; se o imposto apurado for maior, a empresa terá de pagar a diferença. As empresas que não podem optar pelo Lucro Presumido devem fazer sua tributação pelo Lucro Real para cálculo do pagamento do Imposto de Renda e da Contribuição Social sobre o Lucro, podendo ser apurado trimestral ou anualmente. Se a opção for pelo Lucro Real Trimestral, este deve ser encerrado a cada trimestre com base no resultado líquido correspondente. Se a opção for pelo Lucro Real Anual, o recolhimento dos tributos deve ser feito todos os meses com base em estimativas, apurando, assim, o lucro real anualmente, com possibilidades de suspensão ou redução dos impostos já pagos no período. A Pessoa Jurídica poderá fazer o balanço de redução e suspensão para o pagamento do imposto devido de cada mês, desde que mostre mensalmente, através de balanços ou balancetes, que o valor acumulado já pago excede o valor apurado anual.

As empresas optantes pelo lucro real também estão obrigadas a apurar e efetuar o recolhimento do PIS – Programa de Integração Social – a uma alíquota de 1,65% e da COFINS – Contribuição com Finalidade Social – a uma alíquota de 7,60% sobre a receita bruta, ou seja, enquadrando-se no regime de PIS e COFINS não cumulativo. O PIS e a COFINS, embora não sejam considerados impostos pelo Código Tributário Nacional, mas contribuições, são igualmente compulsórios. Destarte, as pessoas jurídicas que auferirem receitas provenientes de suas atividades operacionais estão obrigadas ao recolhimento do PIS e da COFINS, segundo as Leis n.º 10.637, de 30 de dezembro de 2002 e 10.833, de 29 de dezembro de 2003.

Empresas enquadradas no Regime Especial Unificado de Arrecadação de Tributos e Contribuições devidos pelas Microempresas e Empresas de Pequeno Porte no âmbito da União, dos Estados, do Distrito Federal e dos Municípios – Simples Nacional (Lei Complementar n.º 123/2006) – também fazem suas contribuições por meio do recolhimento através da única guia para este fim, a saber, a Documentação de Arrecadação Simplificada (DAS). Assim, cabe ao Governo fazer a correta destinação dos valores recolhidos. As empresas que optaram pelo regime de tributação de lucro real estão obrigadas a recolherem o PIS e a COFINS sob alíquotas de 1,65% e 7,6%, porém ao contrário das empresas optantes pelo lucro presumido, aquelas podem se valer de créditos sob aquisição de mercadorias e matéria-prima que irão utilizar em suas atividades. O lucro presumido é a forma de tributação pela qual a empresa pode optar como maneira simplificada para base de cálculo do imposto de renda e da contribuição social, sem ter de efetuar a complexa apuração pelo lucro real; o objetivo é facilitar as rotinas burocráticas para algumas entidades de menor porte e menor nível de estrutura.

Portanto, observamos que há uma enorme quantidade de empresas que podem se beneficiar dessa opção simplificada de tributação, o que reforça a importância de as empresas se situarem a estar ou não enquadradas na lei que permite a pessoas jurídicas optar pelo lucro presumido. Segundo Andrade Filho (2018, p. 94),

> O Lucro Presumido é uma forma de tributação simplificada para determinação da base de cálculo do imposto de renda e da CSLL (devidos trimestralmente) das pessoas jurídicas que não estiverem obrigados, no ano-calendário, à apuração do lucro real. A base de cálculo do imposto e da contribuição é apurada mediante a aplicação de um determinado percentual sobre a receita.

Neste sentido, empresas que não se enquadram na lei que determina a opção pelo lucro real podem optar pelo lucro presumido, proporcionando, dessa forma, uma melhor e adequada tributação para sua atividade. Pessoas jurídicas podem optar pelo lucro presumido quando a receita bruta do ano-calendário anterior ao da tributação for igual ou inferior a R$ 78.000.000,00 (setenta e oito milhões de reais). Para a apuração do lucro presumido, o Regulamento do Imposto de Renda, artigo 587, Decreto 9.580/2018, estabeleceu percentuais a serem aplicados sobre a receita bruta de acordo com as atividades das entidades com fins lucrativos, conforme o artigo 33 da IN RFB 1.700/2017 e artigo 592, Decreto 9.580/2018. A alíquota do Imposto de Renda que incidirá sobre a base de cálculo é de 15%. O adicional será calculado com a aplicação de 10% sobre a parcela do lucro presumido que exceder o valor de R$ 60.000,00 (sessenta mil reais) por trimestre, ou seja, R$ 240.000,00 (duzentos e quarenta mil reais) anual. Após o cálculo do lucro presumido, aplica-se a alíquota de 9% (nove por cento) para obter a CSLL devida. As entidades que optarem pelo lucro presumido são obrigadas a recolher o PIS, a uma alíquota de 0,65% e a COFINS, a 2% da receita bruta, ou seja, regime cumulativo de PIS e COFINS, conforme o Decreto n.º 9.580/2018; Lei n.º 10.637/2002 e Lei n.º 10.833/2003.

De acordo com Shoueri e Mosquera (2020, p. 172),

> São contribuintes da COFINS e do PIS cumulativos as pessoas jurídicas de direito privado em geral e as que lhes são equiparadas pela legislação do Imposto de Renda, inclusive as empresas públicas, as sociedades de economia mista e suas subsidiárias, exceto as microempresas e as empre-

> sas de pequeno porte submetidas ao regime do Simples Nacional e aquelas sujeitas à modalidade não cumulativa da contribuição.

No entanto, várias disposições permitem que pessoas jurídicas permaneçam no sistema cumulativo que traz a alíquota para o PIS de 0,65% e para o COFINS, de 3%, desde que se enquadrem em hipóteses previstas por lei. São muitas essas hipóteses e também várias possibilidades de se permanecer no sistema antigo, não tendo de optar pela não acumulação; assemelha-se a um sistema misto: o contribuinte pode aderir ao sistema novo e permanecer parcialmente com o sistema antigo. Ao se comparar o montante dos impostos devidos, pelas duas formas de tributação descritas acima, fica evidente que a melhor forma para a empresa se tributar é o lucro presumido. Ao se analisarem os impostos separadamente, observa-se que o imposto de renda e a contribuição social seriam mais vantajosos se fossem pagos pela tributação do lucro real, porém é no cálculo do PIS e da COFINS que se obtém um menor valor pela apuração do Lucro Presumido, conforme o Decreto n.º 9.580/2018; Lei n.º 10.637/2002 e Lei n.º 10.833/2003.

Logo, mesmo o Lucro Real apresentando um menor imposto a recolher de IRPJ e CSLL, o PIS e a COFINS acabam compensando os valores maiores, deixando evidente que a melhor forma de tributação seria pelo Lucro Presumido. Porém, se optar pelo Lucro Real, a empresa poderá, com a ajuda de um planejamento tributário, utilizar-se de benefícios fiscais, tais como o Programa de Alimentação ao Trabalhador (PAT), pagamentos de juros de capital próprio aos sócios, entre outros, segundo arts. 383, 641 e 642, Decreto 9.580/2018. Muitas empresas estão começando a encontrar as vantagens pela opção do lucro real para melhorar a qualidade de vida de seus funcionários. Oferecem vale alimentação, incentivo à educação, treinamentos, entre outros, pois, embora o lucro seja menor, o funcionário trabalha com mais dedicação e proporciona maior crescimento ao estabelecimento. O planejamento fiscal possibilita boa economia fiscal, ou mesmo a redução de tributos, valendo-se de métodos e procedimentos técnicos que permitem o estudo personalizado e minucioso dos diversos setores e atividades empresariais brasileiras, como também para as empresas portuguesas, analisando as possibilidades de elisão fiscal. O planejamento fiscal (*tax planning*), em Portugal, consta no Decreto-Lei (DL) n.º 29/2008, de 25 de fevereiro, no seu art. 3º; al. a), que enuncia: "[...] planejamento fiscal – qualquer esquema ou atuação que determine, ou se espere que determine, de modo exclusivo ou predominante, a obtenção de uma vantagem fiscal por sujeito passivo de imposto".

O ordenamento jurídico, por sua vez, confere certa liberdade aos contribuintes, para que estes possam atuar livremente e celebrar negócios jurídicos fiscalmente menos onerosos. Mas, por vezes, alguns comportamentos, adotados com o objetivo de obter uma poupança fiscal, são manifestamente ilícitos, não estando em conformidade com o referido ordenamento, constituindo, desta forma, um verdadeiro delito, podendo ser alvo de sanção (Jordão, 2016).

O contribuinte tem, ao seu dispor, um conjunto de possibilidades legítimas para gerir os seus impostos e conseguir, dessa forma, uma diminuição da carga fiscal. Sendo a poupança fiscal um direito conferido a qualquer cidadão contribuinte, nada impede que este atue em conformidade com as próprias leis tributárias, mesmo em relação àquelas em que existe um desagravamento fiscal. Assim, o contribuinte deve atuar de forma a aproveitar os benefícios fiscais, os regimes privilegiados de tributação, as deduções específicas e as normas de desagravamento fiscal (Jordão, 2016). A opção inadequada do regime de tributação pode inviabilizar a exploração da atividade econômica, acarretar multas e terminar com a continuidade da empresa. Tudo em função de pagar maior carga tributária.

Em se tratando do regime especial de tributação dos grupos de sociedades, pode-se afirmar que ele é, normalmente, uma das áreas com opções conferidas pelo legislador às sociedades dominantes, permitindo-lhes escolher a forma como querem que o seu lucro seja tributado. No que diz respeito ao âmbito e às condições de aplicação deste regime especial, dispõe o art. 69.º do Código do Imposto sobre o Rendimento das Pessoas Coletivas (CIRC) que, existindo um grupo de sociedades, a sociedade dominante pode optar pela aplicação do regime especial de determinação da matéria coletável em relação a todas as sociedades do grupo (Jordão, 2016). A gestão tributária é essencial para que a precificação dos produtos e serviços seja calculada. Sabendo-se o quanto pagar, poder-se-á alterar o valor para obter lucros. Ao contrário, a má gestão pode gerar problemas com a administração tributária, ter imputado penalidades. Elimina-se o lucro, podendo inviabilizar a continuidade de operações empresariais.

O planejamento tributário eficiente requer um conhecimento profundo e atualizado da legislação tributária e societária para ser completa a sua análise. Igualmente, se faz necessário um amplo e múltiplo conhecimento para se ter uma visão de gestão da sociedade empresária como um todo. Assim, poder-se-á alcançar os seguintes benefícios: entender o processo entre planejamento e sonegação; identificar oportunidades de eliminação ou minimização da carga tributária; maximizar a utilização de oportunidades com o diploma legal da legislação; estruturar as operações de compra e venda de produtos e serviços; e, utilizar a diligência como fonte de dados para o planejamento tributário. Também, exige-se propósito negocial, sendo o conjunto de razões de caráter económico, comercial ou financeiro que justifique a adoção dos atos e negócios jurídicos, além da finalidade de recolher menos tributos. Constata-se uma série de planejamentos tributários de "papel", ou seja, procedimentos consubstanciados somente na mera formalização documental, sem qualquer conteúdo negocial. São operações de elisão atentatórias, que se utilizam de uma estrutura jurídica aparente para disfarçar o real e único objetivo: reduzir o montante dos tributos a recolher.

No planejamento tributário temos de considerar os tributos sobre as novas receitas geradas e os custos e despesas associadas ao planejamento. Efetuar: revisão da legislação fiscal aplicada à sociedade empresarial; segregação dos processos produtivos; classificação fiscal dos produtos; revisão das rotinas contabilísticas; busca de benefícios fiscais; revisão da apuração dos tributos; análise das declarações fiscais; e, a possibilidade de mudança do local da empresa para outro estado de tributação favorecida. Para um planejamento operacional, é importante analisar: a previsão e o destino do faturamento; os produtos e serviços contemplados; o orçamento das despesas operacionais; a previsão de aquisição de produtos e insumos; a localização dos fornecedores; e, a estimativa da margem de lucro. É fundamental ter um planejamento tributário para sua sociedade empresária.

É evidente que deveremos considerar o Estado plurinacional que reconhece a democracia participativa como base da democracia representativa e garante a existência de formas de constituição da família e da economia segundo os valores tradicionais dos diversos grupos sociais (étnicos e culturais) existentes (Magalhães, 2009, p. 18). Neste sistema plurinacional, o planejamento seria realizado por instituições estatais, pois as empresas não têm autonomia.

3.1 Regras de Fiscalização para Planeamento Tributário

São sugestões formuladas em conjunto pelos setores público e privado. A demanda pelo estabelecimento de critérios é de todos. A regulamentação do art. 116, CTN/1966, é esperada desde a edição da Lei Complementar 104, que deu competência para o Fisco desconsiderar operações ou negócios realizados com o intuito de evitar ou reduzir impostos. O contribuinte seria submetido voluntariamente a um sistema chamado de "disclosure". Isto significa que os planejamentos tributários poderiam ser abertos previamente ao Fisco, que teria cinco anos para analisá-lo. O procedimento seria vantajoso para todos. O Fisco teria informações suficientes para o contribuinte que planejou ter eficiência nos negócios e para aquele que fraudou ou simulou a operação com o propósito de pagar menos tributos. O contribuinte teria o benefício da segurança jurídica de uma análise prévia da operação, conforme o Código Tributário Nacional (CTN-1966).

A norma é consagradora para combater práticas elisivas, que, a rigor, não está muito clara se é uma verdadeira norma antielisão ou antiabuso. Pode-se apontar objeções contra o dispositivo, sendo: a) agride a legalidade estrita, garantida no art. 150, I, da CRFB/1988; b) viola a tipicidade fechada, que é o corolário da legalidade estrita e, por consequência, configura uma segunda violação ao art. 150, I, da CRFB/1988; c) instaura a tributação por analogia e introduz a interpretação econômica no Direito Tributário brasileiro, que também seriam vedadas pelo art. 150, I, da CRFB/1988, com o que agrediria, também, o princípio da certeza e da segurança das relações jurídicas.

Segundo a Lei n.º 6.404/1976, na Seção IV – Deveres e Responsabilidades, é Dever de Diligência: "O administrador da companhia deve empregar, no exercício de suas funções, o cuidado e diligência que todo homem ativo e probo costuma empregar na administração dos seus próprios negócios" (Art. 153). No que tange à Finalidade das Atribuições e Desvio de Poder, "O administrador deve exercer as atribuições que a lei e o estatuto lhe conferem para lograr os fins e o interesse da companhia, satisfeitas as exigências do bem público e da função social da empresa" (Art. 154).

O Código Civil Brasileiro também contempla o planejamento tributário, onde se encontram as diversas referências à simulação. Assim, o próprio conceito de negócio indireto supõe a tipicidade. O art. 110 do CTN remete ao direito privado a busca do conteúdo de competências constitucionais tributárias.

Portanto, a referida diligência é toda e qualquer medida lícita adotada pelos contribuintes no sentido de reduzir o ônus tributário ou postergar a incidência de determinado tributo. E as atribuições são o conjunto de atividades permanentemente desenvolvidas por profissionais especializados, com o intuito de encontrar alternativas lícitas de reduzir ou postergar a carga tributária das empresas, conforme declara Crepaldi (2023).

Machado (2019) pondera que o Planejamento fiscal destina-se a formar uma "inteligência" tributária na companhia, visando organizar as obrigações fiscais a partir do entendimento detalhado da atividade e do perfil da empresa; definir o regime de tributação, sua estrutura societária e sua logística; identificar as operações relevantes e os débitos e créditos tributários; adotar postura ativa de gestão da carga tributária e economizar. Consiste em dimensionar a carga de tributação e demais obrigações fiscais a que uma empresa está sujeita. É o instrumento para reduzir os impactos da tributação no custo da atividade empresarial. Ao instituir este tipo de Planejamento, o sistema tem impacto positivo para os maiores contribuintes. Não há uma tendência agressiva por parte dessas empresas. Elas organizam o negócio de maneira eficiente, mas respeitando as diretrizes. O fato é que as regras não são claras.

Diante de todo o exposto, pode-se verificar que a carga tributária, no Brasil, é o maior desafio a ser vencido por qualquer empresa e, inclusive, pelas pequenas empresas. Mesmo com algumas políticas criadas pelo governo para apoiar e investir no segmento que mais gera empregos e renda no Brasil, o desafio ainda é grande. Assim, dentre as políticas de apoio, estabeleceu-se, no país, um tratamento diferenciado às pequenas e microempresas, o que já foi um avanço para os pequenos empresários; todavia, o índice de empresas que fecham as portas no primeiro ano de funcionamento ainda é muito grande. As empresas brasileiras, de um modo geral, enfrentam dificuldades nos mais diferentes aspectos: concorrência cada vez mais acirrada, necessidade de se manterem no mercado, buscando a superação das dificuldades encontradas, perspectivas de crescimento, profissionalização da gestão e cumprimento das exigências impostas pela legislação, podendo, outrossim, acrescentar as aceleradas mudanças na economia de mercado, fazendo com que sejam adotadas estratégias capazes de aperfeiçoar os caminhos a serem trilhados e assegurar a sobrevivência das mesmas.

Essa importância que o Estado deve oferecer se dá principalmente pela relevância dessas pequenas empresas na economia de países subdesenvolvidos, como o Brasil, e de países desenvolvidos, onde, de forma similar, as pequenas empresas contribuem muito para a riqueza local. Nestas, por exemplo, a tributação exerce papel de grande importância, uma vez que a carga tributária representa aproximadamente 1/3 da faturação. Em função disto, a pequena e a média empresa merecem tratamento diferenciado, permitindo sua sobrevivência e competitividade, considerando, ainda, que aquela seja a principal responsável pela geração de empregos. Com essa perspectiva, foi instituído pelo governo o pagamento dos tributos de maneira unificada e simplificada através do SIMPLES – Sistema Integrado de Pagamento de Impostos e Contribuições das Microempresas e Empresas de Pequeno Porte, objetivando minimizar a carga tributária destas.

O objetivo é, pois, conforme referência da própria lei, unificar o recolhimento dos tributos, por meio da aplicação de percentuais favorecidos e progressivos, incidentes sobre uma única base de cálculo, qual seja a receita bruta. As empresas que optaram por fazer a inscrição pelo Simples Nacional, além da tributação com alíquotas menores e progressivas, do recolhimento unificado e centralizado, ainda podem contar com certas vantagens, a exemplo: a dispensa da obrigatoriedade de escrituração comercial para fins fiscais, o parcelamento de débitos porventura existentes para o Ministério da Fazenda e Seguridade Social, adquiridos antes da inscrição no Simples, assim como a dispensa do pagamento de contribuições para o SESC, SESI, SENAI, SENAC, SEBRAE, bem como as relativas aos salários-educação e à contribuição sindical patronal. De toda forma, em qualquer situação e porte empresarial, a elaboração do orçamento deve atender aos objetivos estratégicos da empresa, ou seja, o orçamento deve iniciar-se de maneira única, fazendo com que todas as tomadas de decisões estejam voltadas ao alcance da visão estratégica, privilegiando os números que conduzem as ações da organização no cumprimento das metas e objetivos pré-estabelecidos.

A eficácia de um planejamento orçamentário de uma organização tem como base a flexibilidade e a capacidade da Empresa de acompanhar as transformações, na maneira com que administra os valores tangíveis e intangíveis, no respeito a seus funcionários e clientes, na capacidade de refletir sua estratégia e de tornar as informações acessíveis. Somente assim, o orçamento poderá converter-se em uma dinâmica ferramenta de negócios, auxiliando a empresa a se comunicar melhor, se organizar e exercer controle sobre o ambiente como um todo.

Neste sentido, em função de as estruturas contábeis necessitarem se submeter às normas internacionais deste setor, a Contabilidade tem sido um dos importantes pilares para o Planejamento empresarial, a maximização da riqueza e a perpetuação da empresa no mercado, consoante as observações de Crepaldi (2023). A contabilidade societária é o estudo e o controle do patrimônio das entidades, cujo principal objetivo é oferecer informações sobre sua composição e variação, inclusive em relação ao resultado decorrente da atividade empresarial, conforme a Lei n.º 6.404/1976 – Lei das Sociedades por Ações. O empresário e a sociedade empresária são obrigados a seguir um sistema de Contabilidade, mecanizado ou não, com base na escrituração uniforme de seus livros, em correspondência com a documentação respectiva, e a levantar anualmente o balanço patrimonial e o de resultado económico, segundo o art. 1.179 do Código Civil Brasileiro.

Em Portugal, há a regulamentação para planejamento legal e abusivo. Assim, o art.º n.º 1, do Decreto-Lei n.º 29/2008, de 25 de fevereiro,

> [...] estabelece deveres de comunicação, informação e esclarecimento à administração tributária sobre esquemas propostos ou atuações adotadas que tenham como finalidade, exclusiva ou predominante, o ganho de vantagens fiscais, em ordem ao combate ao planejamento fiscal abusivo.

No Decreto-lei referenciado, pretendeu-se, a "[...] partir do reporte obrigatório, produzir novas normas que corrijam as incorreções ou lacunas da lei, melhorando as formas de combate à fuga fiscal e à fraude fiscal" (Teixeira; Carvalho, 2018) e a consagração de algumas

> [...] medidas de caráter preventivo e repressivo de combate ao planejamento fiscal abusivo, impondo às entidades que prestem serviços de apoio, assessoria ou consultoria, a obrigação de comunicar ao Diretor-Geral dos Impostos as operações e transações que tenham como objetivo principal a obtenção de vantagens fiscais, em sede de IRS, IRC, IVA, IMI, IMT e Imposto do Selo (Amorim, 2010, p. 57).

É esta medida que assume maior relevância no combate ao planejamento fiscal abusivo em se tratando do sistema fiscal português (Catarino, 2021).

Nas alíneas a), b), c) e d) do art.º 3.º do Decreto-Lei 29/2008, de 25 de fevereiro, encontram-se as seguintes definições para o conceito de planejamento fiscal:

> a) Planeamento fiscal, qualquer esquema ou actuação que determine, ou se espere que determine, de modo exclusivo ou predominante, a obtenção de uma vantagem fiscal por sujeito passivo de imposto;
> b) Esquema, qualquer plano, projecto, proposta, conselho, instrução ou recomendação, exteriorizada expressa ou tacitamente, objecto ou não de concretização em acordo ou transação;
> c) Actuação, qualquer contrato, negócio ou conjunto de negócios, promessa, compromisso, estrutura colectiva ou societária, com natureza vinculativa ou não, unilateral ou plurilateral bem como qualquer operação ou acto jurídico ou material, simples ou complexo, realizado, a realizar ou em curso de realização;
> d) Vantagem fiscal, a redução, eliminação ou diferimento temporal de imposto ou a obtenção de benefício fiscal, que não se alcançaria, no todo ou em parte, sem a utilização do esquema ou a actuação.

Nessa perspectiva, reiteramos que a elisão ou evitação fiscal, *tax avoidance* na terminologia anglo-saxónica, corresponde a um planeamento fiscal *extra legem*, fora da lei. Entre o planeamento fiscal legítimo, *intra legem*, e a fraude fiscal, *contra legem*, praticada através de infrações dolosas à lei tributária, situa-se a elisão fiscal que não implica recurso a atos ilícitos, mas sim a prática de atos à margem da lei, *extra legem*, que levam à concessão de um benefício ou vantagem fiscal que o legislador não queria que se concedesse (Silva, 2015).

Traduz-se na prática de atos ou negócios jurídicos reais, verdadeiros e aparentes, que nada simulam ou dissimulam, já que os contribuintes querem efetivamente aquilo que declaram e um resultado equivalente ao previsto por uma norma, alcançado de forma lícita, que não seja proibida pela lei, nem objeto de sanção, mas possa contornar o ordenamento jurídico-tributário e promover poupança fiscal, diferentemente de, por exemplo, negócios com preços de transferência, fiscalmente irregulares e antijurídicos. Embora não haja uma violação direta e expressa da lei, há uma habilidade ou destreza para contorná-la e escapar às normas fiscais (Nabais, 2017).

Neste caso, temos a evasão fiscal, *tax evasion* na classificação anglo-saxónica, que corresponde a um planeamento fiscal *contra legem*, contra a lei. A escolha efetuada pelo contribuinte, com o propósito de atingir um resultado fiscal mais vantajoso e a maximização do benefício pode ainda ser contrária à lei (*contra legem*), utilizando meios ilícitos para reduzir a carga fiscal, violando direta e intencionalmente normas e princípios essenciais do sistema fiscal, prejudicando a Administração Tributária e o desenvolvimento económico dos Estados. O contribuinte, através da sonegação ou alteração jurídica feita em desfavor do Estado, omite a sua verdadeira condição tributária e declara rendimentos inferiores aos seus lucros reais, violando diretamente a lei fiscal. Em outras palavras, o sujeito passivo altera ou oculta uma determinada situação jurídica por intermédio da fuga, total ou parcial, à liquidação ou ao pagamento do imposto, que ocorre no momento ou após a verificação da obrigação tributária específica (Nabais, 2017).

Trata-se de uma conduta artificiosa que resulta da prática de atos ou negócios ilícitos, previstos e proibidos por lei. Neste caso, viola-se diretamente a obrigação fiscal e a lei, por ação ou omissão, depois de verificado o facto tributário, através da sua alteração ou ocultação, com vista à redução ou eliminação do pagamento devido e obtenção de uma vantagem indevida, como negócios na economia clandestina ou paralela (Ricardo, 2021).

Knop (2019) afirma que são obrigações dos administradores, contabilistas e outros promotores "[...] comunicação, informação e esclarecimento à administração tributária sobre esquemas propostos ou atuações adoptadas que tenham como finalidade, exclusiva ou predominante, a obtenção de vantagem fiscais, em ordem ao combate ao planeamento fiscal abusivo" (art.º 7º, n.º 1 e 2, *apud* Amorim, 2010).

O mesmo autor afirma que o legislador português tipificou um conjunto de normas especiais, para casos concretos e identificados, designadas por normas antiabuso, capazes de ajudar no combate ao planeamento fiscal abusivo, quais sejam:

- preços de transferência (art.º 63.º e seguintes do CIRC);
- a não dedutibilidade dos pagamentos efetuados a entidades não residentes sujeitas a um regime fiscal privilegiado (art.º 65.º do CIRC);
- a exclusão da aplicação do regime de neutralidade fiscal nas operações de fusão, cisão e entrada de ativos, quando estas operações tenham como principal ou principais objetivos a evasão fiscal (art.º 73.º e seguintes do CIRC);
- a exclusão do regime de isenção de mais-valias nas SGPS nos termos do art.º 73.º, n.º 10 do CIRC;

- as normas estabelecidas nos art.º 39.º, n.º 1, da LGT, art.º 19.º, n.º 3 e 4 e art.º 80.º, n.º 1 do CIVA, art.º 27.º, n.º 2 e 3 e art.º 46.º, n.º 1 do EBF.

A Cláusula Geral Anti-Abuso (CGAA) se apresenta como um critério de diferenciação, sob o ponto de vista daquilo que constitui a liberdade de escolha do sujeito passivo e aquilo que constitui um comportamento de evasão ou elisão (Knop, 2020).

Na Lei Geral Tributária, está prevista a CGAA, cujos termos evidenciam que

> [...] são ineficazes no âmbito tributário os atos ou negócios jurídicos essencial ou principalmente dirigidos, por meios artificiosos ou fraudulentos e com abuso das formas jurídicas, à redução, eliminação ou diferimento temporal de impostos que seriam devidos em resultado de factos, atos ou negócios jurídicos de idêntico fim económico, ou à obtenção de vantagens fiscais que não seriam alcançadas, total ou parcialmente, sem utilização desses meios, efetuando-se então a tributação de acordo com as normas aplicáveis na sua ausência e não se produzindo as vantagens fiscais referidas (LGT, art.º 38.º, n.º 2).

Outra lei de grande importância se encontra no art.º 63.º do Código de Procedimento e de Processo Tributário (CPPT) e trata da aplicação das normas antiabuso, que são "[...] quaisquer normas legais que consagrem a ineficácia perante a administração tributária de negócios ou actos jurídicos celebrados ou praticados com manifesto abuso das formas jurídicas de que resulte a eliminação ou redução dos tributos que de outro modo seriam devidos" (CPPT, art.º 63.º, n.º 2). Tem caráter instrumental e estabelece regras procedimentais necessárias para que a CGAA seja aplicada, a fim de que os tributos sejam liquidados com base no art.º 38.º, n.º 2, da LGT (Knop, 2019).

De acordo com o art. 103.º do RGIT:

> [...] constituem fraude fiscal [...] as condutas ilegítimas e tipificadas no presente artigo que visem a não liquidação, entrega ou pagamento da prestação pecuniária ou a obtenção indevida de benefícios fiscais, reembolsos ou outras vantagens patrimoniais suscetíveis de causarem diminuição de receitas tributárias [...].

Ainda no mesmo preceito legal, lê-se que a fraude pode ter lugar nas seguintes situações:

> [...] ocultação ou alteração dos factos ou valores que devam constar dos livros de contabilidade ou escrituração, ou das declarações apresentadas ou prestadas a fim de que a Administração Fiscal especificamente fiscalize, determine, avalie ou controlo a matéria tributária; ocultação de factos ou valores não declarados e que devam ser revelados à Administração Tributária; e através da declaração de negócio simulado, quer quanto ao valor, quer quanto à natureza, quer por interposição, omissão ou substituição de pessoas.

O art. 104.º do RGIT enumera a fraude qualificada:

> 1) Os factos previstos no artigo anterior são puníveis com prisão de um a cinco anos para as pessoas singulares e multa de 240 a 1200 dias para as pessoas coletivas quando se verificar a acumulação de mais de uma das seguintes circunstâncias:
> a) O agente se tiver conluiado com terceiros que estejam sujeitos a obrigações acessórias para efeitos de fiscalização tributária;
> b) O agente for funcionário público e tiver abusado gravemente das suas funções;
> c) O agente se tiver socorrido do auxílio do funcionário público com grave abuso das suas funções;
> d) O agente falsificar ou viciar, ocultar, destruir, inutilizar ou recusar entregar, exibir ou apresentar livros, programas ou ficheiros informáticos e quaisquer outros documentos ou elementos probatórios exigidos pela lei tributária;
> e) O agente usar os livros ou quaisquer outros elementos referidos no número anterior sabendo-os falsificados ou viciados por terceiro;
> f) Tiver sido utilizada a interposição de pessoas singulares ou coletivas residentes fora do território português e aí submetidas a um regime fiscal claramente mais favorável;
> g) O agente se tiver conluiado com terceiros com os quais esteja em situação de relações especiais.
> 2) A mesma pena é aplicável quando:
> a) A fraude tiver lugar mediante a utilização de faturas ou documentos equivalentes por operações inexistentes ou por valores diferentes ou ainda com a intervenção de pessoas ou entidades diversas das da operação subjacente;
> 3) A vantagem patrimonial for de valor superior a (euro) 50 000. Se a vantagem patrimonial for de valor superior a (euro) 200 000, a pena é a de prisão de 2 a 8 anos para as pessoas singulares e a de multa de 480 a 1920 dias para as pessoas coletivas.

> 4) Os factos previstos nas alíneas d) e e) do n.º 1 do presente preceito com o fim definido no n.º 1 do artigo 103.º não são puníveis autonomamente, salvo se pena mais grave lhes couber

O DL n.º 29/2008, de 25 de fevereiro, visa reforçar o combate à fraude e à evasão fiscal, no que diz respeito à adoção de medidas tomadas pelos contribuintes.

Conforme expressa o DL em análise,

> [...] entre as medidas que têm vindo a ser desenvolvidas [...] com vista a reforçar o combate à evasão fiscal, bem como a própria fraude, destaca-se a consagração de obrigações de comunicação, informação e esclarecimento à Administração Fiscal sobre esquemas ou atuações do planeamento fiscal agressivo que são propostas, promovidas e comercializadas por diversas entidades, genericamente aplicadas de intermediários fiscais.

O legislador, no art. 4.º do DL em análise, define o conceito de "[...] «planeamento fiscal» – qualquer esquema ou atuação que determine, ou se espere que determine, de modo exclusivo ou predominante, a obtenção de uma vantagem fiscal por sujeito passivo de imposto". O termo "esquema" aparece para concretizar a forma em que o planeamento fiscal abusivo se materializa. Esta materialização pode ser sob o aspeto de plano, projeto, proposta, conselho, instrução ou recomendação. Já o conceito "atuação" tenta abarcar o maior espectro possível de atos passíveis de serem utilizados para efeitos de planeamento fiscal abusivo. A expressão "vantagem fiscal" identifica-se com a redução, eliminação ou diferimento temporal de imposto ou a obtenção de benefício fiscal, cujo alcance depende do esquema utilizado (Jordão, 2016).

A evolução legislativa da década passada evidenciou um acentuado reforço das garantias dos contribuintes. Para tanto, surgiu no ordenamento jurídico português a Cláusula Geral Anti-Abuso (CGAA), através da Lei n.º 87-B/98, de 31 de dezembro, responsável pela aprovação do Orçamento de Estado para 1999. Inicialmente, foi inserta no art. 32.º-A do Código de Processo Tributário, mas verificou-se a sua transferência para a LGT, cuja redação atual consta do art. 38.º, n.º 2, introduzida pela reforma fiscal pela Lei n.º 30-G/2000, de 29 de dezembro.

O art. 63.º, n.º 1 do CIRC, é uma norma especial antiabuso, que aborda a questão dos preços de transferência, onde se lê:

> Nas operações comerciais, incluindo, designadamente, operações e séries de operações de bens, direitos ou serviços, bem como operações financeiras, efetuadas entre um sujeito passivo e qualquer outra entidade, sujeita ou não a IRC, com a qual esteja em situação de relações especiais, devem ser contratados, aceites e praticados termos ou condições substancialmente idênticos aos que normalmente seriam contratados, aceites e praticados entre entidades independentes em operações comparáveis.

Dispõe o art. 66.º, n.º 1 do CIRC, que:

> Os lucros ou rendimentos obtidos por entidades não residentes em território português e submetidos a um regime fiscal favorável são imputados aos sujeitos passivos de IRC residentes em território português que detenham, direta ou indiretamente, mesmo que através de mandatário, fiduciário ou interposta pessoa, pelo menos 25 % das partes de capital, dos direitos de voto ou dos direitos sobre os mesmos rendimentos ou os elementos patrimoniais dessas entidades.

Desta forma, os lucros obtidos pelas sociedades em países cujo regime fiscal é mais favorável são alvo de tributação pelo Estado de residência dos sócios (Jordão, 2016).

Ainda conforme Jordão (2016), fusões, cisões, entradas de ativos e permutas de partes sociais estão propensas a um regime fiscal especial: o regime de tributação favorável. No ordenamento jurídico português, existe uma norma para combater tal tributação caso essas operações tenham como fim esta vantagem fiscal; assim, dispõe o n.º 10 do art. 73.º do CIRC:

> O regime especial [...] não se aplica, total ou parcialmente, quando se conclua que as operações abrangidas pelo mesmo tiveram como principal objetivo ou como um dos principais objetivos a evasão fiscal, o que pode considerar-se verificado, nomeadamente, nos casos em que as sociedades intervenientes não tenham a totalidade dos seus rendimentos sujeitos ao mesmo regime de tributação em IRC ou quando as operações não tenham sido realizadas por razoes económicas válidas, tais como a reestruturação ou a racionalização das atividades das sociedades que nelas participam, procedendo-se então, se for caso disso, às correspondentes liquidações adicionais de imposto.

Em rigor, não existe um conceito que a Doutrina científica tenha, unanimemente, adotado. Utilizando-o, contudo, num reduto mínimo que cremos, a fórmula de Diogo Leite de Campos sintetiza: o planejamento fiscal é um direito fundamental, com o qual o contribuinte tem em vista diminuir o imposto a pagar de acordo com a lei existente na época da prática do fato tributário. Segundo o mesmo autor, "[...] a prevenção ou gestão fiscal, entendida como a inclusão do fator fiscal nos motivos das escolhas, nada tem em si mesmo de censurável" (Campos, 2006, p. 184).

> A racionalidade da gestão das atividades econômicas pressupõe que, em princípio, os agentes económicos devam otimizar os respectivos custos comerciais, industriais, financeiros e fiscais. Face à multiplicidade de formas jurídicas alternativas e às suas implicações no domínio fiscal, a boa gestão de tributos, concretizada através do planejamento fiscal, supõe, sem prejuízo do cumprimento da legislação tributária, a minimização dos custos das importações, designada por poupança fiscal (Leitão, 2021).

O planejamento tributário apresenta riscos para a sociedade empresarial, como quando apresentar:

a. ausência de substrato económico;
b. divergências conceituais;
c. fundamentação em teses;
d. conduta ilícita, irregular ou antiética;
e. exposição patrimonial;
f. inflexibilidade de estrutura.

Qualquer atividade econômica pode se beneficiar do planejamento tributário? Sim. Este é um meio legal que pode ser utilizado por qualquer sociedade empresarial, desde que observados os critérios da legalidade e que a estruturação seja anterior ao fato gerador.

Responsabilização – qualquer contribuinte poderá ser notificado pela administração tributária para prestar esclarecimentos sobre dúvidas do fisco. A responsabilização só ocorrerá em caso de ilegalidades.

Também, apresenta dúvidas:

a. A gestão de risco depende da análise para contornar os riscos ou, no mínimo, mitigar as falhas nos processos. Já o compliance vai trabalhar decisivamente com possíveis multas e penalidades. É uma necessidade premente das empresas, pois a competitividade global faz com que elas assumam cada vez mais riscos na condução de seus negócios. À medida que a cultura do risco vai permeando toda a organização, o órgão responsável pode flexibilizar o uso das técnicas e ferramentas por aquelas que sejam as mais indicadas para cada tipo de atividade. Os riscos associados aos fluxos futuros de longo prazo fornecem subsídios importantes para o planejamento estratégico da empresa. As fraquezas, ameaças do ambiente externo, oportunidades de negócios, movimentos da concorrência, todas essas informações podem estar disponíveis no banco de dados. A maior parte dos riscos de curto prazo são passíveis de mensuração com um grau maior de precisão, já que estão associados a ativos e passivos e às operações existentes oriundos de planejamentos tributários.

b. O Comitê de Planejamento terá que analisar diariamente: legislação tributária, compensação de tributos, substituição tributária, ramo de atuação da empresa, perfil do cliente, operações financeiras realizadas e, melhor enquadramento tributário. Como órgão responsável pelo projeto, implementação e manutenção do sistema de informações fiscais que suporta o processo de planejamento estratégico e operacional tributário, necessita incorporar a gestão de riscos ao seu acervo de métodos, técnicas e ferramentas que contribuem para a realização de sua missão, ou seja, assegurar a otimização do resultado global da empresa, garantindo a sua continuidade.

Assim, o propósito da "gestão de riscos" é melhorar o futuro e não explicar o passado. A utilização de modelos teóricos com base em eventos passados pode não surtir os efeitos necessários, visto que muitos dos eventos ocorridos podem não ser aplicáveis ao futuro. O grande desafio é prever ocorrências futuras, considerando que o risco é incerto, mas não é inimaginável. Os eixos da reorganização operacional consistem em definir a escolha do local, repensar a cadeia, gerenciar os contratos, planejar atividades não habituais, mudança de atividade, adaptar-se aos benefícios fiscais e, superar preconceitos de mercado. Na reestruturação societária consiste em desconsiderar a estrutura, analisar a terceirização, estudar as limitações normativas, compreender as gerações, expurgar as limitações, usar estrutura de filtro e veículo e, contaminar com ativos.

Para mitigar a gestão de risco a sociedade empresária deverá elaborar o planejamento estratégico, tático e operacional para conhecer a empresa, efetuar os ajustes sempre que necessário, verificar os efeitos do planejamento tributário, aplicar a legislação à empresa, e entender a legislação tributária. No planejamento tributário estratégico implica na mudança de algumas características estratégicas da sociedade empresária, como por exemplo: estrutura do capital, localização geográfica, contratação de mão de obra, terceirização de determinadas operações, entre outros. Refere-se a sociedades empresárias que buscam entender o regime tributário mais conveniente, considerando a sua missão, visão e valores. O objetivo principal é a adequação à legislação. No planejamento tributário operacional são os procedimentos prescritos pelas normas ou pelo costume, sendo que a forma de tributação das operações e, até mesmo, a forma de contabilizar as ocorrências. Refere-se a sociedades empresárias que preferem um planejamento trimestral ou semestral, focando nas obrigações fiscais e nas datas de recolhimento dos tributos, sempre deixando tudo alinhado com o sistema contábil. No planejamento tributário preventivo é desenvolvido continuamente por meio de orientações, manuais de procedimentos, mas principalmente nas atividades de cumprimento das obrigações principais e acessórias.

Na elaboração, deve-se reunir pessoas com diferentes competências, sendo de preferência: contábeis, tributárias, jurídicas e administrativas. Na avaliação da situação fiscal envolve a direção nas reuniões e solicite informações do planejamento estratégico. Quais as metas para curto, médio e longo prazo? No planejamento tributário corretivo são detectadas anormalidades, procede-se o estudo e as alternativas de correções das inconsistências identificadas. As formas de aplicação serão através da revisão fiscal seja ela operacional ou até mesmo automatizada.

No planejamento tributário especial surge em função de determinado fato como: abertura de filiais, lançamento de novos produtos, aquisição e ou alienação da sociedade empresária, processos societários de reestruturação: cisão, fusão e incorporação.

3.2 Como o planeamento fiscal diminui o impacto da Carga Tributária

O planejamento tributário, com vistas à licitude, deve ser realizado antes da ocorrência do verbo pagar e, principalmente, antes que ele se torne devido (ocorrência do chamado "fato gerador"), sob pena de se considerar a redução empreendida como sonegação fiscal, caminho que deve sempre ser evitado, consoante Gomes (2019). A gestão tributária é essencial para evitar problemas administrativos com a administração tributária. Assim, diversas sociedades empresariais acabam sofrendo para se manterem visíveis, justamente por causa das tributações. Desta maneira, entender a importância da gestão tributária é fundamental para que a exploração da atividade econômica tenha continuidade.

As técnicas de Planejamento fiscal podem ser aplicadas nas mais variadas operações geradoras de tributos, tanto para pessoas físicas quanto para pessoas jurídicas. Basicamente, o Planejamento fiscal apresenta-se em duas fases: coleta de informações, estudo das variáveis e elaboração de um Relatório de Planejamento Tributário, contendo as alternativas aplicáveis, bem como seus efeitos fiscais e financeiros. Este relatório ou memorando servirá como um registro das ideias a serem levadas para discussão e aprovação dos responsáveis, e contempla a implementação das alternativas aprovadas pelos responsáveis da empresa. Compreende todas as ações de coordenação e elaboração dos atos necessários para que se atinja o benefício legal, segundo declara Greco (2019).

Uma ou duas ações de Planejamento Tributário, aplicadas por profissionais internos ou fornecidas por empresa especializada, embora possam trazer reduções específicas e pontuais de tributos, não se mostram suficientes. É necessário criar uma cultura permanente de Planejamento fiscal na empresa, de sorte que a redução tributária seja incorporada à cultura da empresa: um verdadeiro patrimônio intangível. Para tanto, é altamente recomendável a criação de um Comitê de Planejamento Fiscal (CPF). O objetivo do CPF é o de manter, permanentemente, um ou mais profissionais internos e/ou fornecidos por firma especializada (dependendo do tamanho e da complexidade das operações da empresa), que terão como missão criar (com total respeito à lei) e avaliar alternativas de Planejamento fiscal para reduzir, legalmente, a carga tributária das operações da empresa (Tomar, 2018).

A harmonização dos sistemas fiscais dos Estados-Membros, atualmente já existentes no mundo, como a União Europeia, e a busca pelo processo de integração são questões de fundamental importância, embora infelizmente não tenham recebido a atenção devida pelos respectivos governos centrais. Entretanto, agora, tal situação se configura em uma conjuntura mundial de cooperação fiscal. Obviamente que alguns problemas surgem quando há intenções de integração, seja qual for o motivo, político, fiscal, social etc. Isto porque a legislação de diferentes países provoca efeitos diferentes dentro do mercado local. Dessa maneira, vai afetar, entre outros fatores, os custos internos e a localização dos investimentos.

No entanto, reitera-se que a eficácia do planejamento fiscal está ligada ao grau de atingimento do objetivo traçado, ou seja, reduzir, postergar ou evitar a incidência do tributo. Deve-se levar em conta as diferenças de tributação decorrentes de peculiaridades dos ativos possuídos pelo contribuinte, afiança Crepaldi (2023). É importante conhecer os regimes tributários, pois, como exemplo, a empresa poderá elaborar um calendário tributário adequado, aproveitar possíveis incentivos fiscais, identificar quais obrigações acessórias entregar, evitar pagamentos desnecessários e ocorrência de autuações. Tudo isto com a finalidade de proteger os sócios e a empresa e buscar benefícios fiscais, portanto, é o processo de escolha de ação ou omissão lícita. Há alternativas legais válidas para grandes empresas, que são muitas vezes inviáveis para as médias e pequenas empresas, dado o custo para gerar determinadas informações. Por isto, a relação custo/benefício deve ser muito bem avaliada.

O Planejamento fiscal é necessidade premente para todos os contribuintes, tanto pessoas jurídicas quanto físicas, já que consiste na determinação operacional de uma série de procedimentos conhecidos como formas de economia de imposto. É o processo de escolha de ação, não simulada, anterior à ocorrência do fato gerador, visando direta ou indiretamente à economia de tributos (Greco, 2019).

De acordo com Chaves (2017), a otimização da carga tributária de uma empresa deve ser alcançada por meio de ações legítimas que visem a identificação prévia da alternativa legal e fiscal menos dispendiosa para atingir seus objetivos empresariais ou patrimoniais

O artigo 153 da Lei 6.404/1976 (Lei das S.A.) dispõe que "[...] o administrador da companhia deve empregar, no exercício de suas funções, o cuidado e a diligência que todo homem ativo e probo costuma empregar na administração dos seus próprios negócios". O artigo 154 da aludida Lei define que o "[...] administrador deve exercer as atribuições que a lei e o estatuto lhe conferem para lograr os fins e o interesse da companhia, satisfeitas as exigências do bem público e da função social da empresa". A partir da análise dos textos legais, depreende-se que é um direito dos administradores da sociedade empresária reconhecer e atuar na busca da redução da carga Tributária, mesmo que tais comportamentos reduzam a riqueza do Estado.

Esses direitos são concedidos pela Constituição da República Federativa do Brasil quanto aos Princípios da Livre Iniciativa e da Propriedade Privada (art. 170, II), que garantem aos contribuintes o direito de organizar seus negócios da maneira que lhes convier, e o Princípio da Livre Concorrência (art. 170, IV), à medida que admite uma economia tributária àquele que melhor gerir seus custos tributários e contribuir para o fomento da competição empresarial, salutar para o consumidor de seus produtos.

Os benefícios do Planejamento fiscal estão ligados ao grau de atingimento do objetivo traçado, ou seja, reduzir, postergar ou evitar a incidência do tributo. Deve levar em conta as diferenças de tributação decorrentes de peculiaridades dos ativos possuídos pelo contribuinte, consoante declaram Falcão, Guerra e Almeida (2016). Nesta contingência, possibilita um melhor conhecimento dos negócios: as contas ficam em ordem e isto tem um grande impacto no gerenciamento das finanças e do fluxo de caixa da empresa, permitindo-lhe realizar um orçamento anual eficaz. Oportuniza prever os cenários desfavoráveis ou favoráveis do sistema económico; consequentemente, provê uma margem maior para realizar mudanças que se adaptem rapidamente à nova realidade. É o processo de escolha de ação, não simulada, anterior à ocorrência do fato gerador, visando, direta ou indiretamente, à economia de tributos (Barroso; Oliveira; Boldrin, 2020).

Percebemos que a elisão fiscal tem vindo a adquirir especial relevância na medida em que, cada vez mais, as empresas procuram maximizar os seus recursos e valores criados, enaltecendo o papel da fiscalidade e da importância do planejamento fiscal no seu cotidiano. Neste sentido, a capacidade de aproveitamento de determinadas oportunidades, em matéria de legislação tributária, tem surgido tanto no plano nacional como no internacional.

Destarte, insistimos na importância do planejamento fiscal, o qual, segundo Marreiros (2021), é uma técnica de gestão estratégica com vistas à minimização da carga fiscal, tendente ao não pagamento, ao menor pagamento ou ao pagamento mais distante do imposto, pela qual o contribuinte renuncia a um certo comportamento, por este estar ligado a uma obrigação tributária, ou escolhe, entre as várias opções que lhe são proporcionadas pelo ordenamento jurídico, aquela que está acompanhada por menos encargos fiscais, sempre em conformidade com as leis tributárias.

3.3 O Direito Comparado

Entende-se o Direito Comparado como o ramo do Direito que se concentra no conhecimento de uma pluralidade de modelos jurídicos, para estabelecer em que medida são idênticos e diferentes, por uma visão fática, diacrônica e sincrônica do Direito, de modo pluridisciplinar. No entanto, há doutrina que o entende apenas como método (Vicente, 2018; Rosário *et al.*, 2019).

Resumidamente, ele pode ser diferenciado em três fases: a primeira, na qual o objetivo seria a informação acerca das outras legislações, com a finalidade de arquitetar a regulação das nações que surgiam após os conflitos mundiais. Na segunda etapa, o Direito Comparado conviria à união do Direito, em razão do anseio de se alcançar o bem-estar mundial, o que se constatou ser impossível. Por fim, a importância do Direito Comparado foi dada pelo entendimento como organismo de colaboração internacional no plano jurídico, percebendo as diferentes relações econômicas existentes perante a nova ordem global, segundo Almeida e Carvalho (2017).

A estima do Direito Comparado pode ser encontrada de modo intrínseco nos interesses pessoais, na acepção de aperfeiçoamento do conhecimento; contudo, estes não são sua maior finalidade ou valor. Atualmente, perante a globalização, com as diversas relações econômicas e, assim, também, jurídicas, permeiam múltiplos Estados, ficando a disciplina do Direito Comparado indispensável para se obterem e se envolverem as mais distintas estruturas regulatórias que existem no planeta. Percebe-se que a relação por procedimentos de composição de blocos regionais, que variam da zona de livre comércio à união econômica, demonstra o indispensável aumento da harmonização dos sistemas jurídicos, e, para isto, existe a obrigação de entender os variados sistemas, bem como seus institutos e outros aspectos económicos, sociais e políticos que interferem na produção das leis. Logo, o direito comparado sobrevive a ser "[...] meio e uma expressão da cooperação internacional no plano jurídico" (Ancel, 1980, p. 140).

Ancel (1980, p. 140) demonstra a acuidade da disciplina do Direito Comparado, apresentando as ulteriores proposições:

> a) apesar da diversidade das legislações, existe uma universalidade do direito;
> b) o conhecimento do direito estrangeiro é frequentemente indispensável ao advogado, ao juiz e ao árbitro;
> c) permite ao jurista uma melhor compreensão do direito nacional, cujas características particulares se evidenciam, muito mais, mediante uma comparação com o direito estrangeiro;
> d) o método comparativo é indispensável ao estudo da História do Direito e da Filosofia do Direito;
> e) nenhuma legislação nacional pode dispensar o conhecimento das legislações estrangeiras.

Neste sentido, o *Base Erosion and Profit Shifting Action Plan* (Plano de Ação BEPS) foi apresentado pela Organização para a Cooperação e Desenvolvimento Económico (OCDE), que contou com a adesão política do G-20. Este plano aponta para o combate contra a erosão da base tributária, além do desvio de ganhos para territórios que possuam baixa tributação. Desta forma, o Plano de Ação BEPS busca finalizar a época de *laissez-faire* e aponta para um novo sentido de intervenção dos Estados, demonstrando a ascensão do molde *das best practices* que deverá ser praticado, tanto no plano fiscal, pelas companhias no campo das suas atividades, quanto no nível de *fair share* a ser tolerado em disciplina de custos de tributos.

> O BEPS é um plano de ações da Organização para Cooperação e Desenvolvimento Económico (OECD) promovido pela G20 com o objetivo de combater a erosão da base tributária e os desvios dos lucros para jurisdições de baixa tributação. Este plano é um pacote de quinze medidas que tem como objetivo fulcral a limitação de práticas fiscais abusivas, sendo elas: 1) enfrentar os desafios da economia digital; 2) neutralizar efeitos de assimetrias hibridas; 3) reforçar regras relativas às Country-by-country; 4) limitar a erosão da base fiscal através da dedutibilidade de juros e outros pagamentos financeiros; 5) contrariar de forma mais eficiente práticas fiscais prejudiciais, tendo em conta a transparência e a substância; 6) prevenir o uso abusivo de tratados fiscais; 7) prevenir a não qualificação artificial de estabelecimentos estáveis; 8-10) garantir que as regras sobre preços de transferência se alinham com a criação de valor; 11) medir e monitorizar o BEPS; 12) exigir aos contribuintes informação sobre planeamentos fiscais agressivos;

> 13) reexaminar a documentação sobre preços de transferência; 14) tornar os mecanismos de resolução de litígios mais eficazes e por fim, 15) desenvolver um instrumento multilateral. O plano BEPS marca o fim de uma época de '*laissez-faire*' e assinala uma nova era de intervenção dos Estados, com a elevação do padrão das melhores práticas a serem implementadas, no plano fiscal, pelas empresas no âmbito das suas atividades, bem como do nível de '*fair share*' a ser suportado em matéria de pagamento de impostos (Económico, 2016, s.p.).

À medida que o mundo se torna mais interconectado, a discussão sobre quem paga impostos, como e quando é provável que se intensifique. Também é claro que precisamos de uma discussão sustentada, inclusiva e coerente sobre os principais problemas que estão afetando a globalização e a tributação das grandes sociedades empresariais.

Sendo o escopo deste trabalho a análise do planejamento fiscal para as sociedades empresariais brasileiras e portuguesas de grande porte, faz-se necessário cotejar as legislações entre esses dois países. Assim, observa-se que tanto a Constituição brasileira quanto a portuguesa são dotadas de princípios expressos, mas também de princípios implícitos, de igual valor e aplicação. De fato, e como adverte Roque Antonio Carrazza (2019), não há hierarquia entre esses princípios constitucionais, inclusive pelo fato de serem evidentes ou subentendidos. Importa se existem ou não. Por outro lado, a aplicação dos princípios decorre do respectivo âmbito de incidência (se constitucionais, legais e até mesmo infralegais), cabendo ao jurista a tarefa de os identificar e aplicar conforme sua posição na citada "pirâmide jurídica". E este procedimento é extremamente relevante no que se refere aos aspectos abrangidos pelo Direito Tributário (ou Direito Fiscal, em Portugal), como se verá no decorrer do presente estudo (Carrazza, 2019).

Em comparação com o Brasil, o sistema de tributação em Portugal é mais simples, até porque apenas o governo central e os municípios criam impostos, enquanto no sistema federativo brasileiro há os impostos federais, estaduais e municipais. O resultado é um número muito mais reduzido de impostos em Portugal, que incidem no patrimônio, na renda e no consumo. O sistema de tributação foi adaptado ao padrão da União Europeia.

Visto isto, e sendo certo que tanto os entes políticos quanto os particulares (sejam pessoas físicas ou jurídicas – singulares ou coletivas em Portugal) submetem-se aos ditames constitucionais, cabe tratar do tema em sede de tributos. Neste contexto, e tendo em vista a realização dos fins perseguidos pelo Estado, são normalmente identificadas funções relativas à obtenção de receitas para financiamento das despesas públicas, bem como intervenções através de políticas econômicas e sociais (tais como emprego, fixação de preços, apoios sob a forma de benefícios fiscais ou subsídios etc.) (Carvalho, 2018).

A atividade financeira do Estado português está prevista nos arts. 101 a 107 da respectiva Constituição ("Sistema financeiro e fiscal"), ao passo que o Brasil trata do tema nos arts. 163 a 169 de sua Lei Maior ("Das finanças públicas"). Entendendo esta atividade financeira como a arrecadação de receitas e sua aplicação nas despesas necessárias ao alcance das finalidades públicas, pode-se afirmar que a arrecadação de tributos – embora seja apenas parcela da atividade financeira estatal – é considerada como a principal receita do Estado.

O atual sistema fiscal português visa ao cumprimento de princípios adotados pelos Estados-Membros da União Europeia. No entanto, e considerando que o objeto do presente estudo é limitado à análise de aspectos constitucionais tributários coincidentes e/ou divergentes entre Portugal e Brasil, não serão aqui objeto de consideração as questões relativas à integração de Portugal à União Europeia, com os consectários disto decorrentes.

A Constituição da República Portuguesa (CRP) contém 296 artigos, divididos em títulos, capítulos, números e alíneas. Para este trabalho, será considerado especialmente o Título IV – Sistema financeiro e fiscal, cujos artigos 103 a 107 fixam normas relativas aos impostos e orçamento, incluindo sua criação e fiscalização (esta última a cargo do Tribunal de Contas, conforme estabelece o art. 214, no. 1). Além disto, serão abordadas questões tratadas de forma esparsa ou genérica em outros dispositivos do mesmo texto constitucional, que influenciam a aplicação da legislação fiscal (Catarino; Guimarães, 2021).

Sendo assim, verifica-se que a CRP trata genericamente do sistema fiscal, fixando princípios a serem observados unicamente na instituição e na cobrança dos impostos, porém silenciando no que se refere às demais espécies tributárias. Por este motivo, torna-se, desde logo, necessário recorrer à LGT que, em seu art. 3º, estabelece os seguintes conceitos (Palma, 2021):

> a) os tributos podem ser classificados como fiscais ou extrafiscais (nº. 1, alínea "a"), estaduais, regionais e locais (nº. 1, alínea "b");

> b) os tributos compreendem os impostos e as demais espécies criadas por lei, designadamente as taxas e as contribuições financeiras a favor de entes públicos, com os respectivos regimes fixados em lei especial (nºs. 2 e 3).

A CRP atribui à Assembleia da República a competência para legislar sobre a criação de impostos, sistema fiscal e regime geral das taxas e contribuições a favor das entidades públicas, razão pela qual tais atos deverão revestir a forma de lei (admitida a delegação de competência ao Governo, hipótese em que será editado decreto-lei), tudo conforme art. 165, nº. 1, alínea "i" c/c art. 103, nº. 2. Ainda em relação aos impostos, deverão ser observados (*i*) os princípios gerais fixados pelo nº. 3 do art. 103 (vedação à cobrança de impostos em desacordo com as normas constitucionais, que tenham caráter retroativo ou cuja cobrança e liquidação ocorra em desacordo com a lei) e (*ii*) os parâmetros estabelecidos pelo art. 104 na tributação do patrimônio, renda e consumo (Marreiros, 2021).

Portanto, em Portugal, os tributos se dividem em impostos, taxas e contribuições financeiras a favor de entidades públicas, tudo conforme art. 3º, nºs. 2 e 3 da LGT. Por outro lado, é certo que na instituição desses tributos, deverão ser observados os demais princípios constitucionais de ordem geral, o que será objeto do capítulo adiante. No entanto, o arcabouço ora delineado indica uma provável adoção de simplicidade fiscal pela CRP, o que pode facilitar não apenas os processos de instituição e arrecadação tributária, mas também o entendimento e o cumprimento das normas por parte dos contribuintes (Dourado, 2021).

As normas constitucionais relativas ao sistema tributário brasileiro são muito complexas (não apenas pelo grande número de tributos, mas também pelo seu excessivo detalhamento), demandando extrema atenção em sua interpretação e conduzindo a divergentes posições sobre sua aplicabilidade, como também será visto adiante. Essa situação pode acarretar o descumprimento das obrigações fiscais (seja por desconhecimento, seja por má-fé), reduzindo a arrecadação e elevando o custo operacional do Estado e das empresas em geral no desempenho de suas atividades (Greco, 2019).

Desde 1964, o Brasil esteve sob regime de Ditadura Militar, fase em que os direitos e as garantias individuais eram quase inexistentes. Tal situação, conjugada com a forte crise económica, inflação e recessão (nas décadas de 1970 e de 1980), paulatinamente deflagrou o processo de abertura política, com a extinção daquele regime e a redemocratização do país. Este processo culminou com a promulgação da atual CRFB (aprovada pela Assembleia Nacional Constituinte em 22 de setembro de 1988 e promulgada em 5 de outubro do mesmo ano).

É um texto extremamente detalhado e extenso (250 artigos), acrescido do "Ato das Disposições Constitucionais Transitórias" (100 artigos), tudo dividido por Títulos e Capítulos, com inúmeros parágrafos, alíneas e incisos. Até o momento, foi o texto constitucional brasileiro a sofrer o maior número de emendas (mais de 90, dentre as constitucionais e as constitucionais de revisão).

As disposições contidas no Título VI – Tributação e Orçamento – arts. 145 a 169, instituem o intrincado sistema tributário brasileiro, tratando ainda do orçamento público e da repartição das receitas tributárias. Todavia, sempre que necessário, serão feitas referências a outros dispositivos constitucionais ou legais que se apliquem, direta ou indiretamente, à matéria que embasa este estudo (Carneiro, 2020).

Assume especial relevância a compreensão do regime federativo adotado pelo Brasil: o país é um Estado republicano, constituído por três tipos de entes federados: a União (e Territórios Federais), os Estados (e Distrito Federal) e os Municípios, todos dotados de autonomia político-administrativa e titulares das respetivas competências tributárias, nos termos dos arts. 18, 24, 25, 29 e 30 da CRFB (Anexo 1), observadas as repartições de competências fixadas pelos arts. 145 a 156 (Anexo 2). Neste ponto, oportuno um parêntesis para salientar as regras relativas aos Territórios. Consoante o art. 147, "Competem à União, em Território Federal, os impostos estaduais e, se o Território não for dividido em Municípios, cumulativamente, os impostos municipais; ao Distrito Federal cabem os impostos municipais".

Ainda, e de acordo com a CRFB, compete à União, mediante lei complementar, instituir normas gerais de direito tributário (tais como definição de tributos e suas espécies, obrigações, lançamento, prescrição e decadência), regular as limitações constitucionais ao poder de tributar e dirimir conflitos de competência entre todos esses entes federados (art. 146). Tais normas estão dispostas no Código Tributário Nacional (CTN) que, apesar de editado como lei ordinária em 1966, tem o *status* de lei complementar recepcionada pela CRFB de 1988 (Ato das Disposições Constitucionais Transitórias, art. 34, parágrafo 5º), o que é entendimento pacificado pela jurisprudência do STF (Machado, 2019).

Especificamente no que se refere aos impostos, a competência dos entes federados para sua instituição é tratada pelos arts. 153, 155 e 156, da CRFB, que atribuem:

> **a) sete deles** à ***União***: Imposto de Importação de produtos estrangeiros – II; Imposto de Exportação, para o exterior, de produtos nacionais ou nacionalizados – IE; Imposto sobre a Renda e Proventos de Qualquer Natureza – IR; Imposto sobre Produtos Industrializados – IPI; Imposto sobre Operações de Crédito, Cambio e Seguro ou relativas a Títulos ou Valores Mobiliários – IOF; Imposto sobre a propriedade Territorial Rural – ITR; e Imposto sobre Grandes Fortunas – IGF (este último ainda não instituído);
> **b) três outros aos *Estados* (e *Distrito Federal*)**: Imposto sobre operações relativas à Circulação de Mercadorias e sobre prestação de Serviços de transporte interestadual, intermunicipal e de comunicação – ICMS; Imposto sobre a Propriedade de Veículos Automotores – IPVA; e Imposto sobre Transmissão *Causa Mortis* e Doações de quaisquer bens ou direitos – ITCMD; e
> **c) três aos *Municípios***: Imposto sobre a Propriedade predial e Territorial Urbana – IPTU; Imposto sobre Transmissão *Inter Vivos* a qualquer título, por ato oneroso, de bens imóveis, por natureza ou acessão física, e de direitos reais sobre imóveis, exceto os de garantia, bem como cessão de direitos a sua aquisição – ITBI; e Imposto Sobre Serviços de qualquer natureza, não compreendidos no art. 155, II – ISS.

Em direito tributário, pode-se definir "base de cálculo" como o montante económico sobre o qual se aplica a alíquota (taxa) para determinação do tributo a recolher. Normalmente, essa tarefa é realizada por intermédio da lei ordinária instituidora da exação fiscal (ou ainda por medida provisória no Brasil, ou por meio de decreto-lei em Portugal) (Leitão, 2021).

Compete à Constituição estabelecer os princípios gerais relativos ao Estado em si (estrutura, valores, objetivos), bem como os parâmetros e limites a serem observados em sua organização e funcionamento (tais como direitos fundamentais e limitações ao poder de tributar). Neste sentido, as Constituições em análise são bastante similares no que se refere, por exemplo, à fixação dos direitos e garantias individuais (CRP, arts. 24 a 47 e CRFB, art. 5º) e aos direitos dos trabalhadores (CRP, arts. 53 a 57 e CRFB, art. 7º).

No Capítulo I, Título I, da Parte II, a CRP atribui à Assembleia da República competência exclusiva (salvo em caso de autorização ao Governo) para "Criação de impostos e sistema fiscal e regime geral das taxas e demais contribuições financeiras a favor das entidades públicas" (art. 165, alínea "i"). De outro tanto, o art. 112 da mesma Constituição, ao estabelecer as espécies normativas, prevê a edição de leis, decretos-leis e decretos legislativos regionais.

O processo legislativo para criação e arrecadação de tributos em Portugal (incluindo o regime geral das taxas e contribuições a favor das entidades públicas) compreende as leis (comuns ou de valor reforçado) e decretos-leis (quando delegada a função), editados respectivamente pela Assembleia da República ou pelo Governo (artigos 161, alíneas "c" e "d", e 165, alínea "i") (Domingos, 2019).

O processo legislativo brasileiro, por sua vez, compreende a elaboração de emendas à Constituição, leis complementares, leis ordinárias, leis delegadas, medidas provisórias, decretos legislativos e resoluções (CRFB, art. 59). À exceção dos dois últimos, teoricamente, todos os outros tipos têm aptidão legal para instituição e/ou modificação de tributos, desde que observadas as conceções e condições previstas nos demais princípios constitucionais aplicáveis à matéria.

Assim, atestamos que as Constituições de Portugal e do Brasil, no que se refere aos respetivos sistemas tributários, indicam a adoção de diferentes formas e mecanismos de instituição e arrecadação dos tributos, notadamente pelo fato de a Constituição portuguesa concentrar as definições sobre o sistema fiscal em apenas dois artigos, sem prejuízo de aplicação de outros dispositivos constitucionais, de ordem geral, e pelos inúmeros dispositivos contidos na Constituição brasileira, a qual não apenas estabelece normas gerais sobre as hipóteses de competência e incidência tributária, mas chega a detalhar questões como bases de cálculo (valor tributável, em Portugal) e fixação de alíquotas (taxas, em Portugal) para diversos tributos. E tudo isto, evidentemente, com observância dos demais princípios constitucionais de ordem geral, como também ocorre em Portugal (Barcellos, 2017).

Logo, apesar de trazerem dispositivos similares em diversas situações (a exemplo, no que se refere aos princípios da igualdade e da segurança jurídica), as Constituições em exame divergem especialmente no detalhe e na complexidade dos respetivos sistemas fiscais, o que influencia diretamente o grau de liberdade de intervenção normativa conferida ao legislador ordinário (infraconstitucional) na instituição e na alteração dos tributos em geral. Com efeito, os variados tipos de disposições constitucionais sobre o tema podem dar maior ou menor liberdade ao poder legislativo ordinário, notadamente em razão da obrigatória observância da competência legislativa e da hierarquia normativa (Campos, 2006).

É certo que a complexidade fiscal permite suscitar o desconhecimento (ou mesmo a rejeição) da matéria por parte dos contribuintes, sejam eles pessoas físicas (singulares, em Portugal) ou jurídicas (coletivas, em Portugal), gerando incerteza ou insegurança jurídica. E essa complexidade fiscal pode ser observada não apenas no que se refere à obrigação principal – pagamento do tributo – como também no que tange ao emaranhado de obrigações acessórias – preenchimento de declarações, emissão de documentos fiscais, apresentação de documentos contábeis etc. – que envolvem a rotina do contribuinte (Carmo; Fernandes, 2013).

A dinâmica contemporânea impôs a busca pela integração entre diversos países. Neste contexto, o exemplo mais desenvolvido de integração regional é o da União Europeia, que originou o então direito comunitário, hoje pertencente àquela. Trata-se de um direito diverso daquele das ordens nacionais, que se conforma a partir e pela aproximação destas, em formas próprias de harmonização jurídica (Falcão; Guerra; Almeida, 2016).

Isto se deu devido à inevitável formação de relações jurídicas no âmbito internacional, que desencadeou a necessidade de regulação coesa. Neste sentido, a aproximação das ordens jurídicas envolvidas em blocos de integração é meio indispensável na construção do seu direito (Seitenfus; Ventura, 2016).

A integração corresponde a um procedimento de conteúdo polissêmico, porque sobrepuja os aspectos económico, político, social, cultural e jurídico, buscando o ajuntamento dos países, perante as semelhanças e interesses económicos comuns. O sentido económico apresenta importância e prevalência acerca dos demais nas etapas elementares de uma agregação entre os países. Contudo, conforme ocorre o desenvolvimento da aproximação integracionista, alcançando fases mais adiantadas do que a zona de livre comércio e a união aduaneira, o procedimento ultrapassa a conotação simplesmente econômica, passando a buscar o desenvolvimento das questões políticas, sociais, culturais e jurídicas de interesse das nações integradas, consoante asseveram Chaves (2017) e Falcão, Guerra e Almeida (2016).

Tomando por base a experiência realizada na Europa, o aspecto económico deve ser ressaltado apenas como um componente do fenômeno, que, na atualidade, corresponde à ferramenta para a efetivação de um objetivo maior, o bem-estar e a qualidade de vida dos cidadãos europeus participantes do bloco. Neste sentido, na conjuntura integracionista, destaca-se a relevância de soluções adequadas às questões tributárias, uma vez que harmonizarão a estabilização econômica necessária à concretização do procedimento de integração. Visando alcançar tal objetivo, o instituto a ser utilizado é a harmonização tributária.

Para Seitenfus e Ventura (2016, p. 63), "[...] a supranacionalidade é um poder real e autônomo, colocado a serviço de objetivos comuns a diversos Estados – entendendo-se por objetivos, os valores e interesses compartilhados".

Em face disto, deve-se esclarecer que a aproximação legislativa significa compatibilizar ordens jurídicas nacionais em prol de escopos compartilhados pela vocação internacional das relações humanas, balizadas pelo direito. Neste viés, trata-se de conceito amplo, conformando-se em gênero, cujas espécies são a coordenação e a harmonização (Guerra; Almeida, 2016).

Assim, a acuidade da conceção do poder supranacional está correlacionada à distinção institucional existente no Mercosul e na União Europeia. Nesta, a estrutura das instituições jurídicas é supranacional, enquanto naquele, é intergovernamental (artigos 2º e 34 do Protocolo de Ouro Preto). Insta salientar que embora o Mercosul fora instituído sob o pretexto da intergovernabilidade, Paraguai, no seu art. 137 da CF, e Argentina, em seu art. 24 da CF, permitem supranacionalidade nas suas Constituições. Já o Brasil, em seus art. 84, VII e art. 49,1 da CF, e Uruguai, nos art. 4º e art. 6º da CF, não admitem a utilização do instituto supranacional em seus textos constitucionais. Portanto, ao contribuir para a construção do direito derivado dos blocos económicos, a aproximação normativa, em todas as suas espécies, constitui-se em meio adequado para a obtenção das metas por estes traçadas, exercendo papel fundamental para a formação e o desenvolvimento dos processos de integração regional. Com isto, por ser objeto do presente estudo a comparação entre as experiências da UE e do MERCOSUL, ao se compreender a importância da aproximação normativa para a integração, é necessário verificar como esta ocorre nestes dois blocos, para estabelecer as diferenças identificáveis entre eles quanto ao seu desenvolvimento jurídico (Fernandes, 2013, p. 190).

Como apontado por Almeida e Carvalho (2017, p. 125), "[...] cada concretização da cooperação econômica internacional deve ser fixada a priori, dependendo dos objetivos a se tentar alcançar, com o objetivo de eliminar as distorções e os procedimentos para levar a cabo este processo". Destarte, mecanismos de compensação são usados para evitar as consequências das distorções das condições de concorrência, com a particularidade de que não afetam as causas das distorções acima mencionadas, apenas os efeitos gerados por eles. Tais mecanismos são considerados como opção menos ambiciosa de eliminar as distorções fiscais.

A harmonização fiscal, por sua vez, tentando conquistar a integração parcial da atividade financeira dos estados-membro, busca medidas que visam eliminar as distorções existentes; logo, transcende o âmbito da solução anterior, que agiu meramente sobre os efeitos gerados sem atacar as causas. Além disto, a integração financeira e fiscal completa implica uniformidade da situação ideal. Do ponto de vista do bloco económico, seria antes o desaparecimento de toda a distorção existente entre os Estados que compõem o mercado comum. É óbvio que essa situação teria o orçamento, a transferência da soberania fiscal a uma entidade supranacional.

A conexão de qual solução se mostra como melhor alternativa para tributar distorções é tema de profunda controvérsia acerca do imposto. Alguns consideram que a plena integração na tributação seria ideal para eliminar os impostos de fronteiras entre os países membros gerados. Por outro lado, a posição da maioria, baseada no ideal de uniformidade, seria utópica e inadequada, pois tal solução seria a de anular a soberania fiscal dos Estados membros da comunidade.

As vantagens de uma empresa que opta pela tributação baseada em um planejamento fiscal visam-se à minimização dos impostos, o que deverá refletir positivamente nos resultados da empresa. Para tanto, são demonstrados e comprovados os benefícios que um correto enquadramento no regime tributário pode representar em uma gestão empresarial, conforme assegura Crepaldi (2023).

Recomenda-se que os administradores realizem cálculos, visando a subsídios para tomada de decisão pela forma de tributação, estimando-se receitas e custos, com base em orçamento anual ou valores contábeis históricos, devidamente ajustados em expectativas realistas. A opção deve recair sob a modalidade em que o pagamento de tributos se dê de forma mais econômica, atendendo também às limitações legais de opção a cada regime de tributação. Para que seja possível ao Estado fazer prevalecer sua intenção de plena tributação e efetividade do princípio da solidariedade, deve-se valer de sua atividade legislativa e, por meio do exercício pleno desta função, eliminar brechas da legislação, benefícios fiscais, criar tributos em caráter residual (União) etc., observados os direitos e garantias individuais do cidadão e as limitações constitucionais do poder de tributar.

Procurou-se demonstrar como ocorre o fenômeno da tributação, seus conceitos, princípios e normas, as figuras distintas do planejamento fiscal eficaz, os objetivos que ele visa alcançar e algumas de suas estratégias. Neste sentido, a utilização e a abordagem do tema do Direito Comparado apresentarão, possivelmente, diversas respostas, que poderão ser encontradas em outros sistemas jurídicos, para os problemas jurídico-tributários apresentados. Neste viés, a questão tributária é de grande relevância para a empresa e não pode ser menosprezada pelo gestor, sob pena de majoração substancial do ônus tributário, cujas implicações seriam a redução da margem de lucro ou o repasse deste acréscimo ao consumidor, por meio de elevação indesejada do preço final do produto e/ou serviço, o que, nas condições atuais de competitividade do mercado, poderia gerar consequências danosas à continuidade das operações do estabelecimento.

Pelo lado empresarial, o fenômeno da globalização avança firmemente na medida em que se ampliam os meios de comunicação e se generaliza o uso da informatização, levando as relações comerciais e financeiras a não respeitarem fronteiras, nem barreiras, na realização de negócios, acontecendo onde se apresentem as oportunidades para as grandes sociedades empresariais. As negociações comerciais do Mercosul com a União Europeia dependem, essencialmente, das tratativas para acesso ao mercado no setor do agronegócio. A questão fundamental é a redução do protecionismo e os subsídios concedidos pelos países desenvolvidos à produção e à exportação de produtos agrícolas e pecuários (Falcão; Guerra; Almeida, 2016).

CAPÍTULO IV

SISTEMA TRIBUTÁRIO NO DIREITO COMPARADO

O planeamento tributário é um conjunto de procedimentos, contábeis e jurídicos, visando à economia tributária. O contribuinte tem o direito de estruturar o seu negócio de maneira legal que lhe gere maiores lucros. A economia tributária é essencial para aumentar o resultado líquido da exploração da sua atividade econômica.

Assim, a sociedade empresária moderna tem promovido grandes avanços em diversas áreas do conhecimento; na seara do Direito, não é diferente. É importante saber que, para a existência do Direito como forma de controle e regramentos, deve existir a sociedade, sem ela, não existe, pelo menos não na concepção natural do que seja uma sociedade organizada e com regras e princípios normativos estabelecidos de convivência harmônica entre seus pares.

Não é novidade, portanto, o fato de as relações sociais motivarem a necessidade de regramentos internos e de controle social, pois, sem isto, os eventos que se desdobram no decorrer da vida não seriam sujeitos ao controle e à punição quando aplicáveis.

Nessa perspectiva, as constantes transformações no âmbito da sociedade moderna e suas desinências sociais e políticas promovem uma evolução natural do Direito na busca por alcançar e normatizar as condutas atribuídas aos indivíduos. A legalidade, sendo uma forma de controle jus social, é levada à normalização das condutas quando elas se veem frente a um conjunto de regras e princípios a que todos devem obedecer com vistas a um melhor desenvolvimento da vida humana em sociedade (Sarlet, 2009, p. 231).

Em meio a essas regras de controle e de administração de qualquer nação, os tributos são essenciais para financiar o Estado, a fim de que este possa gerenciar a máquina estatal e suprir os direitos públicos da sociedade, tais como saúde, educação e segurança, entre outros. Todavia, tem ocorrido, em algumas regiões, uma indesejável alta da carga tributária, já que os gastos públicos são desenfreados e a receita tributária não é dividida de forma igualitária.

Neste viés, ao se propor uma análise do "Sistema Tributário no Direito Comparado", pretende-se confrontar costumes e práticas, observando semelhanças e diferenças na tributação brasileira e estrangeira; balizar opções de negócios, investimentos e interesses nas relações internacionais comerciais; contribuir para que as diferentes opções de tributação estrangeira possam ser aqui adotadas e promover maior conhecimento acerca da qualidade do Direito Interno, visando a um possível aperfeiçoamento deste.

Embora outros estudiosos já tenham tido intenção semelhante, respaldamo-nos aqui no postulado de Pizzorusso (1987, p. 68)

> [...] ainda que a comparação entre os diferentes ordenamentos jurídicos tenha sido praticada pelos juristas desde a Antiguidade, a reflexão sistemática sobre ela e a tentativa de individualizar um campo específico de estudos e de ação prática próprio do "direito comparado" é relativamente recente e seu início pode-se remontar aos últimos anos do século XIX.

Diante de tais observações, em se tratando de modificações legais, asseveramos que o sistema fiscal (ou tributário) adotado por Portugal pode ser alterado mediante utilização dos mesmos atos normativos necessários à sua instituição (lei ou decreto-lei), observados os dispositivos constitucionais que tratam da matéria (notadamente arts. 103 e 104).

No Brasil, o sistema tributário é minuciosamente descrito na Constituição Federal, o que o torna mais rígido na medida em que diversos parâmetros ali fixados somente podem ser objeto de alteração mediante Emenda Constitucional. E no que se refere à instituição e/ou alteração de tributos, os instrumentos jurídicos utilizados podem ser emendas à Constituição, leis complementares, leis ordinárias, leis delegadas e medidas provisórias, de acordo com a situação especificamente considerada.

O sistema tributário português encontra-se em evidente mutação, não sendo raro o surgimento de novas figuras com impacto fiscal e financeiro nos diferentes setores económicos, abrangendo realidades múltiplas, na maior parte das vezes sem uma conexão óbvia com os princípios constitucionais estruturantes que se encontram na gênese dos impostos ditos tradicionais, incidentes sobre rendimento, consumo e patrimônio (Ricardo, 2021; Rocha, 2021a).

Cabe destacar que a fiscalidade tem vindo progressivamente a assumir um papel determinante para o desempenho económico de qualquer país, sendo considerada um dos elementos-chave no que diz respeito à capacidade das empresas de competir em nível internacional. Por outro lado, é comum o recurso à política fiscal como instrumento para alcançar determinados objetivos económicos e sociais, não se esgotando a sua finalidade na arrecadação de receitas públicas por parte do Estado (Rocha; Rocha, 2021a).

As medidas fiscais passíveis de originar distorções económicas poderão trazer custos acrescidos, tanto ao contribuinte, como a administração tributária, afetando o processo de tomada de decisões dos vários agentes económicos, o que poderá ter efeitos perversos no desempenho económico do país. Desta forma, um sistema fiscal bem estruturado permitirá arrecadar o maior nível de receita fiscal com o menor número de distorções económicas possíveis (Rodrigues, 2020; Rocha, 2021b).

No que tange aos impostos sobre o rendimento das empresas, a respetiva estrutura deverá ainda ter em conta vários fatores, como a complexidade da arquitetura tributária internacional, o aumento da relevância dos ativos intangíveis para as empresas e, ainda, o crescimento das oportunidades de transferência de lucros (*profit shifting*) que a economia digital veio permitir, salientando a necessidade de reforçar a coordenação fiscal em nível internacional (Silva, 2015; Rocha; Rocha, 2021b).

Do enquadramento acima exposto, facilmente se conclui que a análise quanto à qualidade dos diferentes sistemas fiscais precisará considerar vários fatores, sendo certo que a estrutura do sistema fiscal, em especial no que respeita a carga tributária imposta sobre os contribuintes, tem um forte impacto na competitividade das empresas e, consequentemente, no crescimento económico do país (Teixeira, 2021).

Em suma, e de forma a poder calcular a efetiva carga fiscal nacional, importa desenvolver e implementar uma metodologia de recolha e organização de informação relativa ao universo de tributos existentes no ordenamento jurídico português. As clássicas configurações dos tributos acabam, às vezes, por gerar conflitos de sobreposição tributária, verificando-se também casos de completa ausência de conexão entre a realidade tributada e a finalidade do tributo, colocando em risco a capacidade concorrencial das empresas a curto-prazo (Tomar, 2018; Rocha, 2017).

Consoante os apontamentos de Teixeira e Carvalho (2018, p. 102),

> O combate à fraude, à evasão fiscal e ao planeamento fiscal abusivo é um objetivo comum à maioria dos Estados do mundo, os quais ao longo dos anos têm tentado compatibilizar as atuações e congregar os esforços no sentido de criar um espaço em que o fator tributação possa servir para a concorrência fiscal internacional, mas em que as atuações sejam lícitas, legítimas e ocorram dentro de determinados limites.

No contexto internacional e europeu, o planeamento fiscal, enquanto meio de obtenção de poupança fiscal, é considerado lícito desde que cumpra o espírito da lei, que se verifica pela identificação de um critério empresarial objetivo, a nível do OCDE, e um critério de atividade económica genuína, a nível europeu. Pelo contrário, o planeamento fiscal abusivo é identificado como um comportamento negativo, que atenta contra a moralidade fiscal, por parte do contribuinte (Dourado, 2021).

Em 2013, por iniciativa da OCDE (2014)[1], foi definido o Plano BEPS: plano de ação para o combate à erosão da base tributária e à transferência de lucros, que definiu as regras gerais de combate ao planejamento fiscal abusivo internacional, praticado por empresas multinacionais que, tirando partido das diferenças entre os vários ordenamentos jurídicos, conseguiram reduzir sua carga tributária, beneficiando-se de uma baixa ou nula tributação ou de uma dupla não tributação. Assim, as quinze ações propostas, na forma de recomendações, no âmbito do projeto BEPS, definem os parâmetros internacionais que devem ser verificados para um eficaz combate ao planejamento fiscal abusivo internacional, dado que as iniciativas multilaterais não se revelaram positivas (OCDE, 2014; Vasques, 2018).

O regime das comunicações obrigatórias de estruturas de planeamento fiscal abusivo em Portugal é consagrado no Decreto-Lei n.º 29/2008, de 25 de fevereiro, e baseia-se nas experiências internacionais, nomeadamente na inglesa. Encontra-se positivado no Decreto-Lei n.º 29/2008, de 25 de fevereiro, sendo regulamentado pela Portaria n.º 264-A/2008, de 14 de maio de 2008 (Gonçalves, 2019; Sousa, 2021).

Em vários países, são realizadas operações pelos contribuintes que apresentamos como processos de busca da redução da carga tributária. Na Itália, existem várias normas antielusivas, determinando que os atos

---

[1] Plano de ação para o combate à erosão da base tributária e à transferência de lucros.

do contribuinte serão inoponíveis ao Fisco. Limita-se a regular o efeito fiscal de tais atos. Ou seja, o Fisco não está vinculado a aceitar os efeitos tributários que deles normalmente decorreriam.

Nos Estados Unidos, o planeamento e a elisão tributária são o *business purpose* ou propósito negocial, no sentido de razão econômica ligada ao empreendimento e não no sentido de causa. Na Inglaterra, cuida-se da *fairness*, no sentido de o contribuinte ter de agir com lisura de comportamento. Na Alemanha, o Código Fiscal contempla o tema e consagra o princípio da adequação, que envolve uma interpretação teleológica dos conceitos tributários. Na Espanha, a Lei Geral Tributária continha as figuras de fraude à lei, simulação e abuso de formas em matéria tributária. Em França, trata o tema da elisão tributária exclusivamente da perspectiva da figura do abuso de direito. Foi alterado de modo a prever, além da referência a abuso de direito, também a questão da inoponibilidade perante o Fisco e da necessidade de um motivo não tributário que justifique a operação.

Em Portugal, existe uma cláusula geral antiabuso que se apoia na noção de resultado económico equivalente, o que pode ser visto como consagrador da interpretação econômica, embora proíba a analogia.

Na Holanda, existe a possibilidade de o contribuinte estruturar sua atividade econômica para minimizar a carga tributária, salvo se o planeamento tributário conflitar com o ordenamento jurídico inspirado nos princípios de correta imposição. A Bélgica possui um modelo tributário que aparentemente parece ser da primeira fase (legalidade estrita, tipicidade fechada, interpretação estrita, simulação segundo o conceito civilíssimo do termo). Na Argentina, a interpretação finalística ou pelo significado económico faz parte da sua experiência legislativa.

O Projeto BEPS – *Base Erosion Profit Shifting*, Combate à Erosão da Base Tributária e à Transferência de Lucros, elaborado pela OCDE por solicitação do G-20, é um indicador de uma postura assumida no âmbito internacional voltada à neutralização de práticas tendentes a evitar ou reduzir incidências tributárias devidas.

Cada país, com suas experiências e tradições, e mesmo a maior parte dos países existentes, procura moldar ou reconhecer a importância dos modelos que impeçam o uso abusivo ou fraudulento do próprio ordenamento pelo contribuinte, de modo a obter vantagens que não lhe estão asseguradas. Destaca-se a importância assumida por temas como inoponibilidade perante o Fisco, abuso ou manipulação de estruturas jurídicas, motivo não tributário, ônus da prova, substância sobre a forma, transparência etc.

Assim, a próxima seção tratará da carga tributária estabelecida no Brasil, em especial no que se concerne às pessoas jurídicas. A contribuição sobre lucro líquido é explanada, bem como as adições e exclusões sobre lucro real. As taxações são discutidas a seguir, com as vantagens e desvantagens do lucro real.

Em seguida, o mesmo processo é apresentado para o sistema fiscal de Portugal. Está-se a apresentar a caracterização, os impostos específicos sobre consumo e, logo depois, os regimes tributários e os benefícios fiscais.

Por fim, o capítulo trata de forma comparativa os sistemas português e brasileiro e a tributação e o regime fiscal português.

4.1 O Brasil e a Carga Tributária Brasileira

A carga tributária, para um agente económico, é um fenômeno nitidamente económico; uma questão de custos. O custo tributário é um ônus empresarial como qualquer outro, que deve ser reduzido em prol da maior lucratividade do empreendimento. Este pensamento não se opõe aos fins do Estado. Muito pelo contrário, atua em favor da construção de uma sociedade mais igualitária, que atenda à capacidade contributiva de seus agentes, posto que as empresas movimentam a Economia, criam empregos, terceirizam oportunidades e fazem nascer a tributação.

Uma queixa recorrente entre quase todos os brasileiros é o peso que a carga tributária – quantidade de tributos (impostos, taxas e contribuições) das três esferas de Governo (federal, estadual e municipal) que incidem sobre a Economia – exerce sobre a vida das pessoas e sobre a empresa. Entra ano, sai ano e o governo federal sempre anuncia medidas que agem diretamente no bolso dos consumidores e das empresas.

Diante do que se pode entender sobre as formas de controle da atividade administrativa, é importante analisar a forma de controle positivo e negativo para que se possa dar entendimento amplo ao princípio da legalidade em seu embasamento teórico. O controle judicial positivo diz respeito ao que a lei estipula como forma de resolução do conflito. Havendo a previsão legal, o administrador está diante da solução também legal, dessa forma, diz-se que o legislador soluciona o caso por meio da norma. No entanto, nos casos em que o legislador não descreve o fato concreto pormenorizado na lei, libera ao administrador a prerrogativa discricionária de agir conforme o poder outorgado a si.

O processo diagnóstico facilita identificar as inconformidades, a mitigação de riscos, além de auxiliar na geração de economia no *compliance* tributário, capacitando a minimização de riscos e preservando a integridade dos dados fiscais e tributários da sociedade empresária. O planejamento tributário é a ferramenta que permite à empresa realizar a correção das inconsistências, verificar a auditoria dos últimos exercícios sociais da sociedade empresarial e fazer a adequação de seus processos de acordo com a legislação vigente de forma mais segura e eficaz.

Entretanto, é fundamental acatar que a lei busca atingir a solução do conflito na indubitável afirmação de optar pelo melhor interesse público. Todavia, diante da falta de previsão de todos os fatos concretos que poderiam ocorrer, disponibiliza ao administrador público a discricionariedade para agir conforme o caso concreto, sempre na diligência pela solução ótima para o caso. Tal discricionariedade só existe pela falta de completude da lei, porque a norma não poderia prever todos os casos concretos que possam ocorrer. Assim, a lei acaba por levar o administrador a tomar decisões discricionárias por conta própria.

O dever jurídico da boa administração é a mais correta obediência da norma. No caso concreto, não sendo adotada a melhor solução, abre-se precedente para que haja intervenção do poder judicial. A discricionariedade positiva, portanto, diz respeito ao que a lei determina no caso concreto. Inexistindo a previsão legal, o administrador terá sempre a discricionariedade de buscar atingir o interesse público com excelência, superando as expectativas inerentes ao seu trabalho para com a população, ao fazer uso de critérios legais, racionalidade e proporção.

Já o controle judicial negativo envolve a existência dos princípios de direito como limites à atividade discricionária da administração pública. Não existe uma solução adequada diante da discricionariedade, mas uma vinculação dos atos, porque a solução ótima almejada não estaria na lei, mas na discricionariedade do administrador público.

Diante disto, ao se provar, por meio de uma solução cabível, qual seria a solução ótima para o caso, haverá violação de direitos. Não existiria a discricionariedade, porque a solução ótima é sempre impetrada pela norma e oriunda dessa.

Mello (2003) pondera, a respeito da discricionariedade administrativa, que

> [...] às vezes o Direito restaria irremissivelmente violado, mas essa realidade fática, não seria facilmente comprovada – nominando-se assim, de discricionariedade, a impossibilidade prática de se corrigir uma violação do Direito, refletindo impotência do Poder Judiciário por uma mera questão de prova (Mello, 2003, p. 78).

No caso concreto, não se pode dizer que a solução da lei é a mais justa, mas a discricionariedade administrativa pode ser controlada pelo Judiciário de forma negativa, tendo em vista a intervenção sofrida pelo Poder Judiciário nas entranhas da administração pública.

Neste entendimento, é possível abalizar que nenhuma atividade estará fora do poder de controle do Judiciário, pois ele existe justamente para manter a ordem jurídica do País e, por meio de suas ações, adentrar os mais diversos seios da sociedade e dos poderes; sempre, é claro, respeitando, nos limites da lei, a separação de poderes, mas apto a conduzir julgamentos nos casos concretos submetidos a seu crivo.

4.1.1 Imposto de Renda da Pessoa Jurídica – IRPJ e Contribuição Social sobre o Lucro Líquido – CSLL

De forma mais detalhada, em se tratando das empresas brasileiras, conforme Crepaldi (2023), a regra geral para a apuração do IRPJ e da CSLL é o lucro real, em que o Imposto de Renda (IR) é determinado a partir do lucro contábil apurado pela pessoa jurídica, acrescido de ajustes (positivos e negativos) requeridos pela legislação fiscal, conforme os artigos 260 e 261 do Decreto 9.580/2018, obedecendo ao seguinte esquema: lucro (prejuízo) contábil (+) ajustes fiscais positivos (adições) (–) ajustes fiscais negativos (exclusões) (=) lucro real ou prejuízo fiscal do período. O Lucro Líquido (ou prejuízo) do período de apuração, antes da provisão para o Imposto de Renda, é ajustado pelas adições, exclusões ou compensações prescritas ou autorizadas por lei.

Quando a pessoa jurídica optar pelo regime de tributação pelo lucro real, deverá conservar em ordem, pelo prazo de cinco anos da emissão ou escrituração, os livros, documentos e papéis relativos à sua atividade ou que se refiram a atos ou operações que modifiquem ou possam vir a modificar sua situação patrimonial. A legislação do Imposto de Renda exige que a escrituração observe as determinações da Lei n.º 6.404/76, caso a empresa seja tributada pelo Lucro Real, mesmo não sendo Sociedade Anônima. Já as Sociedades de Propósitos Específicos (SPE) deverão apurar o IRPJ com base no lucro real, conforme estipulado no art. 56, § 2º, IV da LC n. 123/2006.

As empresas obrigadas ao Lucro Real devem manter escrituração contábil e levantar balanços trimestrais ou anuais com observância das leis comerciais e fiscais, mesmo não sendo Sociedades Anônimas, conforme o Código Civil. O Passivo Fictício caracteriza omissão de receita em vista da presunção legal de que as obrigações foram pagas com recursos alheios à Contabilidade.

Em termos de prejuízos, há o "compensável" e o "fiscal". O prejuízo compensável é o apurado na demonstração do lucro real e registrado no Lalur (Art. 579, Decreto 9.580/2018, Decreto-Lei n.º 1.598, de 1977, art. 64, § 1º; e Lei n.º 9.249, de 1995, art. 6º, *caput* e parágrafo único). Por outro lado, o prejuízo fiscal poderá ser compensado com o lucro líquido ajustado pelas adições e pelas exclusões previstas neste Regulamento, observado o limite máximo, para compensação, de trinta por cento do referido lucro líquido ajustado (Art. 580, Decreto 9.580/2018, Lei n.º 9.065, de 1995, art. 15, *caput*). Somente se aplica às pessoas jurídicas que mantiverem os livros e os documentos exigidos pela legislação fiscal, comprobatórios do montante do prejuízo fiscal utilizado para compensação (Lei n.º 9.065, de 1995, art. 15, parágrafo único).

A base de cálculo estimada do imposto sobre a renda, em cada mês, será determinada por meio da aplicação do percentual de oito por cento sobre a receita bruta definida pelo art. 208, auferida mensalmente, deduzida das devoluções, das vendas canceladas e dos descontos incondicionais concedidos.

Nas seguintes atividades, o percentual de que trata o artigo 208, Decreto 9.580, será de:

I. um inteiro e seis décimos por cento, para a atividade de revenda, para consumo de combustível derivado de petróleo, álcool etílico carburante e gás natural;

II. dezesseis por cento:

a. para a atividade de prestação de serviços de transporte, exceto o de carga, para o qual se aplicará o percentual previsto no *caput*; e

b. para as pessoas jurídicas cujas atividades sejam de bancos comerciais, bancos de investimentos, bancos de desenvolvimento, caixas econômicas, sociedades de crédito, financiamento e investimento, sociedades de crédito imobiliário, sociedades corretoras de títulos, valores mobiliários e câmbio, sociedades de crédito ao microempreendedor e à empresa de pequeno porte, distribuidoras de títulos e valores mobiliários, empresas de arrendamento mercantil, cooperativas de crédito, empresas de seguros privados e de capitalização e entidades abertas de previdência complementar, observado o disposto no art. 223; e

III. trinta e dois por cento, para as atividades de:

a. prestação de serviços em geral, exceto a de serviços hospitalares e de auxílio diagnóstico e terapia, patologia clínica, imagiologia, anatomia patológica e citopatologia, medicina nuclear e análises e patologias clínicas, desde que a prestadora desses serviços seja organizada sob a forma de sociedade empresária e atenda às normas da Agência Nacional de Vigilância Sanitária (Anvisa);

b. intermediação de negócios;

c. administração, locação ou cessão de bens imóveis, móveis e direitos de qualquer natureza;

d. prestação cumulativa e contínua de serviços de assessoria creditícia, mercadológica, gestão e crédito, seleção de riscos, administração de contas a pagar e a receber, compra de direitos creditórios resultantes de vendas mercantis a prazo ou de prestação de serviços (*factoring*); e

e. prestação de serviços de construção, recuperação, reforma, ampliação ou melhoramento de infraestrutura vinculados a contrato de concessão de serviço público.

Na hipótese de atividades diversificadas, será aplicado o percentual correspondente a cada atividade.

A base de cálculo mensal do imposto das pessoas jurídicas prestadoras de serviços em geral, cuja receita bruta anual seja de até R$ 120.000,00 (cento e vinte mil reais), será determinada por meio da aplicação do percentual de dezesseis por cento sobre a receita bruta auferida mensalmente, observado o disposto nos art. 208, Decreto 9.580/2018.

As receitas provenientes de atividade incentivada não comporão a base de cálculo do imposto sobre a renda, na proporção do benefício a que a pessoa jurídica, submetida ao regime de tributação com base no lucro real, fizer jus, consoante a Lei n.º 9.249, de 1995, art. 15, § 3º.

As entidades sujeitas a CSLL deverão ajustar o resultado do período com as adições determinadas e exclusões admitidas, conforme legislação vigente, para fins de determinação da base de cálculo da contribuição, conforme a Lei 7.689/88, art. 2º. Não integram sua base de cálculo as receitas auferidas pela pessoa jurídica revendedora, na revenda de mercadorias em relação às quais a contribuição seja exigida da empresa vendedora, na condição de substituta tributária.

Em relação à Contribuição Social sobre o Lucro Líquido (CSLL), observa-se:

- o valor pago a título de CSLL não perde a característica de corresponder a parte dos lucros ou da renda do contribuinte pela circunstância de ser utilizado para solver obrigação tributária.
- é constitucional dispositivo de lei que proíbe a dedução do valor da CSLL para fins de apuração do lucro real, base de cálculo do Imposto sobre a Renda das Pessoas Jurídicas.
- as associações de poupança e empréstimo estão isentas do imposto sobre a renda, mas são contribuintes da contribuição social sobre o lucro líquido.
- as entidades sujeitas a CSLL deverão ajustar o resultado do período com as adições determinadas e exclusões admitidas, conforme legislação vigente, para fins de determinação da base de cálculo da contribuição.
- estão sujeitas ao pagamento da CSLL as pessoas jurídicas e as pessoas físicas a elas equiparadas, domiciliadas no País. A apuração da CSLL deve acompanhar a forma de tributação do lucro adotada para o IRPJ.

O resultado tributável ou lucro real, de acordo com a lei fiscal do Imposto de Renda, é determinado pelas receitas tributáveis deduzidas das despesas aceitas: lucro antes do Imposto de Renda (+) adições (–) exclusões (–) compensação de prejuízos fiscais, segundo os arts. 260 e 261, Decreto 9.580/2018.

4.1.2 Exclusões e adições ao lucro real

Exclusões

Na determinação do lucro real, poderão ser excluídos do lucro líquido do período de apuração, segundo o Decreto-lei n. 1.598/1977, art. 6º, § 3º:

- os valores cuja dedução seja autorizada pelo Regulamento e que não tenham sido computados na apuração do lucro líquido do período de apuração;
- os resultados, rendimentos, receitas e quaisquer outros valores incluídos na apuração do lucro líquido que, de acordo com o Regulamento, não sejam computados no lucro real;
- o prejuízo fiscal apurado em períodos de apuração anteriores, limitado a 30% (trinta por cento) do lucro líquido ajustado pelas adições e exclusões previstas no Regulamento, desde que a pessoa jurídica mantenha os livros e documentos exigidos pela legislação fiscal, comprobatórios do prejuízo fiscal utilizado para compensação, conforme a Lei n. 9.065/1995, art. 15 e parágrafo único;
- os principais valores excluíveis, desde que atendidas as particularidades da legislação que regem cada assunto;
- parcela de lucro de empreitada ou fornecimento contratado com pessoa jurídica de direito público, proporcional ao valor da receita não recebida, para contratos superiores a 12 meses;
- ganho de capital auferido na venda de bens do ativo permanente para recebimento do preço após o término do ano-calendário subsequente ao da contratação;
- lucros e dividendos recebidos de participações societárias;
- resultado positivo da avaliação pela equivalência patrimonial;
- variações cambiais ativas (MP n. 2158-35, art. 30);
- variações cambiais passivas – operações liquidadas (MP n. 2158-35, art. 30);
- amortização do deságio obtido na aquisição de participações societárias avaliadas pela equivalência patrimonial, enquanto não baixado o investimento;

- encargos financeiros auferidos dois meses após o vencimento, relativos a créditos vencidos e não recebidos;
- parcelas das perdas apuradas nos mercados de renda variável que excederam os ganhos auferidos nas mesmas operações, adicionadas ao lucro líquido em período-base anterior, até o limite dos ganhos e perdas de operações da espécie computados no período-base;
- resultados positivos auferidos pelas sociedades cooperativas que obedecerem ao disposto na legislação específica;
- provisões indedutíveis adicionadas ao lucro líquido em período-base anterior que tenham sido revertidas a crédito do resultado do exercício ou utilizadas para débito de despesas dedutíveis. Exemplo: em 31 de dezembro de X1, a empresa provisiona um valor indedutível no passivo e adiciona ao lucro real. Porém, no ano seguinte (X2), estorna a referida provisão, contabilizando um resultado positivo que gerará IRPJ e CSLL se não for excluído via Lalur;
- depreciação acelerada incentivada;
- amortização de ágio na aquisição de investimentos relevantes sujeitos à avaliação pela equivalência patrimonial e baixados no período-base;
- reversão de provisões não dedutíveis;
- aplicações na aquisição de Certificados de Investimentos em projetos de produção de obras audiovisuais cinematográficas brasileiras;
- exclusão para emissoras de rádio e televisão que transmitem programa eleitoral gratuito (Lei n. 9.504/30 set. 1997);
- a partir de 1º de janeiro de 2003, as pessoas jurídicas poderão deduzir do lucro líquido, na determinação do lucro real e da base de cálculo da CSLL, as despesas operacionais relativas aos dispêndios realizados com pesquisa tecnológica e desenvolvimento de inovação tecnológica de produtos – art. 39, Lei n. 10.637/2002 (até 31 de dezembro de 2005) e art. 17 e seguintes, Lei n. 11.196/2005 (a partir de 1º de janeiro de 2006);

- a partir de 4 de dezembro de 2008, poderão ser excluídas as parcelas de contabilização de receitas advindas do RTT, ajustes decorrentes da Lei n. 11.638/2008, atendidos os requisitos previstos nos arts. 15 e seguintes da Lei n. 11.941/2009;
- a partir de 4 de março de 2009, as empresas dos setores de tecnologia da informação (TI) e de tecnologia da informação e da comunicação (TIC) poderão excluir do lucro líquido os custos e despesas com capacitação de pessoal que atua no desenvolvimento de programas de computador (*software*), para efeito de apuração do lucro real, sem prejuízo da dedução normal. A exclusão fica limitada ao valor do lucro real antes da própria exclusão, vedado o aproveitamento de eventual excesso em período de apuração posterior (art. 11, Lei n. 11.908/2009).

As adições na parte "A" do e-Lalur

As adições, fundamentalmente, são representadas por despesas contabilizadas e indedutíveis para a apuração do lucro real, como multas indedutíveis, doações, brindes etc.

Assim, uma empresa que apurou um lucro contábil de R$ 100.000,00, mas contabilizou despesas não aceitas como redutoras para fins fiscais, de R$ 20.000,00, deverá ajustar o lucro contábil, via e-Lalur, uma vez que este lucro não pode e não deve ser alterado contabilmente.

Dessa forma, procede-se à adição ao lucro contábil de R$ 20.000,00 na parte A do e-Lalur, o que produz, na prática, um efeito de anulação da despesa contabilizada. Este ajuste mantém o lucro contábil em R$ 100.000,00, porém, para fins fiscais, o aumentará para R$ 120.000,00, valor equivalente ao que representaria o lucro contábil caso não tivessem sido contabilizadas as despesas não dedutíveis.

Para fins de planejamento tributário, sugere-se uma análise criteriosa dos valores adicionados, verificando sua procedência, pois pode ocorrer que determinada adição não seja cabível. Um exemplo de adição comum, e que pode ser observado nas empresas, é o de despesas indedutíveis. Quando analisada a documentação, observa-se que se trata de despesas operacionais, portanto, dedutíveis.

O prejuízo fiscal compensável é aquele apurado na demonstração do lucro real de determinado período e controlado na Parte B do Livro de Apuração do Lucro Real (e-LALUR), porque existem dois tipos de prejuízos distintos: o contábil, apurado pela Contabilidade na Demonstração de Resultado do Exercício (DRE), e o fiscal, apurado na Demonstração do Lucro Real, por meio do e-LALUR. Em relação ao prejuízo contábil, sua absorção segue as determinações da legislação societária, enquanto as regras de compensação de prejuízos fiscais são determinadas pela legislação do Imposto de Renda.

4.1.3 Vantagens e desvantagens da opção pelo regime de tributação pelo lucro real

A apuração do resultado económico pelo regime do lucro real tem como base o lucro líquido calculado no exercício social. Este cálculo é feito subtraindo a receita das despesas dedutíveis. Essa modalidade também é utilizada para cálculo de IRPJ – Imposto de Renda Pessoa Jurídica e CSLL – Contribuição Social sobre o Lucro Líquido. Todas as sociedades empresariais brasileiras podem optar pelo Lucro Real, mas, em alguns casos, elas são obrigadas a aderir a essa modalidade de tributação do resultado. São os casos das empresas com faturação anual superior a R$ 78 milhões; bancos comerciais, de investimento, cooperativas de crédito, entre outras instituições financeiras; e que tiverem lucros ou rendimentos vindos do exterior.

As principais vantagens para a opção pelo lucro real, segundo a legislação, são: tributação teoricamente mais justa sobre os resultados; o aproveitamento de créditos do PIS e COFINS; também as possibilidades de utilização de diversas formas de planejamento tributário; permissão para que a empresa reduza o valor a pagar de tributos com suas despesas; possibilidade de usar prejuízos de períodos anteriores para diminuir os tributos a serem pagos no futuro (art. 580, Decreto 9.580/2018); regime exclusivo sem restrições quanto à utilização de benefícios/incentivos fiscais na redução dos tributos a pagar; não apresenta limites para distribuição de lucros aos sócios; dessa forma, se mostra como vantagem para as empresas com reduzidas margens de lucro ou com prejuízo, tais como grandes indústrias ou empresas que possuem muitas despesas com matéria-prima, energia elétrica e aluguéis, pois estas recebem crédito de PIS/COFINS no regime não cumulativo, além de calcular o IRPJ e CSLL sobre a baixa margem de lucro.

Em oposição, as desvantagens seriam relacionadas a um ônus burocrático, pela necessidade de controles e acompanhamentos fiscais e contábeis especiais; também a incidência do PIS e da COFINS às alíquotas mais altas; por fim, um número excessivo de obrigações acessórias e de alta complexidade.

Outrossim, determina-se que o empresário e a sociedade empresária são obrigados a seguir um sistema de contabilidade, mecanizado ou não, com base na escrituração uniforme de seus livros, em correspondência com a documentação respectiva, e a levantar anualmente o balanço patrimonial e o de resultado económico, consoante o Art. 1.179, CC.

As empresas brasileiras devem elaborar os seguintes relatórios contábeis em conformidade com a Lei n.º 6.404/1976, Normas Brasileiras de Contabilidade emanadas do Conselho Federal de Contabilidade (CFC) e Pronunciamentos Contábeis (CPC), emitidos pelo IBRACON:

- Balanço Patrimonial, art. 178;
- Demonstração do Resultado do Exercício, art. 187;
- Demonstração de Lucros e Prejuízos Acumulados, art. 186;
- Demonstração do Fluxo de Caixa, art. 188;
- Demonstração do Valor Adicionado, art. 188, II;
- Demonstração do Resultado Abrangente, CPC 26 (R1);
- Demonstração de Mutação do Patrimônio Líquido, Comissão de Valores Mobiliários;
- Notas Explicativas, art. 176, § 5º.

Ademais, devem publicar o Relatório da Administração, art. 133, I, a Opinião da Auditoria Independente, art. 133, III, e o Parecer do Conselho Fiscal, art. 133, IV, todos previstos na Lei n.º 6.404/1976.

4.2 Tributações em Portugal

A tributação em Portugal não guarda tantas diferenças em relação ao Brasil, mas certamente tem suas características intrínsecas que não se veem naquele país. O sistema fiscal português, assim como o do Brasil, é composto por diversas formas de arrecadação de tributos; afinal, nenhum país sobreviveria sem essa prática. A Figura 1 apresenta uma síntese dos principais tributos lusitanos.

Figura 1 – Sistema Fiscal Português – Síntese dos principais e mais importantes tributos

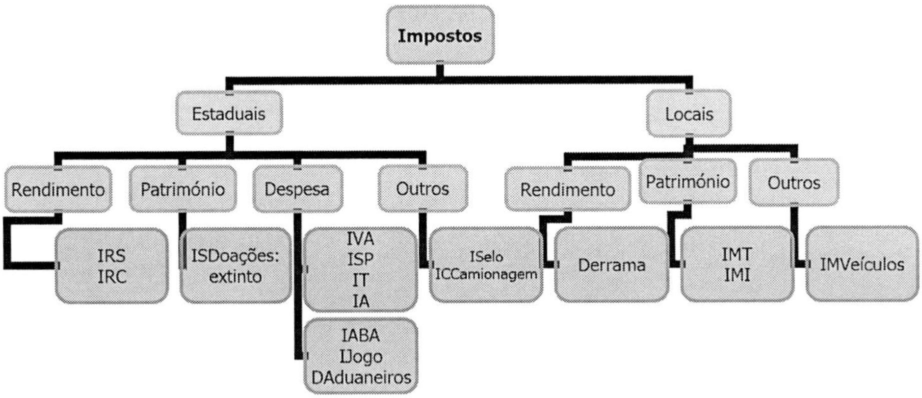

Fonte: Código Tributário (2022)

Os impostos em Portugal recaem sobre pessoas físicas, empresas e instituições variadas. Assim como no Brasil, existem os impostos diretos e indiretos. Os diretos, em Portugal, incidem e taxam diretamente o contribuinte, como o Imposto sobre Rendimentos de Pessoas Singulares (IRS) e o Imposto sobre Rendimento de Pessoas Coletivas (IRC). Já o imposto indireto recai sobre o valor adicionado ao custo de produtos e serviços, consoante as observações de Carvalho (2007, p. 44).

As entidades abaixo são tributadas em IRC pelos rendimentos discriminados no Quadro 1.

Quadro 1 – Rendimentos tributáveis em IRC (Portugal)

Entidades tributadas	Rendimentos
Pessoas coletivas, com sede ou direção efetiva em território português, que exerçam uma atividade de natureza comercial, industrial ou agrícola (sociedades comerciais, cooperativas)	Lucro

Entidades tributadas	Rendimentos
Pessoas coletivas, com sede ou direção efetiva em território português, que não exerçam uma atividade de natureza comercial, industrial ou agrícola (associações, fundações, sociedades civis sem personalidade jurídica)	Rendimento Global (soma dos rendimentos das categorias conforme regras do IRS)
Pessoas coletivas não residentes em território português que exerçam a sua atividade por meio de estabelecimento estável (ex: sucursais)	Lucro imputável ao estabelecimento estável situado em território português
Pessoas coletivas não residentes em território português sem estabelecimento estável	Rendimento Global (soma dos rendimentos das categorias conforme regras do IRS) – geralmente tributadas por retenção na fonte

Fonte: Inforfisco (2017)

É permitida a dedução das provisões, conforme discriminadas pela base de dados de fiscalidade Inforfisco (2017):

> a) as que se destinem a fazer face a obrigações e encargos derivados de processos judiciais em curso por factos que determinariam a inclusão de tais encargos entre os gastos do período de tributação;
> b) as que se destinem a fazer face a encargos com garantias a clientes previstas em contratos de venda e de prestação de serviços;
> c) as provisões técnicas constituídas obrigatoriamente, por força de normas emanadas pelo Instituto de Seguros de Portugal, pelas empresas de seguros sujeitas à sua supervisão e pelas sucursais em Portugal de empresas seguradoras com sede em outro Estado membro da União Europeia;
> d) as que se destinem a fazer face aos encargos com a reparação de danos de caráter ambiental, sempre que tal seja legalmente obrigatório.

Há alguns impostos cuja apresentação é oportuna neste momento. O Imposto Municipal sobre Imóveis (IMI), que equivale ao IPTU no Brasil, é recolhido pelos Municípios e tributado sobre os valores patrimoniais dos prédios urbanos. Neste mesmo sentido, existe ainda o Imposto Municipal sobre Transmissões Onerosas de Imóveis (IMT), que incide sobre a transferência de bens imóveis de um proprietário para outro. A Figura 2 mostra um exemplo do Sistema Fiscal Português.

Tabela 1 – Sistema Fiscal Português

SISTEMA FISCAL PORTUGUÊS - RECEITAS FISCAIS

em milhões de euros

	1985	1990	1995	2000	2005	2006
Impostos sobre o rendimento	**1 432**	**3 805**	**6 757**	**11 682**	**12 206**	**13 203**
IRS	-	2 350	4 740	6 947	8 055	8 554
IRC	-	1 088	2 017	4 735	3 864	4 367
Contribuições para a Segurança Social	**1 440**	**4 026**	**8 126**	**12 620**	**16 935**	**17 680**
Cont. dos trabalhadores por conta de outrem	563	1 470	2 655	3 891	5 186	5 317
Cont. da entidade patronal	827	2 413	5 094	8 164	10 929	11 514
Impostos sobre o património	**106**	**402**	**666**	**1 318**	**1 608**	**1 699**
Contribuição autárquica	-	133	310	508	827	932
Imposto sobre as sucessões e doações	46	74	57	103	44	4
Imposto municipal de sisa	59	195	288	674	691	710
Impostos sobre bens e serviços	**2 430**	**6 555**	**11 003**	**15 636**	**20 768**	**22 494**
IVA	-	2 899	6 075	9 733	13 006	13 775
Imposto de consumo sobre o tabaco	197	362	774	1 077	1 265	1 593
Imposto sobre produtos petrolíferos	502	1 251	2 195	1 969	3 126	3 148
Imposto automóvel	167	304	675	1 239	1 212	1 214
Outros impostos	**152**	**37**	**189**	**214**	**157**	**221**
Receitas fiscais totais (*)	**5 560**	**14 825**	**26 741**	**41 471**	**51 674**	**55 297**
Nível de fiscalidade (Receitas Fiscais/PIB)	**25,2**	**27,7**	**31,7**	**34,1**	**34,7**	**35,7**

(*) Excluindo direitos aduaneiros

FONTE: OECD, *Revenue Statistics*, Paris, 2008

Fonte: OECD, *Reveneu Statistics* (2008)

Os impostos sobre consumo, como o Imposto sobre o Valor Acrescentado (IVA), são incidentes sobre a transmissão de bens ou prestações de serviços, como a importação de bens gerais (Silva, 2009, p. 22).

O Imposto sobre o Rendimento de Pessoas Singulares (IRS), ou pessoa física, refere-se ao ganho anual das pessoas que devem recolher e declarar o que foi aferido durante seu ano civil trabalhado, assim como o IRC sobre o rendimento de pessoas coletivas, equivalente ao Imposto de Renda da Pessoa Jurídica no Brasil.

4.3 Caracterizações do Sistema Fiscal Português

O Sistema Fiscal português apresenta, em sua gênese, a constituição da República Portuguesa, de 1976, tipificando os seus princípios, orientados essencialmente no que tange aos aspectos de impostos, direitos e garantias dos contribuintes, conforme garante o artigo 1º, 103, da Constituição da República Portuguesa (CRP).

A finalidade deste sistema é assegurar que a política fiscal compatibilize o desenvolvimento com a proteção do ambiente e a qualidade de vida, buscando promover a justiça social, assegurar a igualdade de oportunidades e operar as necessárias correções das desigualdades na distribuição da riqueza e do rendimento, por meio da política fiscal. Diante disto, em um aspecto sintético, a política fiscal pode ser compreendida como o conjunto de impostos vigentes em um determinado país ou espaço geográfico, submetidos à legislação fiscal existente.

Em território português, o Sistema Fiscal é formado por classes de impostos, classificados em diretos, indiretos e de contribuição para a seguridade social. A complexidade dificulta a produtividade e o crescimento de diversas formas. A legislação fiscal portuguesa é complexa e é objeto de alterações frequentes, o que se traduz em custos excessivos de cumprimento e na incerteza para pessoas e empresas relativa aos seus incentivos a longo prazo. De acordo com o mais recente relatório das despesas fiscais, a dimensão destas, em Portugal, diminuiu cerca de 35% de 8% do PIB em 2011 (OCDE, 2014).

Quanto aos regimes simplificados em Portugal, há dois regimes vinculados ao imposto de renda: um para as pessoas jurídicas – pessoas coletivas, e outro para as pessoas físicas – pessoas singulares.

As empresas estão sujeitas aos seguintes impostos:

- IRC;
- Segurança Social – 23,75%;
- Fundo de Compensação do Trabalho – FCT 1%;
- Tributação Autónoma – para as despesas não relacionadas diretamente com a atividade;
- Pagamento por Conta de IRC – adiantamento que depende dos lucros do ano anterior, se existirem;

- IVA.

Faz-se importante reiterar que por imposto compreende-se a prestação pecuniária unilateral definitiva, coativa, exigida a detentores da capacidade contributiva a favor de entidades que exerçam funções públicas, com vistas à realização dessas funções, sem caráter sancionatório.

Nessa perspectiva, as Contribuições para a Segurança Social (entregues pelos trabalhadores e entidades patronais) podem também ser consideradas como impostos sobre o rendimento, embora tenham uma natureza um pouco diferente.

Impostos sobre o rendimento e sobre a despesa são essencialmente receita do Estado e das Regiões Autônomas. Já aqueles sobre o património são receitas municipais. E os Municípios podem, ainda, lançar de 0 a 10% sobre o IRC.

O IRS é um imposto personalizado, de características unitárias, progressivo, que tributa os rendimentos das pessoas físicas residentes no território português e, por consequência, também dos não residentes que obtenham rendimentos em Portugal, de acordo com os registros de Silva (2009, p. 28).

O IVA, por sua vez, é um imposto geral sobre as transmissões de bens, as prestações de serviços, as importações, as aquisições intracomunitárias de bens e de meios de transporte novos, sendo aplicável, grosso modo, em todas as fases do circuito económico ocorrido no território português.

Em Portugal Continental, existem três taxas de IVA, a saber: taxa reduzida de 5%, aplicável aos bens alimentares essenciais, água, eletricidade, transportes de passageiros; taxa intermediária de 12%, aplicável a alguns produtos para alimentação humana, às flores e plantas ornamentais, e à prestação de serviços de alimentação e bebidas (restauração); taxa normal de 21%, aplicável a todas as transmissões de bens e prestações de serviços não abrangidas anteriormente ou que não beneficiem de isenção (Santos, 2011, p. 65).

As empresas estão sujeitas ao pagamento do Imposto sobre o Rendimento das Pessoas Coletivas (IRC), que recai sobre os lucros obtidos pela organização. É um imposto anual, porque compreende a atividade de um ano, mas é pago em diversos momentos ao longo do respectivo período. O IRC é um dos principais impostos que a sua empresa terá que suportar, por isto é muito importante perceber como funciona. Incide sobre o rendimento das empresas que tenham uma atividade de natureza comercial, industrial ou agrícola em Portugal. No entanto, também pode ser cobrado de empresas não residentes, mas que tenham obtido rendimentos em Portugal. É calculado com base nos lucros do ano anterior. Contudo, é importante saber que o cálculo do IRC não é algo simples, uma vez que existem vários fatores que influenciam o valor que terá que pagar. A alíquota de imposto de renda pessoa jurídica é de 21%, mais a sobretaxa municipal entre 0% e 1,5% e a sobretaxa estadual de 3% sobre o lucro tributável superior a 1,5 milhões de euros, 5% sobre o lucro tributável superior a 7,5 milhões de euros e 9% sobre o lucro tributável superior a 35 milhões de euros. Essa sobretaxa estadual é devida antecipadamente e calculada a 2,5% e 4,5% da parte dos lucros do exercício anterior entre 1,5 milhões de euros e 7,5 milhões de euros, antes de quaisquer prejuízos acumulados e desconsiderando-se a tributação do lucro consolidado.

Fatores que influenciam o valor do IRC:

a. Taxa de IRC: a maioria das empresas é tributada em 21%, o que corresponde à taxa normal de IRC. No entanto, se a sua empresa está sediada nas ilhas, o valor do IRC é diferente.

b. Lucro Tributável da empresa: corresponde ao valor dos rendimentos obtidos através da sua atividade, menos os gastos que teve.

c. Análise da matéria coletável: isto quer dizer que deve analisar o valor do lucro tributável e subtrair os benefícios fiscais e os prejuízos fiscais que são passíveis de dedução.

d. Derrama Municipal: é atualizada anualmente e corresponde à receita que os municípios recebem sobre o lucro tributável das empresas locais.

e. Tributação Autónoma: é o imposto sobre alguns custos específicos que a empresa poderá ter, como, por exemplo, despesas não documentadas, despesas com viaturas, despesas de representação, ajudas de custos, entre outras.

f. Derrama Estadual: a empresa apresentando lucro tributável superior a um milhão e meio de euros, terá que recolher taxas adicionais entre 3% e 9%.

A declaração anual do IRC é feita através do Modelo 22, entregue até o dia 31 de maio, que é referente ao apuramento de IRC do ano anterior.

Além dos impostos pelos lucros registrados, as empresas têm também que pagar outros sobre alguns custos, constituindo-se na Tributação Autónoma (TA), calculada por meio da aplicação das taxas previstas no Código do IRC sobre encargos, por exemplo, automóveis, despesas de representação, ajudas de custo e deslocações ao estrangeiro, indenizações e bónus pagos a gestores ou gerentes.

4.3.1 Impostos específicos sobre consumo em Portugal

Os impostos específicos sobre os produtos de consumo geral em Portugal são: ISP – Imposto Sobre os Produtos Petrolíferos ("incorporado" ao preço dos combustíveis); IT – Imposto de consumo sobre o Tabaco, Imposto sobre o consumo de bebidas alcoólicas (incluindo a cerveja); IA – Imposto Automóvel; Imposto especial sobre o álcool e Imposto do selo.

Os impostos específicos podem justificar-se por razões de eficiência, de equidade (ou ambas) ou ainda de puro encaixe financeiro.

No tocante aos benefícios fiscais, pode-se afirmar que eles se traduzem em isenções, reduções de taxas, deduções ao rendimento ou à coleta de imposto, e estão orientados para áreas como a poupança de médio/longo prazo; a criação de emprego; o investimento produtivo; a habitação; o sistema financeiro e o mercado de capitais; e o setor da Economia social.

Eles são uma "não receita". Haverá implicitamente uma "não despesa" associada, daí serem também designados de "despesa fiscal".

A análise do Sistema Fiscal português pode ser assim realizada:

1. Em termos agregados, usando os conceitos de nível de fiscalidade e estrutura fiscal;
2. Em termos desagregados; considerando cada tipo de imposto/benefício fiscal.

O Nível de Fiscalidade (NF) é definido, e calculado, como a relação percentual entre o total dos impostos cobrados a todos os níveis de Governo e uma grandeza que dê a medida da capacidade económica/riqueza criada em um país, normalmente o PNB ou PIB (Silva, 2009, p. 120).

Os impostos que incidem sobre o consumo em Portugal são: Imposto Sobre o Valor Acrescentado (IVA), com taxa padrão de 23% (Portugal Continental); 22% (Madeira); 18% (Açores). As taxas de IVA reduzidas variam entre 13% e 6%. A taxa de 13% (12% na Madeira e 10% nos Açores) se aplica a serviços de restauração, a alimentos enlatados, a petróleo e gasóleo coloridos e a entradas para eventos culturais e competições. A taxa de 6% (5% na Madeira e nos Açores) se aplica a alimentos básicos, livros e jornais, transporte de passageiros, alojamento hoteleiro, medicamentos e equipamentos médicos.

Existem outros impostos sobre o consumo que ainda se aplicam: o Imposto Único de Circulação (IUC)[2], o imposto do selo, de 10% sobre doações e heranças e de 1% sobre imóveis residenciais com valor superior a um milhão de euros, e o imposto sobre aquisições para as vendas e transferências de propriedade.

Os impostos sobre as empresas são de 21%. A alíquota tributária para as empresas estrangeiras será a mesma taxa de imposto, mas somente tributada sobre o rendimento de origem portuguesa. A taxa de imposto das entidades não residentes, submetidas a um regime fiscal privilegiado no seu País de residência e para os países que figuram na lista negra de Portugal, é de 35%.

A tributação sobre os ganhos de capital em Portugal está incluída nos lucros tributáveis que se submetem à taxa normal do imposto sobre as empresas, mas os ganhos na alienação de ações podem ser isentos. O percentual de 50% dos ganhos derivados da alienação de ativos fixos e ativos intangíveis mantidos por pelo menos um ano podem não ser taxados, mas somente se o produto total da disposição for investido em um determinado período.

4.3.2 Regimes Tributários

Os regimes tributários são conjuntos de normas e legislações que regem e indicam quais tributos as sociedades empresariais devem recolher ao governo. Pode parecer simples, mas a escolha do regime tributário é um dos passos mais importantes para a gestão estratégica e a continuidade da exploração de atividades.

O Regime Tributário de Grupo de Sociedades admite a tributação por um prazo mínimo de três anos, sendo permitida à sociedade dominante optar, para efeitos da determinação do lucro tributável do grupo, pela aplicação dessas limitações aos gastos líquidos de financiamento do grupo, nos seguintes termos, conforme a base de dados Inforfisco (2017) da *PricewaterhouseCoopers*:

---

[2] https://diariodarepublica.pt/dr/lexionario/termo/iuc-imposto-unico-circulacao

- o limite para a dedutibilidade desses gastos financeiros líquidos ao lucro tributável do grupo corresponde ao limite de € 1.000.000, independentemente do número de sociedades pertencentes ao grupo;
- os gastos de financiamento líquidos de sociedades do grupo relativos aos períodos de tributação anteriores à aplicação do regime;
- os gastos de financiamento líquidos de sociedades do grupo.

O lucro tributável é constituído pelas mais-valias e menos-valias contabilizadas no exercício social, concernente à realização dos ganhos e das perdas decorrentes das operações. O Regime Especial de Tributação dos Grupos de Sociedades (RETGS) faculta que as entidades residentes, integrantes de um grupo económico, realizem sua adesão a este regime.

O Regime de Tributação pelo Lucro Consolidado prevê a inclusão no lucro tributável do Grupo, de modo relativo ao primeiro intervalo de tributação que se inicie em 1 de Janeiro de 2017 ou após, um quarto dos resultados internos que tenham sido eliminados ao abrigo do anterior regime de tributação pelo lucro consolidado (que se encontrava em vigor até a alteração introduzida pela Lei n.º 30-G/2000, de 29 de dezembro) e que ainda se encontrem pendentes no termo do período de tributação com início em ou após 1 de janeiro de 2016, de incorporação no lucro tributável, nos termos do regime transitório previsto no n.º 2 da alínea a) do n.º 2 do artigo 7.º da Lei n.º 30-G/2000, de 29 de dezembro, nomeadamente por não terem sido considerados realizados pelo grupo até essa data, continuando a se aplicar este regime transitório relativamente ao montante remanescente daqueles resultados, segundo a *PricewaterhouseCoopers*.

Ainda de acordo com o grupo, no conjunto de sociedades, a dominante pode optar pela aplicação do regime especial de determinação da matéria coletável em relação a todas as sociedades do grupo. Existe um grupo de sociedades quando uma delas, dita dominante, detém, direta ou indiretamente, pelo menos 90% do capital de outra ou outras ditas dominadas, desde que tal participação lhe confira mais de 50% dos direitos de voto.

A opção pela aplicação do regime especial de tributação dos grupos de sociedades só pode ser formulada quando se verifiquem cumulativamente os seguintes requisitos:

a. As sociedades pertencentes ao grupo têm todas sede e direção efetiva em território português e a totalidade dos seus rendimentos está sujeita ao regime geral de tributação em IRC, à taxa normal mais elevada;

b. A sociedade dominante detém a participação na sociedade dominada há mais de um ano, com referência à data em que se inicia a aplicação do regime;

c. A sociedade dominante não é considerada dominada por nenhuma outra sociedade residente em território português que reúna os requisitos para ser qualificada como dominante;

d. A sociedade dominante não tenha renunciado à aplicação do regime nos três anos anteriores, com referência à data em que se inicia a aplicação do regime.

O Regime Simplificado de Determinação da Matéria Coletável prevê a adesão dos sujeitos passivos residentes, não isentos nem sujeitos a um regime especial de tributação, que exerçam, a título principal, uma atividade de natureza comercial, industrial ou agrícola e que verifiquem, cumulativamente, as seguintes condições, conforme a Inforfisco (2017):

- tenham obtido, no período de tributação imediatamente anterior, um montante anual ilíquido de rendimentos não superior a € 200.000;
- o total do seu balanço relativo ao período de tributação imediatamente anterior não exceda € 500.000;
- não estejam legalmente obrigados à revisão legal de contas;
- o respetivo capital social não seja detido em mais de 20%, direta ou indiretamente, por entidades que não preencham alguma das condições previstas nos pontos anteriores, exceto quando sejam sociedades de capital de risco ou investidores de capital de risco;
- adotem o regime de normalização contabilística para microentidades, aprovado pelo Decreto-Lei n.º 36-A/2011, de 9 de março;
- não tenham renunciado à aplicação do regime nos três anos anteriores, com referência à data em que se inicia tal aplicação.

No regime simplificado, a matéria coletável é obtida por meio da aplicação dos seguintes coeficientes, elencados abaixo no quadro 2.

Quadro 2 – Tributações no regime português

Rendimentos abrangidos	Tributação
Vendas de mercadorias e produtos, bem como prestações de serviços no setor de restauração e bebidas e de atividades hoteleiras e similares, com exceção daquelas que se desenvolvam no âmbito da atividade de exploração de estabelecimentos de alojamento local na modalidade de moradia ou apartamento	0,04 (1)
Rendimentos de atividades profissionais especificamente previstas na tabela a que se refere o artigo 151.º do Código do IRS	0,75
Restantes rendimentos de prestações de serviços e subsídios destinados à exploração	0,10 (1)
Subsídios não destinados à exploração	0,30
Rendimentos provenientes de contratos que tenham por objeto a cessão ou utilização temporária da propriedade intelectual ou industrial ou a prestação de informações respeitantes a uma experiência adquirida no setor industrial, comercial ou científico, outros rendimentos de capitais, resultado positivo de rendimentos prediais, saldo positivo das mais e menos-valias e restantes incrementos patrimoniais	0,95
Valor de aquisição dos incrementos patrimoniais obtidos a título gratuito determinado nos termos do n.º 2 do artigo 21.º	1,00
Rendimentos da exploração de estabelecimentos de alojamento local na modalidade de moradia ou apartamento	0,35

(1) Os coeficientes previstos e o limite referido no parágrafo seguinte são reduzidos em 50% e 25% no período de tributação do início da atividade e no seguinte, respetivamente.

Fonte: Portugal (1998)

O Código do IRC contempla, ainda, outros regimes especiais relativos às seguintes operações:

a. Transformação de sociedades (artigo 72.º);

b. Liquidação de sociedades e outras entidades (artigos 79.º a 82.º);

c. Transferência de residência de sociedade para o estrangeiro (incluindo da sociedade europeia e da sociedade cooperativa europeia) e cessação da atividade de entidades não residentes (artigos 83.º a 84.º);

d. Realização de capital de sociedades por entrada de património de pessoa singular (artigo 86.º).

4.3.3 Benefícios fiscais

Os benefícios fiscais para as empresas domiciliadas em Portugal preveem alguns disponíveis para sujeitos passivos de IRC.

Há possibilidade de aplicação de isenção de retenção na fonte de lucros e reservas colocados à disposição por uma sociedade residente, para efeitos fiscais, em Portugal, desde que sujeita e não isenta de IRC e não abrangida pelo regime da transparência fiscal, a entidades residentes noutro Estado-Membro da UE, EEE e Estado com o qual Portugal tenha celebrado convenção para evitar a dupla tributação que preveja a troca de informações, desde que, conforme a Inforfisco (2017):

- detenha direta ou direta e indiretamente, uma participação não inferior a 10 % do capital social ou dos direitos de voto da entidade que distribui os lucros ou reservas;
- detenha a participação suprarreferida de modo ininterrupto, durante o ano anterior à colocação à disposição.

De acordo com a base de dados Inforfisco (2017) da *PricewaterhouseCoopers*, as mais-valias e menos-valias obtidas pela venda de partes sociais detidas por um período ininterrupto de pelo menos um ano não são consideradas na determinação do lucro tributável sujeito a Imposto sobre o Rendimento das Pessoas Coletivas (IRC), desde que a percentagem e o tempo de detenção mínima sejam cumpridos e a entidade não esteja sujeita ao regime de transparência fiscal, não seja residente em território com um regime fiscal mais favorável e esteja sujeita e não isenta de IRC. Isso se aplica independentemente do título utilizado na transmissão das partes sociais e da percentagem da participação transmitida.

Outrossim, prevê benefícios fiscais contratuais ao investimento produtivo, aos quais pode ser concedido um crédito entre 10% e 25% das aplicações relevantes a deduzir à coleta de IRC, e isenções ou reduções de IMT, IMI e Imposto do Selo aos projetos de investimento elegíveis (de valor igual ou superior a € 3.000.000), realizados até 31 de dezembro de 2020, desde que demonstrem ter viabilidade técnica, económica e financeira, que proporcionem a criação ou a manutenção de postos de trabalho e que, segundo o Código Geral Tributário (Portugal, 1998):

- sejam relevantes para o desenvolvimento estratégico da Economia nacional; ou
- sejam relevantes para a redução das assimetrias regionais; ou
- contribuam para impulsionar a inovação tecnológica e a investigação científica nacional, para a melhoria do ambiente ou para o reforço da competitividade e da eficiência produtiva.

Além disso, enumera os Benefícios Fiscais Municipais, além da isenção ou redução de IMI (por um período de 10 anos a contar do ano de aquisição) e da isenção ou redução de IMT relativamente à aquisição de prédios que constituam aplicações relevantes. Podem ainda ser concedidas, pelos órgãos municipais, isenções totais ou parciais de IMI e/ou IMT para apoio a investimentos realizados na área do município, de acordo com o cumprimento de determinados requisitos e em conformidade com certas limitações.

O Sistema de Incentivos em Investigação e Desenvolvimento Empresarial (SIFIDE), em vigor até 2020[3], determina a dedução à coleta do IRC, em determinadas condições, das despesas com investigação e desenvolvimento, nas seguintes percentagens, conforme a Inforfisco (2017):

- 32,5% das despesas realizadas no exercício;
- 50% do acréscimo das despesas do exercício relativamente à média dos dois exercícios anteriores, até ao limite de € 1.500.000;
- a percentagem de 32,5% é majorada em 15% no caso de micro, pequenas ou médias empresas que não beneficiem da taxa incremental de 50% por não terem ainda completado dois exercícios de atividade. As empresas deverão obter uma declaração comprovativa emitida por entidade nomeada pelo membro do Governo responsável pela área da Economia.

O Regime Fiscal de Apoio ao Investimento (RFAI) é aplicável a investimentos relevantes realizados em determinado imobilizado corpóreo e incorpóreo. Haverá uma dedução à coleta em função da região elegível em que os investimentos são realizados:

[3] O prazo para submissão de candidaturas ao SIFIDE foi adiado até ao final do 6.º mês do ano seguinte ao do período de 2020, através de despacho conjunto, emitido pelo Ministério da Economia e Transição Digital, pelo Ministério da Ciência, Tecnologia e Ensino Superior, e pelo Ministério das Finanças, com data de 3 de maio de 2021.

- no caso de investimentos realizados nas regiões Norte, Centro e Alentejo e nas regiões Autónomas dos Açores e da Madeira;
- para investimentos até € 10.000.000, dedução de 25% das aplicações relevantes;
- para investimentos superiores a € 10.000.000 (na parte que excede esse montante), dedução de 10% das aplicações relevantes;
- no caso de investimentos realizados nas regiões do Algarve, Grande Lisboa e Península de Setúbal, dedução de 10% das aplicações relevantes.

As empresas que efetuarem a criação líquida de empregos que aumentem o número de empregados por via da admissão de jovens com idade superior a 16 anos e inferior a 35 anos, inclusive, com exceção dos jovens com menos de 23 anos, que não tenham concluído o ensino secundário, e que não estejam a frequentar uma oferta de educação-formação que permita elevar o nível de escolaridade ou qualificação profissional para assegurar a conclusão deste nível de ensino, ou de desempregados de longa duração, por contrato sem termo, poderão majorar em 50% o custo fiscal relativo aos correspondentes encargos. Essa majoração poderá ser efetuada durante um período de cinco anos, a contar do início da vigência do contrato de trabalho.

Conforme a Inforfisco (2017), a Dedução por Lucros Retidos e Reinvestidos (DLRR) é um incentivo fiscal destinado a micro, pequenas e médias empresas, que permite a dedução de 10% dos lucros retidos e reinvestidos em aplicações relevantes na coleta do Imposto sobre o Rendimento das Pessoas Coletivas (IRC). Essa dedução pode ser feita desde que o reinvestimento ocorra dentro de dois anos após o término do período de tributação em que os lucros foram obtidos. A DLRR é limitada a um montante máximo de dedução de € 5.000.000 e até 25% da coleta do IRC. O objetivo da DLRR é incentivar essas empresas a reinvestirem seus lucros no crescimento de seus negócios, contribuindo assim para o desenvolvimento económico.

Ainda de acordo com o grupo, a Remuneração Convencional do Capital Social (RCCS) prevê uma dedução ao lucro tributável do montante resultante da aplicação anual de uma taxa de 7% das entradas, até € 2.000.000, realizadas no âmbito da constituição da sociedade ou do aumento do capital social, em dinheiro ou por meio da conversão de suprimentos ou de empréstimos de sócios.

As microempresas e PMEs, localizadas nas regiões do interior, que exerçam a título principal uma atividade económica de natureza agrícola, comercial, industrial ou de prestação de serviços, passam a poder beneficiar, mediante o cumprimento de determinados requisitos, de uma taxa de 12,5% relativa aos primeiros € 15.000 de matéria coletável.

O Programa Semente consiste em um benefício fiscal aplicável aos investidores individuais em *startups*, que permite a dedução à coleta, em sede de IRS, de 25% do investimento elegível. Este investimento deverá respeitar um limite referente às participações sociais, que não poderão ser superiores a 30% do capital ou dos direitos de voto da sociedade, e, ainda, terá de corresponder a entradas em dinheiro efetivamente pagas. Outrossim, o montante anual de investimento elegível não poderá ser superior a € 100.000, por sujeito passivo, entre outros requisitos.

De acordo com informações fornecidas pela Inforfisco (2017), os Organismos de Investimento Coletivo (OIC) são isentos de tributação em relação aos rendimentos provenientes de unidades de participação em fundos de investimento mobiliário e de participações sociais em sociedades de investimento mobiliário, quando esses rendimentos são obtidos por entidades não residentes. No caso de fundos de capital de risco, os rendimentos de unidades de participação também estão isentos de tributação, exceto nos casos em que a entidade seja residente em um paraíso fiscal ou detida, direta ou indiretamente, em mais de 25% por entidade residente em território português. Nessas situações, os rendimentos estão sujeitos à retenção na fonte à taxa de 10%. Já os rendimentos de unidades de participação em fundos de investimento imobiliário e de participações sociais em sociedades de investimento imobiliário estão sujeitos à retenção na fonte à taxa de 10%.

Os juros de títulos de dívida pública ou privada poderão estar isentos no que se refere aos rendimentos obtidos em território português por não residentes, no caso de títulos de prazo superior a um ano e integrados em sistema centralizado de liquidação.

Aos empréstimos externos e rendimentos de locação de equipamentos importados sob requerimento ao Ministro das Finanças e, com base em parecer fundamentado da Direcção-Geral dos Impostos, pode-se conceder isenção total ou parcial de IRS ou de IRC, relativamente a juros de capitais provenientes do estrangeiro, representativos de empréstimos e rendimentos de locação de equipamentos importados, de que sejam devedores o Estado, as Regiões Autônomas, as autarquias locais e as suas federações ou uniões, ou qualquer dos seus serviços, estabelecimentos e organismos, ainda que personalizados, compreendidos os institutos públicos, e as empresas que prestem serviços públicos, desde que os credores tenham o domicílio no estrangeiro e não disponham, em território português, de estabelecimento estável ao qual o empréstimo seja imputado.

Estão isentos de IRS ou de IRC os juros de capitais provenientes do estrangeiro representativos de contratos de empréstimo *Schuldscheindarlehen*, celebrados pelo Instituto de Gestão de Tesouraria e do Crédito Público (IGCP, E.P.E.), em nome e em representação da República Portuguesa, desde que o credor seja um não residente sem estabelecimento estável em território português ao qual o empréstimo seja imputado. A isenção fiscal fica subordinada à verificação, pelo IGCP, E.P.E., do cumprimento dos requisitos estabelecidos (Inforfisco, 2017).

4.4 A tributação do rendimento das empresas em Portugal e no Brasil

O Brasil tributa os lucros das controladas e coligadas empresas estrangeiras sediadas em território, tendo como base as regras estabelecidas pela Lei n.º 12.973/2014, regulada pela instrução normativa n.º 1520, de 04 de dezembro de 2014. De acordo com este diploma, os lucros auferidos pelas controladas no exterior devem ser submetidos à tributação no Brasil, no momento da sua disponibilização. A legislação, em alguns momentos, permite a eliminação da dupla tributação, compensando o tributo sobre a renda recolhido no exterior até o limite do Imposto de Renda incidente no Brasil.

Se a sociedade matriz tiver lucro e se a taxa do IRC em Portugal for superior à praticada no estrangeiro, em princípio, podemos deduzir à coleta o imposto suportado no estrangeiro. A fiscalidade representa a soberania dos Estados, na proporção em que, privadas de recursos financeiros, as autoridades não podem executar suas políticas. É, portanto, um instrumento de regulação económica que influencia diretamente o consumo, o incentivo, a poupança, buscando orientar a forma de organização das empresas. Faz-se oportuno mencionar que a política fiscal é extremamente relevante ao Estado Membro, pois toda e qualquer medida tomada em um país pode causar efeitos naquele.

Já o Sistema Fiscal português tem como fundamento princípios orientadores fundados na Constituição da República Portuguesa. Conforme determina o artigo 103 da legislação portuguesa, os impostos são criados por lei. E o artigo 104 do mesmo dispositivo legal estabelece princípios gerais sobre o modo como são distribuídos os encargos fiscais entre as várias categorias de contribuintes, pessoas coletivas e pessoais singulares.

Na vigência das atuais regras de tributação, existe a possibilidade de os trabalhadores portugueses não serem tributados em Portugal, considerando-se as seguintes condições: quando não permanecerem por mais de 180 dias neste país; quando as remunerações, no período de expatriação, não forem processadas e pagas por uma entidade portuguesa; quando provarem que a maioria dos seus rendimentos é obtida de fonte estrangeira, consoante observa.

Em Portugal, o rendimento é tributado pelo Imposto sobre o Rendimento das Pessoas Singulares, conhecido por IRS, e o Imposto sobre o Rendimento das Pessoas Coletivas, IRC. O primeiro incide sobre o rendimento das pessoas singulares, levando em consideração o agregado familiar de cada sujeito passivo; já o IRC repercute sobre o lucro das sociedades ou sobre o rendimento global das pessoas coletivas.

O Governo brasileiro acredita poder provar que seu regime de tributação é compatível com as regras do órgão. "O Brasil entende que todas as medidas encontram pleno respaldo nas disciplinas da OMC", informou o Itamaraty. O pedido da UE será debatido na próxima reunião do Órgão de Resolução de Litígios da OMC, em 18 de novembro.

A aplicabilidade dos chamados limites positivos do negócio jurídico permite alcançar critérios mais objetivos para determinar a validade do planejamento tributário. O motivo, a finalidade e a congruência que se resumem no conceito de causa ou base do negócio jurídico são úteis para se determinar a validade do planejamento fiscal. A análise objetiva do planejamento consiste na verificação do seu propósito negocial, ou seja, na verificação da correspondência entre a causa objetiva (finalidade económico-social) e a declaração de vontade (conforme a previsão legal).

De acordo com a CRP, "[...] os impostos são criados por lei, que determina a incidência, a taxa, os benefícios fiscais e as garantias dos contribuintes" (CRP, art. 103.º, n.º 2). Quanto ao seu conceito, quando falamos em benefícios fiscais na legislação portuguesa, estamos a falar de medidas de desagravamento fiscal, ou seja, medidas das quais resulte uma menor tributação. Porém, nem todos os desagravamentos fiscais são benefícios. Assim, estabelece o EBF que "[...] consideram-se benefícios fiscais as medidas de caráter excecional instituídas para tutela de interesses públicos extrafiscais relevantes que sejam superiores aos da própria tributação que impedem" (EBF, art. 2º, n.º 1).

4.5 Regras da tributação portuguesa segundo o Regime Fiscal Português

De forma mais específica e esquematizada, segundo o Regime Fiscal Português, seguem abaixo as regras da tributação portuguesa.

> **São fiscalmente dedutíveis as seguintes provisões:**
>
> - as que se destinem a fazer face a obrigações e encargos derivados de processos judiciais em curso por factos que determinariam a inclusão de tais encargos entre os gastos do período de tributação;
> - as que se destinem a fazer face a encargos com garantias a clientes, previstas em contratos de venda e de prestação de serviços;
> - as provisões técnicas constituídas, obrigatoriamente, por força de normas emanadas pelo Instituto de Seguros de Portugal, pelas empresas de seguros sujeitas à sua supervisão e pelas sucursais em Portugal de empresas seguradoras com sede em outro Estado membro da União Europeia;
> - as que se destinem a fazer face aos encargos com a reparação de danos de caráter ambiental, sempre que tal seja legalmente obrigatório (Inforfisco, 2019).

Ainda de acordo com o grupo, **as mais-valias e as menos-valias fiscais são assim calculadas:** Mais-valia/ Menos-valia fiscal = Valor de Realização – (Valor de Aquisição – Amortizações Acumuladas – Perdas por imparidade) x coeficiente de desvalorização da moeda.

A determinação do lucro tributável não considera as mais-valias e menos-valias decorrentes da venda de partes sociais ou outros instrumentos de capital próprio detidos de forma contínua por um período de pelo menos 12 meses, desde que o sujeito passivo atenda a determinados requisitos, como possuir uma participação direta ou indireta não inferior a 10% do capital social ou dos direitos de voto.

As mais-valias fiscais realizadas com a transmissão de ações ou partes de capital, adquiridas antes de 1 de janeiro de 1989, não são tributáveis.

A legislação tributária prevê a possibilidade de exclusão da tributação de 50% da diferença positiva entre as mais-valias e as menos-valias decorrentes da transmissão onerosa de ativos fixos tangíveis, ativos intangíveis e ativos biológicos não consumíveis, desde que esses ativos sejam detidos por um período não inferior a um ano e outros requisitos sejam cumpridos. Essa exclusão é aplicável quando o valor de realização desses ativos é reinvestido no período de tributação anterior à realização, no próprio período de tributação ou até o final do segundo período de tributação subsequente. A medida tem como objetivo incentivar o reinvestimento de lucros nas empresas e estimular o desenvolvimento económico por meio da manutenção e expansão dos ativos produtivos.

Ao reinvestimento parcial, corresponderá um benefício proporcional ao do reinvestimento efetuado. No caso de não ter ocorrido reinvestimento total, a diferença (ou a parte proporcional dela) não incluída no lucro tributável será considerada como rendimento do segundo período de tributação seguinte ao da realização, majorada em 15%.

Os lucros e reservas distribuídos a sujeitos passivos de IRC com sede ou direção efetiva em território português não concorrem para a determinação do lucro tributável, desde que se verifiquem cumulativamente os requisitos acima mencionados.

Entidade a quem são distribuídos os lucros e reservas

- Sujeito passivo de IRC residente, para efeitos fiscais, em Portugal, que não esteja sujeito ao regime da transparência fiscal;
- Participação direta ou direta e indireta, não inferior a 10% do capital social ou dos direitos de voto da entidade que distribui os lucros e reservas, detida de modo ininterrupto durante o ano anterior à distribuição ou, se detida há menos tempo, mantida durante o tempo necessário para completar aquele período.
- Entidade que distribui os lucros ou reservas
- Sujeita e não isenta de IRC, de um imposto referido no artigo 2.º da Diretiva n.º 2011/96/UE, do Conselho de 30 de novembro, ou de um imposto de natureza idêntica ou similar ao IRC, cuja taxa legal aplicável não seja inferior a 60% da taxa geral de IRC (21%);

- Não tenha residência ou domicílio em país, território ou região sujeito a um regime fiscal claramente mais favorável, constante de lista aprovada por portaria do membro do Governo responsável pela área das finanças.

  Este regime não é aplicável, nomeadamente, nas seguintes situações:

- Lucros e reservas distribuídos correspondam a gastos dedutíveis pela entidade que os distribui;
- Existência de uma construção, ou série de construções, que não seja realizada por razões económicas válidas e não reflita substância económica;
- Não cumprimento das obrigações declarativas previstas no Registo Central do Beneficiário Efetivo (RCBE), ou quando o(s) beneficiário(s) efetivo(s) declarado(s) seja residente ou domiciliado em país, território ou região sujeito a um regime fiscal claramente mais favorável, constante de lista aprovada, exceto, neste último caso, se provar que a entidade beneficiária dos rendimentos não integra uma construção ou série de construções que não seja realizada por razões económicas válidas e não reflita substância económica (Inforfisco, 2021).

O prazo de reporte de prejuízos fiscais gerados em 2020 é de 12 anos, aplicável tanto a grandes empresas quanto a pequenas e médias empresas.

A possibilidade de dedução de prejuízos fiscais encontra-se sujeita a uma limitação de 70% do lucro tributável apurado no período de tributação em que ocorre a dedução, e essa dedução deve, em primeiro lugar, ser realizada sobre os prejuízos fiscais cujo período de tributação se esgota primeiro. No entanto, em relação aos prejuízos fiscais apurados nos períodos de tributação de 2020 e 2021, esse limite foi aumentado para 80%.

Os períodos de tributação de 2020 e 2021 não são relevantes para efeitos da contagem do prazo de reporte dos prejuízos fiscais vigentes no primeiro dia do período de tributação de 2020.

Os gastos líquidos de financiamento concorrem para a determinação do lucro tributável até o maior dos seguintes limites: € 1.000.000 ou 30% do "EBITDA fiscal".

Os gastos de financiamento líquidos não dedutíveis nos termos acima referidos podem ser considerados na determinação do lucro tributável de um ou mais dos cinco períodos de tributação posteriores, após a dedução dos gastos líquidos de financiamento deste mesmo período, com as mesmas limitações.

Caso o montante dos gastos de financiamento deduzidos seja inferior a 30% do EBITDA fiscal, a parte não utilizada deste limite acresce ao montante máximo dedutível, até o quinto período de tributação posterior.

São considerados gastos de financiamento:

- Juros de descobertos bancários e de empréstimos obtidos a curto e longo prazos ou quaisquer importâncias devidas ou imputadas à remuneração de capitais alheios;
- Juros de obrigações (obrigações convertíveis, subordinadas e de cupão zero, e outros títulos assimilados);
- Amortizações de descontos ou de prémios relacionados com empréstimos obtidos;
- Amortizações de custos acessórios incorridos em ligação com a obtenção de empréstimos;
- Encargos financeiros relativos a locações financeiras;
- Depreciações ou amortizações de custos de empréstimos obtidos, capitalizados no custo de aquisição de elementos do ativo;
- Montantes calculados por referência ao retorno de um financiamento no âmbito das regras em matéria de preços de transferência;
- Montantes de juros nocionais no âmbito de instrumentos derivados ou de mecanismos de cobertura do risco, relacionados com empréstimos obtidos;
- Ganhos e perdas cambiais relativos a empréstimos obtidos e instrumentos associados à obtenção de financiamento;
- Comissões de garantia para acordos de financiamento;
- Taxas de negociação e gastos similares relacionados com a obtenção de empréstimos (Inforfisco, 2021).

Em termos fiscais, os gastos de financiamento líquidos são aqueles que contribuem para a determinação do lucro tributável, após a dedução dos juros e outros rendimentos semelhantes, sujeitos a tributação e não isentos, até ao limite desses rendimentos.

O lucro tributável ou prejuízo fiscal sujeito e não isento é definido como o resultado da soma de gastos de financiamento líquidos e depreciações, amortizações e impostos. Nesta definição, são adicionados os gastos de financiamento líquidos e as depreciações e amortizações que são fiscalmente dedutíveis, e descontados os montantes dos juros e outros rendimentos de natureza similar que são sujeitos e não isentos.

Regime Simplificado

Os contribuintes residentes que realizam atividades comerciais, industriais ou agrícolas como atividade principal, que não são isentos nem estão sujeitos a regimes especiais de tributação, podem optar pelo regime simplificado de determinação da matéria coletável, se atenderem cumulativamente às seguintes condições:

- Tenham obtido, no período de tributação imediatamente anterior, um montante anual ilíquido de rendimentos não superior a € 200.000;
- O total do seu balanço relativo ao período de tributação imediatamente anterior não exceda € 500.000;
- Não estejam legalmente obrigados à revisão legal de contas;
- O respetivo capital social não seja detido em mais de 20%, direta ou indiretamente, por entidades que não preencham alguma das condições previstas nos pontos anteriores, exceto quando sejam sociedades de capital de risco ou investidores de capital de risco;
- Adotem o regime de normalização contabilística para microentidades, aprovado pelo Decreto-Lei n.º 36-A/2011, de 9 de março;
- Não tenham renunciado à aplicação do regime nos três anos anteriores, com referência à data em que se inicia a aplicação do regime (Inforfisco, 2022).

Principais benefícios fiscais a entidades residentes

Crédito Fiscal Extraordinário de Investimento II (CFEI II)

Na sequência da publicação e entrada em vigor do Orçamento Suplementar para 2020, foi aprovado o regime do Crédito Fiscal Extraordinário de Investimento II (CFEI II). O regime do CFEI II permite que os sujeitos passivos de IRC – que incorram em despesas de investimento materializadas na aquisição de ativos fixos tangíveis, ativos biológicos não consumíveis e ativos intangíveis, realizadas entre 1 de julho de 2020 e 30 de junho de 2021 (para entidades cujo período de tributação se inicie após 1 de julho, contam-se 12 meses após o início do período de tributação) – beneficiem de uma dedução à coleta de IRC, correspondente a 20% das despesas de investimento, cujo montante máximo é limitado a 5 milhões de euros.

A dedução anual está limitada a 70% da coleta de IRC apurada. No caso de grupos tributados no âmbito do Regime Especial de Tributação de Grupos de Sociedades (RETGS), a dedução é realizada à coleta do Grupo, embora com aplicação daquele limite individual por referência à coleta da sociedade do Grupo que realizou os investimentos.

Em caso de insuficiência de coleta, o benefício é recortável por cinco anos. Relativamente às mesmas despesas de investimento, o benefício não é cumulável com quaisquer benefícios fiscais da mesma natureza.

Incentivo às reestruturações empresariais de PME com neutralidade fiscal realizadas em 2020

Com a publicação e entrada em vigor do Orçamento Suplementar para 2020, foi introduzido um incentivo às reestruturações empresariais de PME realizadas em 2020 ao abrigo do regime da neutralidade fiscal, nos seguintes termos:

> **a)** Não aplicação, durante os primeiros três períodos de tributação, na esfera da sociedade incorporante, do limite de dedução dos prejuízos fiscais das sociedades incorporadas transmitidos no âmbito da operação de fusão, desde que se verifiquem cumulativamente as seguintes condições:
>
> - Os sujeitos passivos envolvidos sejam qualificados como micro, pequena ou média empresa;
> - Nenhum dos sujeitos passivos resulte de cisão efetuada nos três anos anteriores à data da realização da fusão;
> - A atividade principal dos sujeitos passivos seja substancialmente idêntica;
> - Os sujeitos passivos tenham iniciado a atividade há mais de 12 meses;
> - Não sejam distribuídos lucros durante três anos, contados da data de produção de efeitos do presente benefício;
> - Não existam relações especiais entre as sociedades envolvidas;
> - Os sujeitos passivos tenham a situação tributária regularizada à data da fusão.
>
> **b)** Não aplicação de Derrama Estadual nos primeiros três períodos de tributação, pelo mesmo período de 3 anos (Inforfisco, 2022).

Caso ocorra a distribuição de lucros antes do período de três anos, o Imposto sobre o Rendimento das Pessoas Coletivas (IRC) é calculado adicionando-se ao período de tributação em que ocorreu a distribuição de lucros o montante correspondente à diferença entre os prejuízos fiscais deduzidos e aqueles que teriam sido deduzidos caso não houvesse o presente regime, acrescidos em 25%. Ademais, se aplicável, o montante da derrama estadual que deixou de ser pago também é adicionado ao cálculo do IRC, acrescido em 15%.

Benefícios fiscais contratuais ao investimento produtivo

Pode ser concedido um crédito entre 10% e 25% das aplicações relevantes a deduzir à coleta de IRC, e concedidas isenções ou reduções de IMT e de IMI, e, ainda, isenções de Imposto do Selo, aos projetos de investimento elegíveis (de valor igual ou superior a € 3.000.000), realizados até 31 de dezembro de 2020, desde que demonstrem ter viabilidade técnica, econômica e financeira, que proporcionem a criação ou a manutenção de postos de trabalho e que:

- sejam relevantes para o desenvolvimento estratégico da economia nacional; ou
- sejam relevantes para a redução das assimetrias regionais; ou
- contribuam para impulsionar a inovação tecnológica e a investigação científica nacional, para a melhoria do ambiente ou para o reforço da competitividade e da eficiência produtiva (Inforfisco, 2022).

A dedução à coleta de IRC varia entre 25% e a sua totalidade.

Os benefícios fiscais a conceder devem respeitar os limites máximos aplicáveis aos auxílios com finalidade regional em vigor na região em que o investimento seja efetuado. Já os benefícios fiscais contratuais não são cumuláveis com quaisquer benefícios fiscais da mesma natureza relativamente às mesmas aplicações relevantes, com exceção da Dedução por Lucros Retidos e Reinvestidos (DLRR), desde que não sejam ultrapassados os limites máximos aplicáveis.

Sistema de incentivos em investigação e desenvolvimento empresarial (SIFIDE II)

O regime do SIFIDE II vigora até 2025 e prevê a dedução à coleta do IRC, em determinadas condições, das despesas com investigação e desenvolvimento, nas seguintes percentagens:

- 32,5% das despesas realizadas no período de tributação;
- 50% do acréscimo das despesas do período de tributação relativamente à média dos 2 períodos de tributação anteriores, até o limite de € 1.500.000;
- A percentagem de 32,5% é majorada em 15% no caso de micro, pequenas ou médias empresas que não beneficiem da taxa incremental de 50%, por não terem ainda completado 2 períodos de tributação de atividade.

Regime Fiscal de Apoio ao Investimento (RFAI)

O RFAI é aplicável a investimentos relevantes, realizados em ativos fixos tangíveis e ativos intangíveis, em determinadas condições. Prevê-se uma dedução à coleta em função da região elegível em que os investimentos são realizados.

A referida dedução fica limitada a 50% da coleta do IRC apurada em cada período de tributação, exceto no período de tributação do início de atividade e nos dois períodos de tributação seguintes (desde que a empresa não resulte de cisão).

A dedução que não possa ser efetuada integralmente por insuficiência de coleta poderá sê-lo, nas mesmas condições, até ao décimo período de tributação seguinte (cumprindo o mencionado limite).

Poderão ainda ser concedidas isenções ou reduções de IMI, IMT e isenções de Imposto do Selo relativamente à aquisição de prédios que constituam aplicações relevantes.

Os mencionados benefícios fiscais devem respeitar os limites máximos aplicáveis aos auxílios com finalidade regional em vigor na região na qual o investimento seja efetuado. O RFAI não é cumulável com quaisquer benefícios fiscais da mesma natureza contratual relativamente às mesmas aplicações relevantes, com exceção da Dedução por Lucros Retidos e Reinvestidos (DLRR), desde que não sejam ultrapassados os limites máximos aplicáveis.

Dedução dos lucros retidos e reinvestidos (DLRR)

A dedução por lucros retidos e reinvestidos (DLRR) constitui um regime de incentivos fiscais ao investimento em favor de micro, pequenas e médias empresas, que permite a dedução à coleta do IRC de 10% dos lucros retidos que sejam reinvestidos em aplicações relevantes, no prazo de quatro anos contados a partir do termo do período de tributação a que correspondem os lucros retidos, com um montante máximo de dedução de lucros retidos e reinvestidos de € 12.000.000 e até à concorrência de 25% da coleta do IRC.

Remuneração convencional do capital social (RCCS)

Este benefício fiscal prevê uma dedução ao lucro tributável do montante resultante da aplicação anual de uma taxa de 7% das entradas, até € 2.000.000, realizadas no âmbito da constituição da sociedade ou do aumento do capital social, por entregas em dinheiro ou através da conversão de créditos, ou do recurso aos lucros do próprio período de tributação. A dedução será efetuada no período de tributação em que sejam realizadas as entradas e nos cinco períodos de tributação seguintes.

O limite dos gastos de financiamento líquidos dos sujeitos passivos que usufruam deste benefício será o maior valor entre € 1.000.000 e 25% do resultado antes de depreciações, amortizações, gastos de financiamento líquidos e impostos (30% no caso de sujeitos passivos que não usufruam deste benefício).

Mecenato

Os donativos concedidos a determinadas entidades, cuja atividade consista, predominantemente, na realização de iniciativas nas áreas social, cultural, ambiental, científica ou tecnológica, desportiva e educacional, são considerados como gasto fiscal (dentro de determinados limites e, em determinadas circunstâncias, com majoração).

Regras contábeis

O ano fiscal geralmente corresponde ao ano civil (de 1º de janeiro a 31 de dezembro). No entanto, um calendário diferente pode ser atribuído a empresas residentes e não residentes com estabelecimentos permanentes em Portugal. Uma vez selecionado, o mesmo período contábil deve ser mantido, pelo menos, durante cinco anos, segundo o Decreto da Fiscalidade.

As normas contábeis obedecem ao IFRS e são aplicadas a todas as empresas públicas nacionais e estrangeiras. As pequenas e médias empresas podem escolher entre as normas IFRS, tal como adotadas pela União Europeia, ou pelas Normas Nacionais de Contabilidade Portuguesa. As subsidiárias de empresas estrangeiras que não adotam o IFRS devem usar as Normas de Contabilidade Portuguesa.

Os demonstrativos financeiros das empresas devem conter um balanço (apresentação simples ou detalhada), um demonstrativo de resultados (em forma de tabela), um anexo e um relatório de gestão (chamado de D.O.G., "Documento de Órgão de Gestão").

Quanto às obrigações de publicação, há três tipos de empresas que são obrigadas legalmente a publicar seus demonstrativos financeiros: as empresas públicas, as sociedades anônimas e as empresas com ações na bolsa (de acordo com a normativa europeia). Os demonstrativos financeiros das empresas são publicados uma vez por ano, conforme a Ordem dos Contabilistas Certificados (OCC)[4], Associação Portuguesa de Técnicos de Contabilidade (APOTEC)[5], Associação Portuguesa de Contabilistas (APC)[6], e a Ordem dos Revisores Oficiais de Contas (OROC)[7].

A certificação e a auditoria são exigidas das empresas, que devem recorrer a um contador certificado para estabelecer uma auditoria anual dos seus demonstrativos financeiros. É possível contatar um auditor externo de empresas de auditoria independente.

[4] https://www.occ.pt/

[5] https://www.apotec.pt/homepage.php

[6] https://www.apc.pt/wp/

[7] https://www.oroc.pt/

CAPÍTULO V

ESTUDO DE CASO DE PLANEAMENTO FISCAL – EMPRESAS BRASILEIRAS E PORTUGUESAS

O primeiro passo para elaborar um Planejamento fiscal consiste na definição do melhor regime tributário para a empresa: lucro real, lucro presumido ou arbitrado, Simples Nacional ou valores fixos (empreendedor individual). Para identificar o regime ideal para cada negócio, é preciso elaborar um organograma que inclua claramente as etapas de todo o processo operacional e do fluxo financeiro da empresa e, em seguida, estabelecer metas e ações para um prazo de aproximadamente cinco anos. Isso vai ajudar o empresário a comparar a previsão de redução de impostos entre diferentes regimes, bem como saber a importância de conhecer os benefícios fiscais federais, estaduais e municipais incidentes sobre os produtos ou serviços da empresa, segundo Crepaldi (2019, p. 34).

Uma vez escolhido o regime de tributação, o empresário deve se dedicar ao Planejamento das operações da empresa em consonância com o modelo adotado e, a partir daí, determinar onde há espaço para ações de redução de custos tributários, seja pela diminuição da base de cálculo e percentuais dos impostos, encargos e taxas, seja pela recuperação dos impostos via empréstimos subsidiados.

O Planejamento tributário, como afirma Young (2008), está firmado em uma gestão fiscal e tributária, exigindo:

- elaborar um estudo histórico da sociedade empresária, verificando a origem das operações realizadas, a fim de identificar as menos onerosas;
- verificar a incidência dos fatos geradores dos tributos recolhidos, a fim de evitar pagamento maior ou cobrança indevida;
- identificar os fatos geradores prescritos com o objetivo de evitar ação fiscal;

- analisar, ao final de cada exercício social, qual é o regime tributário que proporciona economia tributária na incidência do IRPJ e da CSLL;
- realizar auditoria fiscal e tributária para verificar a existência de créditos fiscais não aproveitados.

A presente tese contribui para a divulgação das semelhanças e diferenças existentes entre as duas constituições fiscais, brasileira e portuguesa, incentivando o estudo das razões conjunturais envolvidas, visando o aperfeiçoamento (simplificação) desses sistemas fiscais. Note-se, mais uma vez, que a comparação foi realizada a nível constitucional, sendo utilizados atos legislativos hierarquicamente inferiores, apenas 115, quando necessários à elucidação do tema, sem pretensão de análise particular de qualquer espécie tributária.

Entende-se que a sensibilização dos contribuintes quanto à necessidade do cumprimento do dever constitucional de pagar tributos – com os benefícios de seu contributo para o desenvolvimento de uma sociedade – ocorre quando o Estado cumpre seu papel na aplicação e redistribuição dos valores arrecadados. Tal sensibilização deve ser alcançada por meio da cidadania fiscal, onde o indivíduo tem informação adequada sobre a origem e aplicação dos recursos públicos, fiscalizando a "transformação" dos tributos pagos em obras e serviços de qualidade para a coletividade em geral. Ou seja, se os cidadãos têm obrigação de pagar os tributos que legitimamente lhes exige o Estado, têm eles o direito de exigir que os serviços públicos (entendidos como deveres e tarefas do Estado) sejam prestados de forma eficiente, na persecução de uma sociedade justa.

Com essa finalidade, foram utilizadas as demonstrações financeiras individuais e consolidadas da empresa brasileira Martins Comércio e Serviços de Distribuição S.A., referentes ao exercício findo em 31 de dezembro de 2020, e de uma empresa portuguesa, que teve seu nome não divulgado a pedido, para aferição da carga tributária.

5.1 EMPRESA BRASILEIRA

Tabela 2 – Balanços patrimoniais da Martins Comércio e Serviços de Distribuição

Martins Comércio e Serviços de Distribuição S.A.

Balanços patrimoniais em 31 de dezembro de 2020 e 2019

(Em milhares de Reais - R$)

		Controladora		Consolidado	
Ativo	**Nota**	**2020**	**2019**	**2020**	**2019**
Circulante					
Caixa e equivalentes de caixa	5	242.293	140.512	284.012	158.863
Contas a receber	6	556.049	443.430	559.845	449.971
Estoques	7	838.969	679.800	839.325	680.419
Impostos a recuperar	8	116.666	105.217	119.629	111.999
Dividendos a receber	9.b	9.577	3.072	-	-
Crédito com fornecedores		33.522	22.242	33.522	22.268
Outros ativos		9.456	9.327	11.646	12.336
Total do ativo circulante		1.806.532	1.403.600	1.847.979	1.435.856
Não circulante					
Realizável a longo prazo:					
Depósitos judiciais	19.d	11.922	8.301	12.544	9.100
Empréstimos e adiantamentos com partes relacionadas	9.b	-	2.680	-	-
Imposto de renda e contribuição social diferidos	18.a	53.525	46.457	53.525	46.457
Impostos a recuperar	8	89.988	106.726	89.988	106.726
Outros ativos		1.837	1.145	1.935	1.208
Total do realizável a longo prazo		157.272	165.309	157.992	163.491
Investimentos	10	47.392	49.725	54	54
Direito de uso de arrendamento	11.a	136.417	96.363	139.389	101.517
Imobilizado	12	53.833	38.729	118.177	114.757
Intangível	13	19.133	14.118	19.132	14.118
Total do ativo não circulante		414.047	364.244	434.744	393.937
Total do ativo		2.220.579	1.767.844	2.282.723	1.829.793

Fonte: Martins Comércio e Serviços de Distribuição (2019 e 2020)

Tabela 3 – Passivo e patrimônio líquido da Martins Comércio e Serviços de Distribuição

		Controladora		Consolidado	
Passivo e patrimônio líquido	**Nota**	**2020**	**2019**	**2020**	**2019**
Circulante					
Fornecedores	14	982.277	804.834	972.105	797.083
Empréstimos, financiamentos e debêntures	15	67.707	2.581	74.721	10.515
Salários, encargos e benefícios sociais	17	64.840	27.015	70.922	31.291
Imposto de renda e contribuição social		-	-	1.716	1.628
Impostos, taxas e contribuições a recolher	16	30.831	23.567	33.674	25.312
Arrendamento Mercantil	11.b	30.526	29.089	31.915	32.181
Dividendos e juros sobre o capital próprio	9.b e 20.c	63.195	3.400	80.751	8.400
Outros passivos		57.249	35.406	63.899	45.149
Total do passivo circulante		1.296.625	925.892	1.329.703	951.559
Não circulante					
Empréstimos, financiamentos e debêntures	15	139.864	206.470	164.251	237.258
Arrendamento Mercantil	11.b	110.204	70.997	111.922	73.289
Impostos, taxas e contribuições a recolher	16	14.419	15.034	14.419	15.033
Provisões para contingências	19	34.903	36.396	37.853	39.584
Outros passivos		-	1.000	-	1.000
Total do passivo não circulante		299.390	329.897	328.445	366.164
Patrimônio líquido	20				
Capital social		124.738	124.738	124.744	124.744
Reservas de lucros		499.826	387.317	499.831	387.326
Patrimônio líquido atribuível aos acionistas controladores		624.564	512.055	624.564	512.055
Participação de não controladores		-	-	11	15
Total do patrimônio líquido		624.564	512.055	624.575	512.070
Total do passivo e patrimônio líquido		2.220.579	1.767.844	2.282.723	1.829.793

Fonte: Martins Comércio e Serviços de Distribuição (2019 e 2020)

Tabela 4 – Demonstração dos resultados Martins Comércio e Serviços de Distribuição

Martins Comércio e Serviços de Distribuição S.A.

Demonstrações dos resultados

Para os exercícios findos em 31 de dezembro de 2020 e 2019

(Em milhares de Reais - R$)

		Controladora		Consolidado	
	Nota	2020	2019	2020	2019
Receita líquida de vendas de mercadorias e serviços	23	5.425.631	4.226.798	5.452.038	4.266.821
Custo das mercadorias vendidas e dos serviços prestados	24	(4.200.919)	(3.381.176)	(4.202.726)	(3.398.278)
Lucro bruto		1.224.712	845.622	1.249.312	868.543
Receitas (despesas) operacionais					
Comerciais e de distribuição	24	(908.345)	(779.941)	(861.953)	(751.583)
Gerais e administrativas	24	(146.739)	(106.689)	(182.406)	(140.772)
Outras receitas operacionais, líquidas	25	50.090	96.374	56.854	100.058
Equivalência patrimonial	10	29.979	14.681	-	-
Lucro operacional antes do resultado financeiro		249.697	70.047	261.807	76.246
Resultado financeiro					
Receitas financeiras		23.355	22.713	24.022	23.437
Despesas financeiras		(22.343)	(26.250)	(24.700)	(28.039)
Variações monetárias e cambiais		6.264	43.097	6.110	43.749
	26	7.276	39.560	5.432	39.147
Lucro operacional antes do imposto de renda e da contribuição social		256.973	109.607	267.239	115.393
Imposto de renda e contribuição social					
Correntes		(30.659)	3.345	(40.918)	(2.434)
Diferidos		7.068	7.691	7.068	7.691
	18.b	(23.591)	11.036	(33.850)	5.257
Lucro líquido do exercício		233.382	120.643	233.389	120.650
Lucro líquido atribuível a:					
Acionistas controladores				233.382	120.643
Acionistas não controladores				7	7
				233.389	120.650

As notas explicativas são parte integrante das demonstrações financeiras.

Fonte: Martins Comércio e Serviços de Distribuição (2019 e 2020)

Tabela 5 – Demonstração dos resultados abrangentes Martins Comércio e Serviços de Distribuição

Martins Comércio e Serviços de Distribuição S.A.

Demonstrações dos resultados abrangentes

Para os exercícios findos em 31 de dezembro de 2020 e 2019

(Em milhares de Reais - R$)

	Controladora		Consolidado	
	2020	**2019**	**2020**	**2019**
Lucro líquido do exercício	233.382	120.643	233.389	120.650
Outros resultados abrangentes	-	-	-	-
Total do resultado abrangente do exercício	233.382	120.643	233.389	120.650
Resultado atribuível a:				
Acionistas controladores			233.382	120.643
Acionistas não controladores			7	7
			233.389	120.650

As notas explicativas são parte integrante das demonstrações financeiras.

Fonte: Martins Comércio e Serviços de Distribuição (2019 e 2020)

Tabela 6 – Demonstração dos fluxos de caixa da Martins Comércio e Serviços de Distribuição

Martins Comércio e Serviços de Distribuição S.A.

Demonstrações dos fluxos de caixa

Para os exercícios findos em 31 de dezembro de 2020 e 2019

(Em milhares de Reais - R$)

		Controladora		Consolidado	
	Nota	**2020**	**2019**	**2020**	**2019**
Fluxo de caixa das atividades operacionais					
Lucro antes do imposto de renda e da contribuição social		256.973	109.607	267.239	115.393
Ajustes para conciliar o lucro antes do imposto de renda e da contribuição social com o caixa líquido gerado pelas atividades operacionais:					
Perda na alienação de ativo imobilizado		573	7.155	6.903	12.911
Depreciação, amortização e depreciação arrendamento mercantil	11, 12 e 13	48.395	45.733	63.416	58.494
Receita com vendas de ativos imobilizados		(745)	(37)	(13.247)	(5.065)
Juros e variações monetárias líquidos	11 e 26	7.109	(37.946)	9.306	(37.326)
Encargos financeiros e amortização de custos debêntures	15	6.293	13.204	6.293	13.204
Resultado de equivalência patrimonial	10	(29.979)	(14.681)	-	-
Dividendos desproporcionais de controladas a não controladores e perda na participação de investimento por alteração de participação societária	10	17.854	5.371	17.854	5.266
Constituição de provisão (líquida de reversão) para riscos tributários, cíveis e trabalhistas	19	2.827	(376)	3.015	1.753
Perdas estimadas para redução ao valor recuperável	6	2.028	(136)	1.442	(20)
Perdas líquidas no valor recuperável de créditos tributários e estoques	7 e 8	(1.079)	(4.529)	(1.079)	(4.772)
Constituição de provisão (líquida de reversão) para participação no resultado		30.842	-	31.780	(504)
Perdas líquidas no valor recuperável do imobilizado e do intangível - *impairment*	12.b e 13	-	(3.608)	-	(3.608)
		341.091	119.757	392.922	155.726
Variações em:					
Contas a receber		(114.647)	(28.935)	(111.317)	(30.739)
Estoques		(157.888)	(19.304)	(157.625)	(13.175)
Impostos a recuperar		(29.685)	(43.106)	(28.821)	(45.131)
Crédito com fornecedores		(11.280)	5.345	(11.254)	5.688
Redução em outros ativos		(814)	1.395	3.459	2.459
Depósitos judiciais		(3.621)	1.980	(3.444)	1.574
Adiantamentos com partes relacionadas		2.680	(2.555)	-	-
Fornecedores		177.443	17.457	175.021	3.713
Salários, encargos e benefícios sociais		7.422	(974)	8.325	(876)
Participação nos lucros e resultados		(14)	-	(48)	-
Impostos, taxas e contribuições a recolher		51.337	10.793	55.150	10.086
Pagamentos de processos tributários, cíveis e trabalhistas	19	(7.770)	(9.533)	(8.457)	(10.158)
Outros passivos		20.937	3.602	17.690	10.366
Caixa gerado pelas operações		275.191	55.922	331.601	89.533
Juros pagos	11 e 15	(15.753)	(17.916)	(17.417)	(18.999)
Imposto de renda e contribuição social pagos		(39.317)	(8.417)	(49.539)	(13.854)
Fluxo de caixa líquido proveniente das (utilizado nas) atividades operacionais		220.121	29.589	264.645	56.680
Fluxo de caixa das atividades de investimento					
Recebimento de saldo de caixa de controlada por aquisição de participação		-	-	-	632
Aquisição de participação societaria		-	(697)	-	(697)
Integralização de capital em controladas	10	(200)	(477)	-	-
Recebimento de dividendos	9	8.056	8.528	-	-
Recebimento pela venda de imobilizados		755	-	9.828	1.924
Aquisição de bens dos ativos imobilizado e intangível	12 e 13	(37.883)	(24.511)	(44.076)	(70.085)
Fluxo de caixa proveniente (utilizado nas) das atividades de investimento		(29.272)	(17.157)	(34.248)	(68.226)
Fluxo de caixa das atividades de financiamento					
Captações de empréstimos	15	115.000	1.519	115.000	42.821
Amortização de financiamentos	15	(115.266)	-	(122.904)	(7.139)
Pagamento de principal arrendamento mercantil IFRS 16	11	(31.099)	(24.326)	(34.331)	(27.738)
Pagamento de dividendos e juros sobre o capital próprio	20	(57.703)	(6.467)	(63.013)	(11.740)
Caixa líquido proveniente das (utilizado nas) atividades de financiamento		(89.068)	(29.274)	(105.248)	(3.796)
(Redução) aumento líquido de caixa e equivalentes de caixa		101.781	(16.842)	125.149	(15.342)
Caixa e equivalentes de caixa no fim do exercício		242.293	140.512	284.012	158.863
Caixa e equivalentes de caixa no início do exercício		140.512	157.354	158.863	174.205
(Redução) aumento líquido de caixa e equivalentes de caixa		101.781	(16.842)	125.149	(15.342)
		-	-	-	-

As notas explicativas são parte integrante das demonstrações financeiras.

15

Fonte: Martins Comércio e Serviços de Distribuição (2019 e 2020)

A atividade de gestão de tributos engloba a correta organização do mundo empresarial mediante o emprego de contratos, fórmulas jurídicas e estruturas societárias que permitam excluir, reduzir ou adiar os encargos tributários que oneram a empresa. Não se pode deixar de mencionar o trabalho de organização contábil da empresa, da correta escrituração dos tributos devidos, dos reflexos contábeis e fiscais das transações comerciais, que são elementos relevantes no trato da rotina fiscal.

O Grupo Martins é optante pelo Lucro Real, entendido como o regime tributário mais justo. Logo, a empresa paga apenas sobre sua margem positiva e sobre seus lucros efetivos. Adota controles administrativos e regras de governança corporativa, o que possibilita um nível muito superior de gestão e, principalmente, economias tributárias expressivas, com diversos benefícios fiscais que se aplicam apenas a este regime. Realiza a escrituração contábil dos seus atos e fatos contábeis. Assim, as despesas dedutíveis que tiverem comprovação poderão ser utilizadas para compensação. Submete-se aos benefícios de uma maior fiscalização e utiliza os benefícios fiscais e a tributação sobre o Lucro Líquido. Em compensação, existe um gasto maior com o operacional.

A empresa reduz o valor a pagar de tributos com suas despesas e custos. Caso apurasse prejuízo, seria possível usar esses prejuízos de períodos anteriores para diminuir os tributos a serem pagos no futuro (art. 580, Decreto 9.580/2018). Neste regime, praticado pela empresa, não há restrições quanto à utilização de benefícios/incentivos fiscais na redução dos tributos a pagar.

O Lucro Real é vantajoso para empresas com reduzidas margens de lucro ou com prejuízo, tais como grandes indústrias ou empresas que possuem muitas despesas com matéria-prima, energia elétrica e aluguéis, pois essas recebem crédito de PIS/COFINS no regime não cumulativo, além de calcular o IRPJ e CSLL sobre a baixa margem de lucro.

Entretanto, existem desvantagens, quais sejam: maior ônus burocrático pela necessidade de controles e acompanhamentos fiscais e contábeis especiais; incidência do PIS e COFINS às alíquotas mais altas; número excessivo de obrigações acessórias e de alta complexidade (Instrução Normativa RFB 1.774/2017).

Dessa forma, no balanço do Grupo Martins, foram efetuadas as apurações do IRPJ, da CSLL, do PIS e da COFINS sob a modalidade de tributação do Lucro Real, de forma a possibilitar a opção menos onerosa para a empresa, dentro dos limites legais e princípios éticos. O lucro líquido do período de apuração é a soma algébrica do lucro operacional, das demais receitas e despesas e das participações, e deverá ser determinado em observância aos preceitos da lei comercial, segundo o art. 259 do Decreto 9.580/2018 Objetivou-se adequar a legislação tributária à legislação societária e estabelecer os ajustes que devem ser efetuados em livro fiscal para apuração da base de cálculo do IRPJ e da CSLL, consoante a Lei n.º 12.973, 13.05.2014.

O Grupo Martins utiliza o regime não cumulativo do PIS/PASEP e da COFINS, que consiste em deduzir, dos débitos apurados de cada contribuição, os respectivos créditos admitidos na legislação. O principal objetivo foi o de reduzir os custos das empresas, evitando a incidência em cascata das contribuições, segundo a IN RFB 1.911/2019.

A maioria das empresas brasileiras tem um fraco movimento comercial nos meses de janeiro e fevereiro de cada ano. Este fato provoca distorções tributárias, que devem ser levadas em conta na opção pelas modalidades oferecidas pelo Regulamento do Imposto de Renda. Na opção pelo Lucro Real Trimestral, há limitações específicas e a empresa pode acabar pagando mais IRPJ e CSLL, conforme o art. 217 do Decreto 9.580/2018. Isto porque, se no 1º trimestre do ano da opção houver prejuízo fiscal, este só poderá ser compensado em até 30% do Lucro Real dos trimestres seguintes. Na forma de estimativa mensal (utilizando-se balancetes de suspensão), paga-se um menor imposto, conforme os arts. 218 e 219 do Decreto 9.580/2018.

A elaboração do Planejamento no Lucro Real é uma medida imprescindível para o acompanhamento do Planejamento Fiscal do IRPJ e CSLL devidos por estimativa; equivale a realizar, mensalmente, a comparação dos referidos recolhimentos com aqueles efetivamente gerados pelos resultados da empresa. Obviamente, deve-se sempre escolher a opção que resultar em menor valor a recolher.

Também, verifica-se que se buscou otimizar os recursos, dentre os quais, destacam-se:

- otimização dos custos e despesas;
- controlo na formação de preços;
- diagnóstico fiscal recorrente;
- Planeamento anual;

- revisão dos aspetos societários; e
- implantação de benefícios fiscais:
  - subvenção de investimento, Lei 12.973/2004;
  - juros sobre o capital próprio, Lei 9.249/1995;
  - programa de alimentação, Lei 6.321/1976;
  - empresa cidadã, Lei 11.770/2008;
  - vale cultura, Lei 12.761/20212;
  - capacitação de pessoas, Lei 11.774/20008;
  - lei Rouanet, Lei 8.313/1991 (destinação);
  - lucro de exploração, Decreto 9.580/2018; e
  - lei do bem, Lei 11.196/2005.

Verificou-se que a Empresa Martins aplica várias alternativas de redução do valor tributável, sendo:

- computou-se como custo ou encargo, em cada exercício, a importância correspondente à diminuição do valor dos bens do ativo resultante do desgaste pelo uso, ação da natureza e obsolescência normal. A quota de depreciação dedutível na apuração do imposto será determinada mediante a aplicação da taxa anual de depreciação sobre o custo de aquisição do ativo, consoante o art. 57, § 1º, Lei 12.973/2014 e art. 326, Decreto 9.580/2018;
- deduziu, como custo ou despesa operacional, a importância destinada a constituir provisão para pagamento de remuneração correspondente a férias de seus empregados, arts. 337 a 343, Decreto 9.580/2018;
- as perdas no recebimento de créditos decorrentes das atividades foram deduzidas como despesas, para fins de determinação do lucro real, art. 347, Decreto 9.580/2018;
- as participações atribuídas aos empregados nos lucros ou nos resultados, observado o disposto na Lei n.º 10.101/2000, no próprio exercício de sua constituição, art. 371, Decreto 9.580/2018.

As principais vantagens obtidas foram:

- tributação mais justa sobre os resultados;
- aproveitamento de créditos do PIS e COFINS;
- utilização de dezenas de formas de Planeamento Tributário;
- redução do valor a pagar de tributos com suas despesas e custos.

No Brasil, a demonstração do resultado do exercício (DRE) foi instituída pelo artigo 187 da Lei n.º 6.404, de 15 de dezembro de 1976 (Lei das Sociedades por Ações). É uma demonstração contábil com a finalidade de evidenciar a formação do resultado líquido em um exercício, através do confronto dos rendimentos, gastos e resultados, apurados segundo o princípio contábil do regime de competência, consoante o CPC 26 (R1). Já a Apresentação das Demonstrações Contábeis é uma apresentação resumida dos resultados operacionais e não operacionais de uma empresa em certo período. As empresas deverão, na Demonstração do Resultado do Exercício, segundo Crepaldi (2023), discriminar:

- a receita bruta das vendas e serviços, as deduções das vendas, os abatimentos e os impostos;
- a receita líquida das vendas e serviços, o custo das mercadorias e serviços vendidos e o lucro bruto;
- as despesas com as vendas, as despesas financeiras, deduzidas das receitas, as despesas gerais e administrativas e outras despesas operacionais;
- o lucro ou prejuízo operacional, as outras receitas e as outras despesas;
- o resultado do exercício antes do Imposto sobre a Renda e a provisão para o imposto.

Nas demonstrações da empresa brasileira, pôde-se verificar as participações de debêntures, empregados, administradores e partes beneficiárias, mesmo na forma de instrumentos financeiros, e de instituições ou fundos de assistência ou previdência de empregados, que não se caracterizem como despesa; o lucro ou prejuízo líquido do exercício e o seu montante por ação do capital social.

O Lucro Líquido, para efeito de apuração do IRPJ, foi determinado com base na escrituração contábil, antes de deduzida a provisão para o IRPJ e as compensações de prejuízos contábeis.

As empresas podem optar pelo Lucro Real ou outro regime tributário, mas existem algumas atividades que são obrigadas a adotá-lo. Entre as organizações que devem optar obrigatoriamente pelo Lucro Real, estão as instituições financeiras e qualquer empresa cuja receita bruta anual ultrapasse o limite de R$ 78 milhões.

O cálculo do PIS e da COFINS é feito à base de 9,25% sobre a faturação, sendo um regime não cumulativo. É o mais complexo devido ao maior rigor contábil pelos ajustes fiscais.

A empresa paga apenas sobre sua margem positiva e sobre seus lucros efetivos, sendo dela exigidos mais controle e regras de governança corporativa, mas possibilitado um nível muito superior de gestão e, principalmente, de economias tributárias expressivas, com diversos benefícios fiscais que se aplicam apenas a este regime.

É fundamental fazer uma escrituração contábil, na qual apenas as despesas dedutíveis que tiverem comprovação possam ser utilizadas para compensação. Entre as vantagens, estão a maior fiscalização, os benefícios fiscais e a tributação sobre o lucro líquido.

Relativamente aos tributos federais incidentes sobre pessoa jurídica que exerça preponderantemente as atividades de desenvolvimento de *software* ou de prestação de serviços de tecnologia da informação e que, por ocasião da sua opção pelo Regime Especial de Tributação aplicável, assuma compromisso de exportação igual ou superior a 50% (cinquenta por cento) de sua receita bruta anual decorrente da venda dos bens e serviços de que trata esta situação, há suspensão da exigência da contribuição para o PIS/PASEP e da COFINS e do PIS/PASEP -Importação e da COFINS-Importação, quando for o caso, nas hipóteses de venda de bens novos adquiridos por pessoa jurídica beneficiária do regime para incorporação ao seu ativo imobilizado, de prestadora de serviços quando tomados por pessoa jurídica beneficiária do regime e bens novos importados diretamente por pessoa jurídica beneficiária do regime para incorporação ao seu ativo imobilizado, convertendo-se em alíquota zero atendidas as condições legais, conforme o art. 1º, § 1º, Lei 5.712/2006.

Constatou-se que o Grupo Martins utiliza as possibilidades de redução da tributação com: otimização dos custos e despesas, controle da formação de preços, realização de diagnóstico fiscal recorrente, Planejamento anual e implantação de benefícios fiscais.

Entre os benefícios fiscais, emprega a subvenção de investimento da Lei n.º 12.973/2004; juros sobre o capital próprio, Lei n.º 9.249/1995 e art. 355 do Decreto 9.580/2018; programa de alimentação do trabalhador, Lei n.º 6.321/1976; empresa cidadã, Lei n.º 11.770/2012; capacitação de colaboradores de TI/TIC, Lei n.º 11.774/2008, dentre outros.

Pode-se entender a sistemática dos juros sobre o capital próprio (JSCP) como uma forma de Planejamento fiscal lícito, pois é, efetivamente, uma elisão fiscal, um meio de redução da carga tributária das empresas tributadas pelo regime do Lucro Real, diminuindo, por consequência, o Imposto de Renda Pessoa Jurídica e a Contribuição Social desses estabelecimentos.

As principais vantagens e desvantagens da adoção do JSCP:

- A Lei 9.249/1995 eliminou a correção monetária de balanço (portanto, as contas do PL não sofrem atualização monetária) e instituiu os Juros Sobre Capital Próprio que podem ser deduzidos do lucro real, reduzindo o IRPJ e o CSLL;
- A alíquota do IRPJ é 15%, acrescida do adicional de 10% do lucro que exceder R$ 20.000,00 por mês, e a alíquota da CSLL é de 9%, porém a alíquota do JSCP é de 15%, portanto, existe, efetivamente, uma vantagem tributária;
- Os JSCP são considerados despesas financeiras dedutíveis em termos de IRPJ para a empresa que efetua o pagamento ou crédito, desde que dentro dos limites estabelecidos pela legislação tributária;
- Os JSCP deverão sofrer uma retenção de 15% de Imposto de Renda Retido na Fonte quando do pagamento ou crédito efetuado;
- É uma vantagem para o sócio ou acionista pessoa física que recebe o JSCP, pois os valores pagos somente sofrerão uma retenção de 15% de IRRF, que serão considerados tributação exclusiva na fonte, portanto, não haverá nova tributação na declaração de ajuste anual do IRPF, lembrando que para a pessoa física, a alíquota máxima do IRPF é de 27,5%;
- Para o sócio pessoa jurídica que recebe o JSCP, é necessário analisar previamente a condição tributária de cada entidade, para verificar se efetivamente existe uma vantagem; pois a empresa que recebe

deverá considerar a retenção de 15% como Imposto a Compensar no Ativo Circulante, assim como, de acordo com a lei 9.718/1998, para as empresas que adotarem a sistemática do PIS/COFINS não cumulativo, haverá a incidência de PIS 1,65% e COFINS 7,6%.

Ademais, a empresa calcula a depreciação dos bens do ativo não circulante – imobilizado em conformidade com o art. 326, Decreto 9.580/2018. Efetua a amortização de direitos classificados no ativo não circulante intangível, segundo a Lei n.º 12.973/2014, arts. 41 e 42. Também, determina a provisão para pagamento de remuneração correspondente a férias de seus empregados consoante o art. 342, Decreto 9.580/2018. A provisão contempla a inclusão dos gastos ocasionados com a remuneração de férias proporcionais, do seu adicional de 1/3 e dos encargos sociais (INSS e FGTS), cujo ônus cabe à empresa. Deduz as perdas no recebimento de créditos decorrentes das atividades da pessoa jurídica, que poderão ser deduzidas como despesas, para fins de determinação do lucro real, segundo art. 347, Decreto 9.580/2018.

Outrossim, permite a participação dos trabalhadores nos lucros para fins de apuração do Lucro Real, assim, a pessoa jurídica poderá deduzir como despesa operacional as participações atribuídas aos empregados nos lucros ou nos resultados, observado o disposto na Lei n.º 10.101/2000, no próprio exercício de sua constituição em obediência ao art. 371 do Decreto 9.580/2018.

Foi possível verificar as seguintes vantagens da opção pelo lucro real:

- tributação teoricamente mais justa sobre os resultados;
- aproveitamento de créditos do PIS e COFINS;
- possibilidade de utilização de dezenas de formas de Planejamento tributário;
- permissão para que a empresa reduza o valor a pagar de tributos com suas despesas;
- possibilidade de usar prejuízos de períodos anteriores para diminuir os tributos a serem pagos no futuro (art. 580, Decreto 9.580/2018);
- único regime que não possui restrições quanto à utilização de benefícios/incentivos fiscais na redução dos tributos a pagar;
- inexistência de limites para distribuição de lucros aos sócios.

Desta forma, ao escolher o regime tributário mais justo, a empresa pagará apenas sobre sua margem positiva e sobre seus lucros efetivos. Contudo, tal opção exige mais controles da empresa e regras de governança corporativa, mas possibilita um nível muito superior de gestão e, principalmente, economias tributárias expressivas, com diversos benefícios fiscais que se aplicam apenas a este regime. No caso em questão, verificou-se a essencialidade de efetuar uma escrituração contábil.

5.2 EMPRESA PORTUGUESA

Figura 2 – Balanço

Rubricas	Notas	31/12/2020	31/12/2019
Ativo			
Ativo não corrente:			
Ativos fixos tangíveis	7	-	588
Goodwill	8 e 9	16.253	19.503
Ativos intangíveis	8	-	127
Participações financeiras - método da equivalência patrimonial	9	980.588	1.085.154
Outros investimentos financeiros	15.1	-	13
Ativos por impostos diferidos	14	5.375	8.023
		1.002.216	1.113.408
Ativo corrente:			
Clientes	15.1 e 22	11.942	7.072
Estado e outros entes públicos	15.1	4.606	5.493
Outros créditos a receber	15.1	28.693	31.154
Diferimentos	15.1	790	891
Caixa e depósitos bancários	4	53	167
		46.084	44.777
Total do Ativo		1.048.300	1.158.185
Capital próprio e Passivo			
Capital próprio:			
Capital subscrito	23	210.000	210.000
Reservas legais	23	42.000	42.000
Outras reservas	23	242.551	234.672
Resultados transitados:			
Resultados transitados		6.116	6.116
Lucros não atribuídos - método da equivalência patrimonial		(355.592)	(320.574)
Ajustamentos /outras variações no capital próprio:			
Lucros não atribuídos - método da equivalência patrimonial		355.592	320.574
Outros ajustamentos em ativos financeiros		(231.906)	(119.122)
		268.701	373.666
Resultado líquido do período	23	(17.904)	7.879
Total do Capital próprio		250.797	381.545
Passivo			
Passivo não corrente:			
Financiamentos obtidos	15.2 e 22	229.559	219.314
Outras dívidas a pagar	15.2 e 22	174.286	216.786
		403.845	436.100
Passivo corrente:			
Fornecedores	15.2 e 22	69.695	68.180
Estado e outros entes públicos	15.2 e 22	6.644	6.590
Financiamentos obtidos	15.2 e 22	47.236	49.520
Outras dívidas a pagar	15.2 e 22	270.083	216.249
Diferimentos	15.2	-	1
		393.658	340.540
Total do Passivo		797.503	776.640
Total do Capital próprio e Passivo		1.048.300	1.158.185

(Valores em milhares de euros)
O anexo faz parte integrante do Balanço em 31 de dezembro de 2020.

Fonte: empresa anônima (2019 e 2020)

Figura 3 – Demonstração dos resultados por naturezas

Rendimentos e gastos	Notas	2020	2019
Vendas e serviços prestados	11	4.303	8.230
Ganhos/perdas imputados de subsidiárias	10	9.032	35.018
Fornecimentos e serviços externos	19	(3.333)	(4.337)
Gastos com o pessoal	18	(1.354)	(7.223)
Outros rendimentos	20	1.188	3.253
Outros gastos	21	(1.381)	(298)
Resultado antes de depreciações, gastos de financiamento e impostos		8.455	34.643
Gastos de depreciação e de amortização	6, 7, 8 e 9	(3.330)	(3.456)
Resultado operacional (antes de gastos de financiamento e impostos)		5.125	31.187
Juros e rendimentos similares obtidos	11 e 17	28	1.621
Juros e gastos similares suportados	17	(25.268)	(27.652)
Resultado antes de impostos		(20.115)	5.156
Imposto sobre o rendimento do período	14	2.211	2.723
Resultado líquido do período		(17.904)	7.879

(Valores em milhares de euros)
O anexo faz parte integrante da Demonstração dos resultados por naturezas em 31 de dezembro de 2020.

Fonte: empresa anônima (2019 e 2020)

Figura 4 – Demonstrações das alterações no capital próprio

			Capital próprio atribuído aos detentores do capital						
Descrição		Notas	Capital subscrito	Reservas legais	Outras reservas	Resultados transitados	Ajustamentos em ativos financeiros de subsidiárias	Resultado líquido do período	Total
Saldo em 1 de janeiro de 2019	1		210.000	42.000	230.000	(281.096)	248.438	4.672	454.014
Alterações no período:									
Aplicação do método da equivalência patrimonial		9	-	-	-	(33.362)	(46.986)	-	(80.348)
Aplicação de resultados			-	-	4.672	-	-	(4.672)	-
	2		-	-	4.672	(33.362)	(46.986)	(4.672)	(80.348)
Resultado líquido do período	3							7.879	7.879
Resultado integral do período	4=2+3								(72.469)
Saldo em 31 de dezembro de 2019	5=1+2+3		210.000	42.000	234.672	(314.458)	201.452	7.879	381.545
Saldo em 1 de janeiro de 2020	6		210.000	42.000	234.672	(314.458)	201.452	7.879	381.545
Alterações no período:									
Aplicação do método da equivalência patrimonial		9	-	-	-	(35.018)	(77.826)	-	(112.844)
Aplicação de resultados		23	-	-	7.879	-	-	(7.879)	-
	7		-	-	7.879	(35.018)	(77.826)	(7.879)	(112.844)
Resultado líquido do período	8							(17.904)	(17.904)
Resultado integral do período	9=7+8								(130.748)
Saldo em 31 de dezembro de 2020	10=6+7+8		210.000	42.000	242.551	(349.476)	123.626	(17.904)	253.797

(Valores em milhares de euros)
O anexo faz parte integrante da Demonstração das alterações no capital próprio em 31 de dezembro de 2020.

Fonte: empresa anônima (2019 e 2020)

Figura 5 – Demonstração dos fluxos de caixa

Descrição	Notas	2020	2019 "Reexpresso"
Atividades operacionais:			
Recebimentos de clientes		6.405	8.497
Pagamentos a fornecedores		(4.704)	(4.640)
Pagamentos ao pessoal		(1.008)	(4.670)
Caixa gerada pelas operações		693	(813)
Pagamento/recebimento do imposto sobre o rendimento		3.902	494
Outros recebimentos/pagamentos		(1.003)	(3.827)
Fluxos de caixa das atividades operacionais (1)		3.592	(4.146)
Atividades de investimento:			
Pagamentos respeitantes a:			
- Ativos fixos tangíveis		-	(36)
- Ativos intangíveis		-	(51)
- Partes relacionadas		(12.680)	(34.158)
Recebimentos provenientes de:			
- Ativos fixos tangíveis		721	-
- Juros e rendimentos similares		28	1.794
- Dividendos	4	-	1.500
- Partes relacionadas		9.115	44.939
Fluxos de caixa das atividades de investimento (2)		(2.816)	13.988
Atividades de financiamento:			
Recebimentos provenientes de:			
- Financiamento obtidos	15.2	115.050	116.653
- Partes relacionadas	15.2	23.920	34.149
Pagamentos respeitantes a:			
- Financiamento obtidos	15.2	(120.196)	(126.023)
- Juros e gastos similares		(1.814)	(13.623)
- Partes relacionadas	15.2	(17.850)	(22.432)
Fluxos de caixa das atividades de financiamento (3)		(890)	(11.276)
Variação de caixa e seus equivalentes (1+2+3)		(114)	(1.436)
Caixa e seus equivalentes no início do período	4	167	1.603
Caixa e seus equivalentes no fim do período	4	53	167

(Valores em milhares de euros)
O anexo faz parte integrante da Demonstração de fluxos de caixa em 31 de dezembro de 2020.

Fonte: empresa anônima (2019 e 2020)

O Imposto Sobre o Rendimento das Pessoas Coletivas (IRC) é um tributo que recai sobre a renda auferida por empresas que atuam em atividades comerciais, industriais ou agrícolas em território português, bem como sobre os rendimentos obtidos por empresas estrangeiras em solo português.

O cálculo do IRC será aplicado sobre a matéria coletável, relativamente a determinado ano fiscal. No caso das empresas residentes em Portugal, o IRC incide sobre todos os rendimentos, inclusive os que foram obtidos fora do país. As empresas não residentes apenas são tributadas pelos rendimentos obtidos em território português.

Assim, o lucro tributável corresponde ao lucro do período fiscal. A Matéria Coletável é o cálculo do valor tributável menos os benefícios fiscais. A taxa de IRC é de 21% e será acrescida da derrama municipal, no percentual de 1,5%, conforme o Regime Financeiro das Autarquias Locais e das Entidades Intermunicipais, Lei n.º 73/2013. Incidirá uma Taxa Extra se o lucro tributável for superior a € 1.500.000 até € 7.500.000 de 3%; de € 7.500.000 até € 35.000.000 é de 5%; e, acima de € 35.000.000 é de 9%. Para as Pequenas Empresas, a taxa é de 17% até € 15.000 de matéria coletável, conforme o artigo 3º do CIRC.

Tanto as empresas residentes, como não residentes em Portugal, que exerçam atividades de natureza comercial, industrial ou agrícola a título principal, estão sujeitas à derrama estadual – taxa adicional sobre o lucro tributável:

- Lucro entre € 1.500.000 e € 7.500.000 – 3% de taxa adicional;
- Lucro entre € 7.500.000 até € 35.000.000, 5% de taxa adicional;
- Lucro superior a € 35.000.000 – 9% de taxa adicional.

A Derrama Municipal, definida pelos municípios, é um valor que incide sobre o lucro tributável das sociedades e está relacionada à morada dos estabelecimentos onde a sociedade exerce a sua atividade. É atualizada anualmente através da publicação da portaria, na qual constam as taxas definidas por cada município.

Ainda existem algumas despesas que estão sujeitas a tributação autónoma:

- Despesas não documentadas – 50% ou 70%;
- Encargos com viaturas ligeiras de passageiros, viaturas ligeiras de mercadorias, motos ou motociclos – 10%, 27,5% ou 35%, dependendo do custo de aquisição;
- Despesas de representação – 10%;
- Pagamentos a entidades residentes em regime fiscal claramente mais favorável ou contas abertas em instituições financeiras aí residentes ou domiciliadas – 35% ou 55%;
- Ajudas de custo e compensação por deslocações em viatura própria não faturadas a clientes – 5%;

- Gastos ou encargos relativos a indenizações decorrentes da cessação de funções de gestor, administrador e gerente – 35%;
- Gastos ou encargos relativos a bónus e outras remunerações variáveis, pagas a gestores, administradores e gerentes – 35%;
- Lucros distribuídos a sujeitos passivos que beneficiam de isenção total ou parcial – 23%.

Em Portugal, a carga tributária tem vindo a ser apontada como um dos fatores inibidores de crescimento económico, afetando a capacidade das empresas para investir em tecnologias inovadoras, potenciadoras de maiores níveis de eficiência operacional e administrativa que permitam a exploração de novas oportunidades de negócio nos diversos mercados. Apesar de o sistema fiscal português prever diversos benefícios fiscais, persiste, contudo, um nível intensivo de imposição tributária sobre as empresas. A complexa envolvente tributária que rodeia as empresas e os diversos setores económicos acaba por reduzir as suas margens, afetando a sua capacidade financeira para investir e crescer e, consequentemente, condicionando a sua capacidade competitiva nos mercados internacionais.

Um dos requisitos ideais de um eficiente sistema fiscal é a neutralidade, no sentido de que os mecanismos fiscais não deverão ter um impacto nos contribuintes passível de influenciar artificialmente as suas decisões económicas. Nessa medida, uma excessiva carga a suportar pelas empresas em sede de IRC irá, necessariamente, afetar as suas margens, podendo levar tais empresas a compensar essa redução através de uma elevação nos preços, repercutindo o encargo fiscal de forma oculta no consumidor ou através de uma redução de custos operacionais e/ou administrativos que poderão prejudicar a qualidade dos bens produzidos ou dos serviços prestados.

No caso da empresa portuguesa em análise, verificou-se que ela fez uso de todas as provisões fiscalmente dedutíveis, a saber, encargos judiciais, encargos de garantia a clientes, crédito fiscal de investimento, dedução dos lucros retidos e reinvestidos (DLRR), remuneração convencional do capital social (RCCS).

Pode-se afirmar, portanto, que o estabelecimento em questão cumpre com as contribuições para a Segurança Social quanto às isenções, tendo em conta a proteção de situações mais frágeis e arriscadas dos trabalhadores, respeitando-se, assim, o princípio do Estado Social. Além disto, efetiva as obrigações acessórias para as entidades empregadoras e para os trabalhadores independentes, com o fim de se concretizar melhor este princípio.

Foi verificado que o Imposto sobre o Rendimento das Pessoas Coletivas (IRC) tem como base de cálculo a subtração dos lucros ou rendimentos relativos às atividades realizadas pelos sujeitos passivos, levando em conta as diferentes naturezas dessas atividades, bem como os prejuízos e benefícios fiscais correspondentes. A taxa geral do IRC é de 25%, enquanto as entidades que não exercem atividades comerciais, industriais ou agrícolas são tributadas a uma taxa de 21,5%. O Código do IRC estabelece regimes que determinam ajustes na apuração da matéria tributável, especialmente em relação a preços de transferência, subcapitalização, pagamentos a entidades não residentes e sujeitas a regimes fiscais privilegiados e *Controlled Foreign Companies.*

Conforme já mencionado, a Derrama é uma forma de financiamento próprio dos municípios e consiste num imposto sobre as pessoas coletivas que exercem a sua atividade na área do mesmo. Surgiu como imposto colonial, passando a constituir imposto municipal com a aprovação da Lei das Finanças Locais, de 2007. As taxas variam de município para município, já que o lançamento da derrama é facultativo, tendo um limite máximo de 1,5 %.

O Imposto sobre o Valor Acrescentado (IVA) é um sistema de tributação das transações adotado por centenas de países em todo o mundo. É um imposto geral sobre o consumo, em que se tributam as transmissões de bens, a prestação de serviços, as importações e a aquisição intracomunitária de bens.

O Imposto Municipal sobre Imóveis (IMI) incide sobre o valor patrimonial dos prédios. Este entrou em vigor com o Decreto-Lei n.º 287/2003, de 12 de novembro, e reformou o Código da Contribuição Predial e o Imposto sobre a Indústria Agrícola.

Embora a aplicação clássica de impostos (IRC, IRS, IVA, IMI e IMT) continue a constituir a principal origem de receita fiscal, nota-se um progressivo deslocamento da tributação tradicional para um modelo assente numa multiplicidade de figuras tributárias, nomeadamente, taxas e contribuições. O surgimento dessas novas figuras fez crescer a dimensão e a complexidade do sistema tributário português, o que acabou por impor um elevado encargo financeiro sobre o sector empresarial, reduzindo as suas margens de lucro e restringindo a sua capacidade financeira, o que condiciona a sua atividade.

Nessa perspectiva, diante da análise do balanço e dos resultados atingidos pela empresa em foco, entende-se que podem ser equacionadas outras medidas de simplificação e incremento da transparência do sistema, tais como racionalização da base de incidência tributária e das obrigações acessórias; competitividade setorial e internacional: revisão dos quadros tributários setoriais, análise do impacto económico da carga fiscal global no contexto do mercado interno e do comércio internacional; transparência e responsabilização.

5.3 COMPARAÇÃO DOS SISTEMA TRIBUTÁRIOS

5.3.1 EMPRESA BRASILEIRA

A princípio, é importante observar que a empresa em questão está obrigada a apresentar à Administração Tributária, Receita Federal do Brasil, os registros especiais de seu sistema contábil e financeiro. Para tanto, ela adota as deduções de PIS não cumulativo e COFINS não cumulativa, respectivamente, o que representa uma redução de impacto que torna as tarifações inferiores aos números apresentados de 1,65% e 7,6%.

A tributação da sociedade brasileira se deu pelo Lucro Real porque auferiu uma faturação superior a R$ 78 milhões. Para o cálculo do Imposto de Renda, a alíquota foi de 25%, uma vez que a renda ultrapassa R$ 20.000,00 por mês. O CSLL, por sua vez, é taxado em 9% em relação a qualquer lucro apurado durante o período.

Após realizado o planejamento tributário, constataram-se as seguintes vantagens:

- tributação justa: todos os valores pagos e recebidos no lucro real são resultados dos números apresentados pela empresa em determinado período de apuração;
- possibilidade para obtenção de créditos do PIS e do COFINS;
- opção pela apuração anual.

Apesar de existir a possibilidade de que o cálculo seja trimestral, a apuração anual, adotada pela sociedade brasileira, além de ser mais prática, segue as mesmas regras para cálculo de alíquotas de IRPJ e CSLL.

Verificou-se, também, que a sociedade brasileira fez uso de todas as possibilidades de benefícios fiscais para redução da carga tributária. A utilização desses benefícios fiscais permitidos no lucro real cumpre as estratégias do planejamento tributário. Dessa forma, a referida empresa conseguiu planejar novos investimentos de modo a reduzir o pagamento de tributos.

Destaca-se, ainda, que, embora tenha muitas vantagens, o lucro real, adotado pela sociedade brasileira, não é um regime tributário perfeito: sua complexidade e todas as obrigações acessórias podem ser um problema para empresas sem a assessoria contábil adequada e a devida atenção aos requisitos de controle para a segurança de documentos e transações relacionadas.

No Brasil, a legislação também é muito complexa, ainda que muito mais constante que a portuguesa. Longe da simplicidade, o recolhimento de tributos no Brasil é muito burocrático em virtude das inúmeras formas de cálculo existentes. Além disto, as situações exigem controle de todas as informações, acarretando um aumento nos gastos das empresas. A carga fiscal que atualmente incide sobre as empresas em Portugal e no Brasil é excessiva, como podemos constatar através do estudo de caso apresentado.

Há anos existem pedidos em defesa da simplificação tributária brasileira e da revisão das taxas em sede dos impostos sobre o lucro das empresas. Contudo, constatamos, após várias pesquisas, que não existe ainda qualquer proposta em concreto.

5.3.2 EMPRESA PORTUGUESA

Faz-se importante considerar que as normas do IFRS são aplicadas a todas as empresas públicas nacionais e estrangeiras. Neste viés, as pequenas e médias empresas podem escolher entre as normas IFRS, tal como adotadas pela União Europeia, ou pelas Normas Nacionais de Contabilidade Portuguesa. As subsidiárias de empresas estrangeiras que não adotam o IFRS devem usar as Normas de Contabilidade Portuguesa.

Ademais, as empresas residentes são tributadas sobre sua renda mundial, 21%. De forma similar, as empresas estrangeiras estão sujeitas aos mesmos impostos que as empresas locais, mas são tributadas apenas sobre a renda de origem portuguesa. A taxa de imposto sobre o rendimento dos investimentos, derivada por entidades não residentes, sujeitas a um regime tributário privilegiado no seu país de residência e incluída na lista negra de Portugal, é de 35%. Certos impostos retidos na fonte aplicam-se aos rendimentos gerados em Portugal que são atribuíveis a não residentes sem estabelecimento permanente no país.

Os ganhos de capital em Portugal estão inclusos nos lucros tributáveis e são tributados à taxa normal do imposto sobre as empresas, mas os ganhos na alienação de ações podem ser isentos se:

1. o acionista não for considerado uma entidade transparente;
2. a entidade detiver pelo menos 10% do capital da subsidiária por pelo menos 12 meses;
3. se a entidade for uma empresa estrangeira, o imposto de renda corporativo em seu país de residência cobre pelo menos 60% do imposto devido em Portugal.

A isenção não se aplica se o pagamento de dividendos for dedutível nos impostos. Desde 1º de janeiro de 2018, os ganhos de capital na venda indireta de certos imóveis também estão sujeitos ao imposto de renda das empresas. Tal situação inexiste no Brasil, embora a tributação brasileira seja mais alta, equivalente a 34%.

Há outros impostos cobrados: sobre a transferência de propriedade (Imposto Municipal sobre as Transmissões Onerosas de Imóveis ou IMT – pagável pelo comprador a uma taxa mínima de 6% na transferência de propriedades residenciais, 5% na transferência de propriedades rurais, 7,5% na transferência de propriedades urbanas e 10% se os proprietários residirem em paraíso fiscal); propriedades imobiliárias municipais (Imposto Municipal sobre Imóveis ou IMI – 0,3% a 0,45% para imóveis urbanos, 0,8% para imóveis rurais, 7,5% para proprietários residentes em paraíso fiscal); imposto de selo (0,5% a 10%).

Um imposto autônomo de 35% é cobrado sobre indenizações e compensações, bem como bônus pagos a membros do conselho e gerentes (se excederem 25% de sua remuneração anual e 27.500 euros). Certas despesas dedutíveis estão sujeitas a um imposto independente, incluindo: despesas de entretenimento (10%), despesas não documentadas (tributadas a 50% ou 70% no caso de contribuintes que gozam de isenção parcial ou total de impostos), despesas com carros particulares (tributadas de 5% a 35% dependendo do preço de aquisição do veículo), diárias e despesas de deslocação dos colaboradores (tributada a 5%).

As empresas que operam no setor financeiro incidem uma contribuição especial, com duas bases tributárias distintas: a contribuição incide no máximo de 0,11% na base I e de 0,00030% na base II. As contribuições previdenciárias pagas pelo empregador totalizam 23,75% da remuneração bruta mensal.

Em 2021, um imposto sobre o carbono, devido pelo usuário, no valor de dois euros, será aplicado em viagens aéreas, marítimas e fluviais. Uma taxa no valor de 0,30 euros por pacote será cobrada a partir de 2022 em embalagens descartáveis usadas em refeições para viagem.

Vários impostos de selo se aplicam a certos contratos, escrituras e documentos, bem como a certas transações não sujeitas a IVA. Regras especiais de tributação se aplicam a entidades envolvidas em atividades como exploração, prospecção e produção de petróleo e àquelas que operam na indústria de jogos.

Diante dessas observações, calculamos, para a sociedade portuguesa, o lucro tributável, tendo por base o resultado líquido do exercício verificado na contabilidade, sendo acrescidos e deduzidos os ajustamentos que fiscalmente não são aceitos.

Com base na matéria coletável apurada e por aplicação da taxa de IRC, obtivemos a coleta. Sequencialmente, deduzimos os pagamentos antecipados realizados pela empresa (pagamentos especiais por conta e pagamentos por conta) e apuramos o imposto a pagar. No entanto, é importante notar que para manter a uniformização de critérios com o Brasil, optamos por não incluir os Pagamentos por Conta, que são operações financeiras formais sem relevo no resultado. Ao IRC devido, são acrescidos a derrama e as tributações autónomas. A taxa geral da derrama é determinada pelos vários municípios do país e incide sobre o lucro tributável. As taxas de tributações autónomas incidem sobre determinados gastos, independentemente de serem ou não aceites fiscalmente e de ter sido apurado lucro ou prejuízo. Em nosso caso, as taxas incidiram sobre os encargos com viaturas ligeiras de passageiras ou mistas, despesas de representação e ajudas de custo.

Constatamos que a legislação portuguesa é muito complexa e não constante, logo, esta incerteza é prejudicial aos contribuintes e ao país. Gradualmente, Técnicos Oficiais de Contas, empresários, gestores e colaboradores de instituições precisam ter uma atualização constante da legislação, acarretando gastos adicionais às empresas.

Diante do exposto, a releitura proposta se aplica de forma a resultar em uma nova classificação de planeamento fiscal, que se mostra oportuna e útil para proporcionar o crescimento da empresa e atratividade para investidores, levando-se em conta a análise de risco e continuidade de grandes sociedades empresariais brasileiras e portuguesas.

Com a expansão do mercado e acirramento da concorrência, houve a necessidade de a empresa ampliar suas instalações produtivas e administrativas, investir no desenvolvimento tecnológico e aprimorar os controlos internos para reduzir custos e se tornarem mais competitivos no mercado e fundamental para o crescimento de qualquer atividade empresarial. A redução dos custos, as empresas têm mais condições e oportunidades de investir nos serviços ou produtos oferecidos ao consumidor, aumentando a satisfação e o destaque no mercado. Ainda há o fato de que a regularidade fiscal melhora a imagem da empresa perante parceiros, fornecedores, clientes e colaboradores, aumentando sua competitividade. Precisa estar atenta às formalidades fiscais, contabilísticas e legais, garantindo que os documentos, contratos, utilizados na execução do planeamento, estejam dentro da licitude. Quando ocorrerem as mudanças na legislação fiscal, o responsável pelo planeamento adequará as ações em andamento às novas normas vigentes, visando à sua permanência legal.

No caso Brasileiro, o Planejamento fiscal tem início com a escolha do melhor regime tributário para a empresa. É necessário a elaboração do organograma com todas as etapas do processo operacional e do fluxo financeiro da empresa. Depois disto, faz-se necessário o estabelecimento de metas e ações no longo prazo, estimado em cinco anos. Com isto, o empresário consegue uma previsão comparada da redução de impostos entre diferentes regimes, além do conhecimento dos benefícios fiscais (Crepaldi, 2019).

Na sequência, a empresa deve implementar suas operações com base no modelo de planejamento fiscal adotado, assim, tem conhecimento prévio das possibilidades de ações para a redução de custos tributários. A inteligência fiscal deve ser o objetivo principal de forma a diminuir as bases de cálculo e percentuais de impostos, encargos e taxas, quer pela recuperação de impostos, quer pela contratação de empréstimos subsidiados. As etapas do planejamento tributário têm como base a Young (2008), ou seja, recupera-se o histórico da sociedade empresária, verificando-se a origem das operações e identifica-se as menos onerosas, depois verifica-se a incidência dos fatos geradores dos tributos recolhidos, para evitar pagamento maior ou cobrança indevida. Verifica-se também os fatos geradores prescritos, para evitar a ação fiscal. Também, é realizada a análise do regime tributário mais vantajoso ao final de cada exercício social. Por fim, a necessidade de auditoria fiscal e tributária para verificação de existência de créditos fiscais não aproveitados. Lembrando que a escrituração contábil é fundamental para que as despesas dedutíveis possam ser utilizadas para compensação. Com isto, a grande sociedade empresária terá maior fiscalização, poderá também utilizar dos benefícios fiscais e a tributação sobre o lucro líquido.

Com isto, a empresa pagará apenas sobre sua margem positiva e sobre seus lucros efetivos. No entanto, são necessários controles e regras de governança corporativa que permitem forma superior de gestão, ou seja, economias tributárias expressivas, com benefícios fiscais aplicados a este regime. Enfatiza-se aqui novamente a necessidade da escrituração contábil.

No Caso Português, a carga tributária é fatores inibidores de crescimento económico. No entanto, a tributação complexa faz com que as empresas trabalhem com margens reduzidas, o que afeta sua capacidade de investimento e crescimento. A inteligência, através do planejamento fiscal, pode ser equacionadas medidas de simplificação e incremento da transparência do sistema. A racionalização da base de incidência tributária e das obrigações acessórias; competitividade setorial e internacional: revisão dos quadros tributários setoriais, análise do impacto económico da carga fiscal global no contexto do mercado interno e do comércio internacional; transparência e responsabilização. Assim, a sociedade portuguesa, o lucro tributável, tendo por base o resultado líquido do exercício verificado na contabilidade, sendo acrescidos e deduzidos os ajustamentos que fiscalmente não são aceitos. Faz-se a dedução dos pagamentos antecipados realizados pela empresa (pagamentos especiais por conta e pagamentos por conta) e a apuração do imposto a pagar. Ao IRC devido, são acrescidos a derrama e as tributações autónomas. A taxa geral da derrama é determinada pelos vários municípios do país e incide sobre o lucro tributável. As taxas de tributações autónomas incidem sobre determinados gastos, independentemente de serem ou não aceites fiscalmente e de ter sido apurado lucro ou prejuízo. A complexidade do sistema fiscal é causa de incerteza, e prejudicial aos contribuintes. Sendo necessária a manutenção de técnicos atualizados na legislação vigente o que acarreta gastos adicionais.

O planejamento fiscal, através de uma atuação inteligente e proativa, leva à redução ou eliminação da carga fiscal das sociedades empresariais brasileiras e portuguesas, evitando-se que se concretizem operações tributáveis e/ou reduzindo-se a base imponível de tributação; postergação do pagamento de tributos, através do planejamento das datas de concretização de negócios e da administração adequada do fluxo de caixa; eliminação de contingências tributárias, através da manutenção de adequados controles internos e do conhecimento profundo das operações e da legislação tributária; redução do custo burocrático, através da racionalização de processos e funções, bem como da padronização e informatização de procedimentos para possibilitar a continuidade operacional. A gestão fiscal alcança redução de custos, ocasionando reflexos positivos na situação financeira e econômica da sociedade empresarial.

Os benefícios do Planejamento fiscal estão ligados ao grau de atingimento do objetivo traçado, ou seja, reduzir, postergar ou evitar a incidência do tributo para a continuidade empresarial e o compliance fiscal. Possibilita conhecimento estratégico dos negócios: as contas ficam em ordem e isto tem um grande impacto no gerenciamento das finanças e do fluxo de caixa da empresa, permitindo-lhe realizar um planejamento anual eficaz. Oportunizou prever os cenários desfavoráveis ou favoráveis do sistema económico; consequentemente, provê uma margem de ação para realizar mudanças que possam adaptar às novas realidades. É um processo de escolha de ação, não simulada, anterior à ocorrência do fato gerador, que visa, direta ou indiretamente, a gestão de riscos e a continuidade empresarial.

Confere apoio à gestão empresarial assessorando as áreas para que ocorra um desempenho condizente com aquilo de que o negócio efetivamente necessita, por meio da verificação e aplicação de testes para certificação do cumprimento pelos departamentos e setores das medidas de planejamento fiscal, evitando ou minimizando a ocorrência de erros e irregularidades.

CONSIDERAÇÕES FINAIS

É normal que empresários queiram colocar a sociedade empresária em operações. No entanto, existe uma etapa antes disto, que é indispensável para a empresa fixar-se no mercado: planejamento. Dificilmente uma sociedade empresária consegue sobreviver se não tiver um plano de negócios estruturado. É importante extrair informações para estabelecer as seguintes questões: investimento necessário para dar continuidade à sociedade empresária; descrição da sociedade empresária; onde deseja chegar com a sociedade empresária e como traçar essa trajetória; cenário atual do mercado escolhido; e análise da concorrência. O crescimento dos negócios e a necessidade de se adaptar e usar as constantes mudanças da legislação fiscal a seu favor impuseram a muitas sociedades empresárias a necessidade de reforçar suas áreas fiscais, tornando-as menos operacionais e mais estratégicas.

Neste sentido, a carga tributária imputada às organizações é o que mais afeta sua possibilidade de crescimento e continuidade operacional. Não somente isto, mas a forma pela qual se dá o recolhimento dos tributos. A falta de clareza e de parâmetros mais simples faz com que haja cada vez menos força do empresariado diante do governo e de seu emaranhado de formas de tributar.

A principal utilidade do planejamento tributário é reduzir a carga tributária e aumentar a lucratividade das sociedades empresárias. É um conjunto de estratégias, ações e estudos elaborados com o objetivo de garantir que a empresa recolha o mínimo de tributos possível dentro da legalidade. As principais vantagens são: diminuir as despesas com tributos e economizar; evitar erros de cálculo e, consequentemente, multas pelo fisco por deixar de pagar ou pagar com valor indevido algum tributo obrigatório; ter à disposição mais recursos para investir em sua atividade principal, graças à economia gerada. A melhor solução é contar com um serviço contábil especializado. Dessa forma, é possível garantir que a redução da carga tributária seja feita dentro da legislação ou com menor risco possível para a exploração da atividade econômica. É uma ação fundamental para os gestores. Por meio dele, é possível desenvolver e definir metas que aprimorem o gerenciamento e o recolhimento de tributos. Outra vantagem do planejamento tributário é beneficiar a empresa com incentivos fiscais. Esse processo pode ser feito antes mesmo da constituição da empresa, todos os anos ou sempre que for necessário economizar com tributos.

Este trabalho teve como problema de pesquisa saber como uma releitura do conceito tradicional de planejamento fiscal pode interferir na gestão de risco e continuidade empresarial de grandes empresas. Logo, a principal inovação, no que concerne à gestão de risco e continuidade das empresas, é uma nova classificação do planejamento fiscal. Este não deve ser visto apenas como forma de redução de carga tributária ou proteção patrimonial; o planejamento fiscal deve ser encarado como um instrumento de gestão estratégica para tomada de decisão a longo prazo, de forma a garantir a continuidade empresarial. A análise comparativa entre os sistemas tributários brasileiro e português possibilitou enxergar na inteligência tributária possibilidades de elisão fiscal, de modo a garantir crescimento para a empresa e atratividade para os investidores.

A inovação proposta por esta tese diz respeito à gestão de risco e continuidade empresarial através da inteligência fiscal, que se apresenta defasada tanto no Brasil quanto em Portugal. O planejamento fiscal, visto como essencial para a dinâmica econômica de ambas as sociedades, passa por um novo entendimento do processo que deixa de ser meramente uma busca por redução de tributos e passa a ser uma atividade que garanta a competitividade e a continuidade empresarial através do gerenciamento de impostos, administração de custos e de seus reflexos na sociedade empresarial. Uma das maiores dúvidas das empresas é sobre qual regime tributário optar. A melhor forma de saber se o regime em que sua empresa está é o melhor para ela é a elaboração de um planejamento tributário, pois as atividades exercidas e a faturação interferem diretamente na opção. Assim, é possível ter um amplo entendimento da atividade e do perfil da empresa, de seu regime de tributação, sua estrutura societária e operações relevantes.

É de grande importância a gestão tributária para as grandes sociedades empresariais para a sua continuidade operacional. Objetiva-se garantir operações dentro da legalidade, sem ações para o ilegal, constituindo a missão da governança corporativa dentro da opção pelo regime de tributação adequado, viabilizando a maximização dos lucros e obtenção de vantagens legais. São quatro os princípios da governança corporativa, segundo o IBGC – Instituto Brasileiro de Governança Corporativa: transparência; equidade; prestação de contas; e responsabilidade corporativa. Envolve as melhores práticas para conduzir uma sociedade empresária e essas práticas têm relação com a atuação de acionistas, diretoria e órgãos de fiscalização. O seu objetivo é orientar uma gestão eficiente, que seja transparente em todos os níveis da gestão empresarial e, para que isto aconteça, as ações devem estar ajustadas de acordo com a realidade da sociedade empresária.

Como uma leitura voltada para a gestão estratégica da organização, o planejamento fiscal possibilita melhorias nos aspectos administrativos, patrimoniais, fiscais, técnicos e financeiros. No aspecto administrativo, é capaz de diminuir a ineficiência, a negligência e a incapacidade de trabalhadores e gestores, uma vez que estipula diretrizes de acompanhamento e controle, limitando a atuação subjetiva destes agentes. No aspecto patrimonial, possibilita um maior controle dos bens, direitos e obrigações patrimoniais, verificando sua evolução ao longo de um período. No aspecto fiscal, viabiliza o cumprimento das obrigações tributárias e estimula a possibilidade de redução de autuações. No aspecto técnico, pode melhorar a produção de relatórios contábeis, conferindo a esta maior fiabilidade. Por fim, no aspecto financeiro, pode ser uma forma de garantir o aumento de rentabilidade e liquidez.

A inteligência fiscal tem como finalidade minimizar a carga fiscal através da renúncia de um comportamento pelo contribuinte, que pode levar ao não pagamento, ao menor pagamento ou também ao pagamento mais distante no tempo. Se houver a obrigação fiscal, o contribuinte, através das possibilidades proporcionadas pelo ordenamento jurídico, pode optar por aquela que seja acompanhada por encargos fiscais mais atrativos à sociedade empresarial, sempre em conformidade com a legislação vigente.

Isto implica mudanças na sociedade empresarial, tais como a estruturação do capital, a localização geográfica e a contratação de mão de obra. A contabilidade passa a assumir papel de destaque porque é a base para a realização dos estudos e a elaboração do planejamento fiscal. A contabilidade é necessária para a criação de normativas para o cumprimento de obrigações principais e acessórias. Para elaboração de tais manuais, é importante conhecer e acompanhar as obrigações tributárias das sociedades empresariais, bem como dominar os princípios constitucionais tributários e as diversas alternativas de procedimentos relativos aos tributos. Estes conhecimentos podem levar a um menor ônus no pagamento de tributos e de suas penalidades, diminuindo os riscos inerentes ao empreendimento. O gestor pode, ativamente, através de comportamento inteligente antecipado, limitar a incidência do fato gerador de tributo, buscando alternativas legais para postergar o pagamento, sem romper com a legislação vigente. Aqui, não se deve confundir a economia de impostos com a sonegação fiscal. O importante é dar visibilidade ao planejamento fiscal que resulta na otimização da relação entre o contribuinte, pagador de tributos, e o Estado, cobrador dos mesmos. Ao antecipar, analisar e estruturar ações que possam melhorar o desempenho das grandes sociedades empresariais, tanto brasileiras quanto portuguesas, o planejamento fiscal pode ser visto como uma ferramenta necessária e imprescindível.

Desta forma, a tese buscou traçar um caminho para o estudo do referido planejamento para sociedades brasileiras e portuguesas, de forma mais teórica, nos Capítulos I e II, o Sistema Tributário Brasileiro e os Princípios Constitucionais Portugueses, respectivamente, o que nos forneceu o respaldo necessário para a análise. Assim, no Capítulo III, tratamos do planejamento fiscal e de sua viabilidade para reduzir os impactos fiscais. Pode-se verificar isto ao usar dados financeiros do passado; esta prática possibilita que se possa planejar uma nova forma de atuação e de precificação dos seus produtos ou serviços, visando ter mais eficiência e ganho para a atividade explorada.

Diante do exame realizado nessa parte da investigação, foi possível depreender algumas considerações importantes a respeito do planejamento tributário, sobretudo como este pode ajudar as organizações a melhorarem suas receitas e, com isto, contribuir com a economia do país. Não é possível pensar em planejamento tributário sem elencar a sua relação intrínseca com a sociedade e a economia, pois estão interligados por uma linha de raciocínio lógico, segundo a qual, sem a empresa, não há empregos formais e, sem estes, não há possibilidade de as famílias terem subsídios de amparo financeiro estável para satisfazer seus objetivos pessoais.

Percebemos que o planejamento tributário, hoje impetrado nas pequenas organizações, é ínfimo e pouco empregado. Isto acontece pelo fato de que, para manter um profissional especialista neste ramo, ou mesmo para contratar uma empresa de consultoria, os custos seriam muito elevados. Contudo, por meio da consequente desburocratização da tributação atual, poder-se-ia chegar a uma melhoria no planejamento fiscal para a gestão de risco e continuidade das sociedades empresariais.

Assim como ocorre nos países mais evoluídos, tanto tecnológica quanto democraticamente, ainda há muito o que se desenvolver neste sentido no Brasil.

A solução para o fato da falta de crescimento empresarial, devido à alta carga tributária, não é somente reduzi-la, já que, em alguns países, por exemplo, no Japão, tal carga é muito mais alta que a executada no Brasil e em Portugal. Contudo, há muito mais aplicação dessa arrecadação em prol da sociedade e isto promove um sentimento geral de bem-estar social e também faz com que as pessoas não se importem em pagar impostos altos, uma vez que há retorno.

Não obstante, a forma de planejar as finanças e a tributação para as empresas pode ocasionar entendimentos contrários à legislação, como a evasão fiscal.

Nessa perspectiva, constatamos o quão importante é o correto entendimento sobre a utilização das ferramentas necessárias para o planejamento empresarial acerca da tributação. Assim, reforçamos que a solução mais viável para a empresa de qualquer tamanho e porte é a correta e completa busca pelo planejamento tributário e fiscal da organização.

Reiteramos que o planejamento tributário não é sinônimo de sonegação fiscal ou de camuflagem de lucros; é a organização estratégica e correta dos resultados financeiros no intuito de pagar menos tributos; é um conjunto de sistemas legais que visa diminuir o pagamento de tributos, otimizar processos, prevenir a empresa contra sanções fiscalizadoras e ajustar previamente as obrigações cumpridas, sem que ocorra cobrança por procedimentos administrativos dos órgãos. O planejamento fiscal preventivo envolve analisar as atividades da empresa, buscando alternativas de carga tributária menor.

O planejamento gera oportunidades viáveis para todos: investidores, clientes, funcionários e Governo. É uma alternativa legal e viável para analisar a possibilidade de pagar menos tributos. Com isto, busca-se economia e solidez do negócio a longo prazo. Como visto no decorrer da explanação de nossa análise, os regimes tributários, principalmente no Brasil, são considerados obscuros e feitos de forma a desencorajar os empreendedores a entendê-los, devido à sua grande gama de detalhes, tipos de impostos, suas fórmulas, porcentagens e alíquotas a serem consideradas. Neste ínterim, um planejamento bem feito pode ser a diferença entre o sucesso e o fracasso da organização.

Testificamos, outrossim, que para se realizar uma análise entre as opções tributárias, uma série de fatores devem ser levados em conta: definir o ramo de atividade, os produtos e/ou serviços a serem comercializados, a estimativa da faturação mensal, a quantidade de funcionários etc. Identificados esses fatores, calculam-se os impostos com base nas legislações vigentes, cada alíquota e imposto previsto em cada regime, o que dá o resultado real dos tributos que incidirão sobre o negócio. Os dados resultantes permitem definir com assertividade e segurança a opção tributária mais econômica para a empresa. Dessa forma, é possível elaborar o planejamento fiscal ideal.

Logo, é essencial conhecer os regimes de tributação, pois, como exemplo, a empresa poderá elaborar um calendário tributário adequado, aproveitar possíveis incentivos fiscais, identificar as obrigações acessórias a entregar, evitar pagamentos desnecessários e ocorrência de autuações.

Entendemos que os regimes vistos, como o simples nacional, são interessantes para faturações mais tímidas, afinal, foram criados para beneficiar o pequeno empresário e, de certa forma, facilitar o recolhimento de impostos por parte daquele. Já os regimes de lucro real e lucro presumido são os que merecem maior consideração, uma vez que são também os mais complexos, com exigências singulares que podem representar diferenças enormes de recolhimento tributário.

Destarte, a escolha pelo regime tributário e a confecção do melhor planejamento tributário dependerão de alguns fatores importantes, a exemplo, a faturação da organização.

Como dito, dependendo da faturação, o regime lucro presumido não é o ideal, porque, de início, ele já recebe uma negativa, que é o limite de faturação bruto em 78 milhões de reais. E ainda há atividades que não podem optar por este regime, como bancos e instituições financeiras.

Podemos assegurar que o planejamento fiscal passa diretamente pelo melhor conhecimento dos negócios. As contas ficam em ordem e isto tem um grande impacto no gerenciamento das finanças e do fluxo de caixa da empresa, permitindo a ela realizar um orçamento anual eficaz. Diminui os custos da sociedade empresarial e possibilita identificar qual é o melhor regime tributário, assim como quais são as oportunidades de isenções fiscais ou quais ações são melhores. Mais do que diminuir o recolhimento de tributos, o planejamento tem o papel de ajudar a recuperação de créditos fiscais. Este recurso ajuda a colocar em dia tudo o que precisa ser feito quando o assunto é o recolhimento de tributos. Pode gerar um calendário com todos os recolhimentos e valores que devem ser recolhidos. Deixa tudo mais organizado, assim, o planejamento tributário tem o efeito secundário de ampliar a regularidade fiscal. Isto evita atrasos e recolhimento incorreto de tributos. Possibilita a ampliação da competitividade empresarial; com custos menores destinados a tributos, a empresa consegue investir em melhorias. Isto reflete nos produtos ou serviços oferecidos ao cliente, melhorando a satisfação e o destaque no mercado.

Pode-se verificar os desperdícios tributários, como: despesas dedutíveis; encargos de inadimplência; remuneração dos sócios. E, também, utilizar a compensação de prejuízos fiscais anteriores; reduzir ou suspender o recolhimento do IRPJ e da CSLL, para as sociedades empresariais brasileiras, utilizando de balancetes mensais; aproveitar créditos de PIS e COFINS e a possibilidade das mais amplas formas de planejamento tributário.

Importante ainda esclarecermos que a internacionalização e a globalização têm criado constantemente mais regras no mercado, transformando as fronteiras fiscais e jurídicas em um obstáculo para a realização dos investimentos. Esses fenômenos têm provocado repercussões nas finanças públicas e, dessa maneira, na economia do país e das regiões. O agente económico e contribuinte residente ou com a sede de sua empresa em Portugal, e que obtém rendimentos no estrangeiro, está sujeito a pagar imposto no país, cujos valores são auferidos a taxas e regimes.

Com o Planejamento Tributário, fica mais fácil prever os cenários adversos ou favoráveis do país; consequentemente, conquista-se uma margem maior para realizar mudanças que se adaptem rapidamente à nova realidade. Seu principal ponto é a redução da carga tributária das empresas.

Como consequência, haverá uma redução bastante significativa no recolhimento dos impostos, além da melhora do fluxo de caixa e da gestão financeira do estabelecimento, aumentando a possibilidade de novos investimentos, a credibilidade para tomada de crédito junto a bancos e mais facilidade para manter o compliance fiscal, uma vez que a empresa conhecerá, de antemão, os impostos a pagar e os prazos. Caso contrário, corre-se o risco de pagar impostos a mais, ou até a menos.

No Capítulo IV, apresentamos o Sistema Tributário no Direito Comparado, ramo da ciência jurídica que estuda as diferenças e as semelhanças dos diversos ordenamentos jurídicos do mundo. Reiteramos, aqui, a sua significância, uma vez que no caso de lacuna deixada pela lei, pode haver consulta a outras legislações de culturas e tradições semelhantes para servir de referência. A partir do estudo de diferentes sistemas, o operador jurídico tem em mãos diversos olhares sobre um único tema. Dessa forma, cotejamos os sistemas fiscais brasileiro e português e podemos afirmar que há uma estreita relação entre ambos, pois se submetem à Constituição Federativa dos referidos países. Todavia, apresentam também diferenças, especialmente no que concerne à quantidade de artigos, sendo o de Portugal mais objetivo e prático.

Verificamos, ainda, a necessidade que Portugal e o Brasil têm de encontrar alternativas aos regimes fiscais atualmente em vigor nos dois países. Constatamos a importância da simplificação do sistema e a indispensabilidade de implementar medidas concretas de harmonização das leis fiscais, buscando a simplicidade, a harmonização e a clarificação, de forma a tornar o sistema fiscal mais aliciante e impedir gastos desnecessários às empresas.

Outro ponto é a consideração dos modelos de tributação empresarial no Brasil e em Portugal como sistemas fiscais ótimos. Para que tal acontecesse, o sistema, como vimos no capítulo II, deveria ser equitativo, implicando que cada empresa suportasse uma carga fiscal adequada às suas capacidades. Não existe nada na análise realizada que abale este pressuposto. O sistema também precisaria ser eficiente, minimizando o impacto nas motivações dos agentes económicos. Neste ponto, verificamos que o fato de a taxa estar um pouco elevada pode trazer ineficiências. Assim, há que se concluir que os modelos IRC e IR, no presente momento, tendo algumas características de sistemas fiscais excelentes, ainda estão longe de corresponderem a tal, sobretudo por falta de eficiência e de transparência.

As técnicas de planejamento tributário, para sociedades brasileiras, evidenciaram que o regime de tributação pelo lucro real é aquele no qual o cálculo do Imposto de Renda da Pessoa Jurídica (IRPJ) e da Contribuição Social Sobre o Lucro Líquido (CSLL) é feito com base no lucro real da empresa – receitas menos despesas –, com ajustes previstos em lei.

Para as empresas que optam por este regime, é essencial ter um controle preciso sobre as rendas e as despesas do negócio. Dessa forma, é possível calcular com precisão o lucro e os tributos a serem pagos.

Outro aspecto importante do Lucro Real é o fato de os encargos aumentarem ou diminuírem de acordo com o lucro registrado. Além disso, caso a empresa apresente prejuízo fiscal ao longo do período tributável, ela não precisará pagar os tributos sobre o lucro.

Para as sociedades portuguesas, as possibilidades de planejamento fiscal são bem exíguas, pois o sistema tributário não oportuniza grandes possibilidades de redução da carga tributária.

Verificamos, no Capítulo V – Estudo de caso de planejamento fiscal em uma empresa brasileira e outra portuguesa –, com a análise documental dos estabelecimentos, os benefícios do planejamento fiscal para evitar problemas com a fiscalização: a empresa que tem os tributos planejados não deixa de apurá-los e recolhê-los, cumpre com as obrigações principais e acessórias; opta pelo melhor regime de tributação e pode calcular a economia tributária, oportunizando o aumento do lucro e tornando-se mais concorrente; dispõe de mais recursos para investimentos e de negócios mais competitivos com a redução da carga tributária; eleva sua lucratividade empresarial, possibilitando investir em melhorias nos produtos e procedimentos ou em sua expansão; tem melhor gestão financeira – controle operacional através de plano orçamentário e fluxo de caixa, viabilizando a avaliação financeira e o processo decisório empresarial; recupera créditos tributários – revisão das obrigações principais e acessórias; consegue obter recolhimentos indevidos mediante a recuperação de créditos para compensação tributária; reduz a burocracia das obrigações ao optar pelo regime tributário mais adequado; pode escolher pela faturação ou atividades desenvolvidas. Existem critérios a serem observados; contudo, é possível às empresas reduzir a carga tributária, os custos de aquisição de mercadorias e insumos e, ainda, adquirir oportunidade de aproveitamento de créditos nas aquisições.

Ora, sabe-se que a legislação fiscal aplicável às empresas é complexa e apresenta várias peculiaridades. Exige conhecimentos especializados sobre as atividades empresariais, pois, do contrário, aumentam-se as oportunidades de serem cometidos equívocos no recolhimento de tributos e correm-se riscos fiscais desnecessários. Para otimizar a relação das empresas com os processos fiscais, surgiu o conceito de compliance fiscal como forma de reduzir os riscos de penalidades relacionadas às obrigações fiscais e tributárias. Não basta elaborar um documento com todas as normas e regras a serem seguidas. Uma política eficiente é aquela que guia os colaboradores em suas rotinas operacionais, facilitando a adequação às leis. Com isto, existe ajuda na prevenção de falhas operacionais provenientes da salvaguarda de ativos da empresa contra erros e fraudes e promoção da fidedignidade dos registros contábeis e financeiros.

Para alcançar esses objetivos, são utilizadas ferramentas que auxiliam no controle sobre todos os processos internos, sempre com foco em identificar e evitar desvios nos fluxos operacionais. Atingir o compliance fiscal significa cumprir com as responsabilidades fiscais da empresa com qualidade e segurança das informações.

Entendemos que o não exercício do compliance fiscal pode gerar vários riscos para a empresa, como penalidades que podem variar de multas até a impossibilidade de realizar atividades operacionais. Entretanto, observa-se que com a intensidade das obrigações fiscais, a priorização do setor empresarial pode se limitar ao cumprimento das entregas sem foco na qualidade das informações.

Para evitar que a administração tributária seja uma ameaça para a empresa, são benefícios indiretos do estar em compliance fiscal: estabilidade financeira, que possibilita a visibilidade e a valorização da marca; atendimento às obrigações tributárias principais e acessórias, evidenciando que a empresa é fiável, o que gera credibilidade com fornecedores, investidores, bancos e clientes; obtenção de linhas de crédito com desconto, possibilitando ampliar investimentos e aumentar negócios, o que permite recuperar ou utilizar créditos do governo sem a preocupação de atrair o fisco; padronização de processos e controles, o que torna os departamentos mais produtivos e melhora sensivelmente a qualidade do processo informacional.

Entendemos, ainda, que as mudanças das normas, ao longo dos anos, fizeram com que a legislação fiscal ficasse mais complexa, apresentando emendas constitucionais, leis complementares, leis ordinárias, medidas provisórias etc. Evidentemente, este é um dos principais desafios que as empresas precisam enfrentar: responsabilidade tributária; formas de cobrança; formas de fiscalização; penalidades para os infratores.

Face ao volume das obrigações tributárias – principais e acessórias –, muitas empresas optam por implantar sistemas especialistas, com inteligência fiscal nativa, capazes de automatizar e controlar os processos fiscais internos, calcular e validar as obrigações antes de serem entregues ao fisco, além de monitorar se as normas e os prazos de entrega estão sendo cumpridos.

Dessa forma, as instituições devem estudar para implantar o planejamento tributário; efetuar uma pesquisa da legislação fiscal de seu setor, dos produtos comercializados e dos serviços prestados; realizar levantamento dos arquivos fiscais a serem enviados à administração tributária.

Destacamos que o compliance não é simplesmente um processo a ser introduzido na operação do estabelecimento. Deve integrar a cultura empresarial, promovendo a participação coletiva nas ações de conformidade e garantindo a estabilidade financeira empresarial. O compliance fiscal é mais do que buscar adequação às leis; é garantir a segurança jurídica da empresa.

Nessa contingência, as informações contábeis possibilitam a análise correta e as respostas fiáveis para elaboração do planejamento tributário. Na prática, todos os tributos representam custos. Assim, na estipulação de preços de venda dos produtos e serviços, a empresa deve considerar os valores que serão repassados ao poder público em forma de impostos. É fundamental conhecer os custos para avaliar o lucro que o negócio gera.

A gestão fiscal é o processo de gerenciamento dos aspectos tributários das empresas, com a finalidade de adequação e planejamento, visando controle das operações que tenham relação direta com tributos, possibilitando o aumento do lucro. É fundamental para permitir que as empresas tenham acesso a todas as oportunidades possíveis.

Podemos asseverar, portanto, que o planejamento fiscal se fundamenta em três coordenadas constitucionais: a indispensabilidade de satisfação de necessidades financeiras e coletivas do Estado; a proteção da esfera jurídica dos contribuintes e a liberdade e atuação dos sujeitos jurídicos. Nessa conformidade, os contribuintes têm direito ao planejamento e são livres para projetar e executar todos os meios lícitos de gestão disponibilizados pelo ordenamento jurídico, não se podendo considerar legítima qualquer tentativa do credor tributário de impedir que o contribuinte aceda a este planejamento ou seja sancionado pelo ato subjacente ao fim pretendido.

As medidas promotoras do equilíbrio tributário são a racionalização da base de incidência tributária das obrigações acessórias; a competitividade setorial: revisão dos quadros tributários setoriais; a competitividade internacional: análise do impacto económico da carga fiscal global no contexto do mercado interno e do comércio internacional; a transparência e a responsabilização.

Assinalamos que, em nossa investigação, deparamo-nos com outros estudos que abordam o planejamento fiscal ou tangenciam essa questão. Logo, torna-se consensual o pensamento de que a gestão tributária é o processo de gerenciamento dos aspectos tributários das empresas, com a finalidade de adequação e planejamento, visando ao controle das operações que tenham relação direta com tributos e ao aumento do lucro.

Entretanto, destaca-se de forma mais enfática aqui sua vertente inovadora: gestão de risco e continuidade empresarial por meio da estratégia de planejamento fiscal que se apresenta defasada tanto no caso brasileiro quanto no caso português. Cremos, assim, que nossa investigação supre parte dessa lacuna, pois trata-se de uma jornada extensa, mas ainda negligenciada em ambos os casos. O entendimento do planejamento fiscal torna-se essencial para o bem comum em ambas as sociedades, que diz respeito à essencial manutenção de uma economia dinâmica e satisfatória a empresários e à classe trabalhadora.

Logo, reforçamos nosso empenho na proposição de uma releitura do planejamento fiscal, em sua condição de ferramenta imprescindível à manutenção das empresas, preservando-as e protegendo a consecução da atividade econômica, direcionando a sociedade empresária na busca do retorno sobre o capital investido, crescente e contínuo, com a redução da carga tributária. A principal diferença está no fato de utilização de uma inteligência fiscal capaz de ir além da mera redução de tributos. Isto significa que, ao se reduzirem, de forma legal, o número de tributos pagos e os valores que incidem sobre a exploração da atividade econômica empresarial – o que é chamado de elisão fiscal, será possível não somente garantir a competitividade do estabelecimento no mercado, mas também, de forma inovadora, por consequência, propor uma gestão de risco que possa levar à continuidade empresarial, cumprindo, assim, o papel social de geração de empregos e de crescimento económico nacional.

Destarte, a presente tese aplica-se ao planejamento fiscal com a finalidade de formar uma "inteligência" fiscal para a continuidade da sociedade empresarial através do gerenciamento de impostos e a administração de custos e de seus reflexos na organização, visando: organizar melhor as obrigações fiscais a partir do entendimento detalhado da atividade e o perfil da empresa; definir o regime de tributação, sua estrutura societária e sua logística; identificar as operações relevantes e os débitos e créditos tributários; adotar postura ativa de gestão da carga tributária e economizar.

A proteção que o planejamento fiscal oferece à sociedade empresarial de grande porte, dando maior segurança e garantia, compreende os aspectos: aspecto administrativo – redução da ineficiência, negligência, incapacidade de empregados e administradores; aspecto patrimonial – maior controle dos bens, direitos e obrigações que constituem o patrimônio; aspecto fiscal – permite um melhor cumprimento das obrigações fiscais, reduzindo o risco de autuações por parte do fisco por conta de erros no cumprimento dessas obrigações; aspecto técnico – melhor utilização dos relatórios contábeis, com informações mais precisas e elaboradas conforme estabelecido pelas normas contábeis; aspecto económico e financeiro – proporciona uma gestão de recursos mais eficaz, oferecendo melhor rentabilidade e liquidez ao negócio.

Objetiva o exame e a avaliação do planejamento fiscal e a eficiência e eficácia dos procedimentos e controles adotados para a operação, pagamento e recuperação de impostos, taxas e quaisquer outros ônus de natureza fisco-tributária que incidam nas operações, bens e documentos da empresa.

É uma técnica de gestão estratégica com vistas à minimização da carga fiscal, tendente ao não pagamento, ao menor pagamento ou ao pagamento mais distante do imposto, pela qual o contribuinte renuncia a um certo comportamento, por este estar ligado a uma obrigação fiscal, ou escolhe, entre as várias opções que lhe são proporcionadas pelo ordenamento jurídico, aquela que está acompanhada por menos encargos fiscais, sempre em conformidade com as leis tributárias. Tem como princípio informador o princípio da eficiência, que é um direito subjetivo de qualquer sociedade empresarial.

A partir desta releitura do planejamento fiscal, implicar-se-á na mudança de algumas características estratégicas da sociedade empresarial, como: estruturação do capital, localização geográfica, contratação de mão de obra, terceirização de determinadas operações, entre outros. Analisar a implicação dos procedimentos prescritos pelas normas ou pelo costume, sendo que a forma de tributação das operações e, até mesmo, a forma de contabilizar as ocorrências.

Poderá ser desenvolvido continuamente por meio de orientações, manuais de procedimentos, mas principalmente nas atividades de cumprimento das obrigações principais e acessórias. A Contabilidade assume o papel principal no planejamento fiscal com relação à gestão fiscal; é a base para a realização dos estudos e a elaboração do planejamento fiscal, pois oferece todo o conhecimento dos registros e das operações nas quais despesas e receitas ganham particularidades, vida e destino que devem ser considerados no momento da escolha do regime tributário, objetivando a continuidade: apurando e calculando os tributos sobre a aquisição, comercialização e resultado, calculando os custos e formação de preço de venda dos produtos com influência dos tributos; elaborando o planejamento fiscal, cumprindo as obrigações tributárias principais e acessórias de modo a garantir a continuidade e a sustentabilidade da sociedade empresarial. Precisa estar integrado e coordenado com os demais setores, de forma informatizada, visando facilitar o registro dos fatos e contar com a rapidez necessária para a geração de dados fiáveis e periódicos. Os Contadores são as pessoas-chave nesta gestão, e são necessários apoio, treinamento e motivação para que estes profissionais participem efetivamente do planejamento fiscal na empresa sociedade empresarial.

Com a expansão dos negócios e a necessidade de se adaptar e usar as constantes mudanças da legislação a seu favor, muitas empresas estão reforçando suas áreas tributárias, tornando-as menos operacionais e mais estratégicas. O conhecimento exato das obrigações tributárias das sociedades empresariais, brasileiras e portuguesas, dos princípios constitucionais tributários e das diversas alternativas de procedimentos relativos aos tributos, geralmente resulta em menor ônus no cumprimento do dever tributário e menor grau de exposição da empresa às punições fiscais, que possam colocar em risco os resultados a serem alcançados ou a própria estabilidade do empreendimento. Evitar a incidência do fato gerador de tributo e encontrar alternativas legais para postergar o pagamento são as alternativas sugeridas, posto que não se pode romper o pacto social, composto por leis, prescritas na Carta Magna.

Assim, esta proposta de releitura do Planejamento fiscal nada mais é que o gerenciamento de impostos e a administração de custos e de seus reflexos na organização, visando obter economia de impostos, e não deve ser confundido com sonegação fiscal, oportuna a continuidade da empresa, tornando-a mais competitiva no mercado através da expansão funcional e atratividade para investidores. Deve ser conduzido de forma a diminuir os riscos de não compliance, fazendo uma correta análise de todos os aspectos envolvidos, cercando-se de precauções legais e procedimentos, para não caracterizar o planejamento como evasão fiscal.

A eficácia do planejamento fiscal tem como base a flexibilidade e a capacidade da empresa de acompanhar as transformações, na maneira com que administra os valores tangíveis e intangíveis, no respeito a seus funcionários e clientes, na capacidade de refletir sua estratégia e de tornar as informações acessíveis. É uma dinâmica ferramenta de negócios, auxiliando a empresa a se comunicar melhor, se organizar e exercer controle sobre o ambiente como um todo. Sob uma perspectiva fiscal, a eficiência de uma empresa será alcançada através de atividades legítimas que visem identificar, antecipadamente, as opções legais e tributárias menos dispendiosas para atingir um determinado objetivo de negócios ou patrimonial.

Contudo, o planejamento fiscal ainda é visto por muitos empresários como uma atividade desnecessária e insignificante. Esta atitude se deve ao desconhecimento a respeito do grande impacto que os tributos têm sobre o faturamento da sociedade empresarial e até mesmo da possibilidade de melhorar este cenário de maneira legal, propiciando a continuidade do empreendimento. As sociedades empresariais estão pagando tributos adicionais aos cofres públicos, cujo dinheiro poderia ser aplicado para a expansão do negócio ou guardado como um fundo reserva para tempos de crise.

A sociedade empresarial que investe em um planejamento tributário eficiente pode: evitar fiscalização, multa e juros; evitar o erro no cumprimento das obrigações fiscais ou o seu não cumprimento; evitar execuções fiscais; evitar a falência; otimizar o tempo gasto com burocracia; aumentar o lucro e progredir nos negócios. As vantagens do planejamento tributário podem ser: redução de custos; usufruto de benefícios fiscais; sistema contábil simplificado; regularidade fiscal; e ampliação da competitividade. Verificou-se uma redução de alíquotas efetivas ou mesmo a base de cálculo para fins de recolhimento do tributo; compreender os prazos, valores e tipos de tributos que devem ser recolhidos; e a redução dos valores recolhidos aos cofres públicos.

A grande maioria das grandes sociedades empresariais sonha com a ampliação dos seus negócios e, por este motivo, é importante estar preparado, desde cedo, para atender às necessidades futuras do empreendimento.

Quanto mais cedo for iniciado o processo de planejamento fiscal, mais cedo seu negócio estará preparado para enfrentar novos desafios e mais fácil será o processo de transição de um estado para o outro.

Diante de todo o exposto, ao refletirmos sobre o postulado assertivo de Franklin ("Não há nada tão certo neste mundo como a morte e os impostos"), concebemos que estabelecer um Planejamento fiscal é uma forma de antecipar ações futuras, prevendo os riscos e corrigindo-os para alcançar os resultados almejados. Desta forma, os casos comparados mostram que ambas as sociedades, brasileiras e portuguesas, podem retirar efeitos positivos de uma inteligência fiscal, uma vez que gozam de sistemas complexos de tributação e de difícil simplificação. Sendo assim, as empresas devem organizar formas de atuação que garantam a previsibilidade das ações e a possibilidade de garantir a continuidade de suas atividades e atratividade para os investidores.

As limitações do trabalho estão relacionadas ao fato de existir uma certa complexidade a respeito do sistema tributário brasileiro e do sistema fiscal português. Também a relação do tema com a legislação em vigor em ambos os países, o que faz com que a legislação se adeque às práticas evasivas. Assim, a legislação aplicada no estudo pode ser alterada, vindo a invalidar determinadas análises. Além disso, poucas são as opções metodológicas que propiciam a comparação dos sistemas quanto às práticas elisivas de redução da carga tributária. Por fim, ressaltamos a limitação de que o estudo está relacionado a sociedades empresariais de grande porte e não se pretende atender empresas de pequeno e médio porte.

Sabemos que as dúvidas e os conflitos com a tributação fiscal não se encerram aqui. Como sugestão de pesquisas futuras, a temática aqui desenvolvida está diretamente relacionada com os preços de transferências nas multinacionais, o que permite às empresas deslocarem determinadas operações para territórios em que obtenham maiores benefícios fiscais. Assim, torna-se também interessante saber como o sistema tributário desenvolve mecanismos para evitar o uso abusivo do planejamento tributário. Outra sugestão de estudo diz respeito ao efeito fiscal de grandes operações de aquisição, fusão e incorporação estratégicos entre os países analisados.

Assim, nossa dedicação a este trabalho minucioso de pesquisa, exposição e análise de dados coopere para amenizar os questionamentos, no sentido de orientar empresários a honrar o pagamento de tributos, de forma a compensar os ganhos, com vistas ao sucesso económico do empreendedor, da empresa, dos trabalhadores e do país. Também, que sirva de base para que os estudiosos do planejamento fiscal possam consolidar análises que contribuam para o avanço dos sistemas tributário e fiscais dos Estados e sociedades comparadas.

REFERÊNCIAS

ALMEIDA, Andreia *et al.* **Manual APA**: regras gerais de estilo e formatação de trabalhos acadêmicos. Fundação Álvares Penteado, São Paulo, Brasil: FECAP, 2016.

ALMEIDA, Bruno José Machado de. **Manual de Auditoria Financeira**: uma análise integrada baseada no risco. Lisboa, Portugal: Escolar Edição, 2019.

ALMEIDA, Carlos Ferreira de; CARVALHO, Jorge Morais. **Introdução ao Direito Comparado**. 3. ed. Lisboa, Coimbra, Portugal: Almedina, 2017.

AMORIM, José Carlos. **Planeamento e evasão fiscal**. Porto, Portugal: Vida Económica. 2010.

ANCEL, Marc. **Utilidade e métodos do direito comparado**. São Paulo, Brasil: Editora Fabris, 1980.

ANDRADE, Susana; SÁ, Eduardo; PEREIRA, Adalmiro. **Benefícios Fiscais em Sede de IRC.** Lisboa, Portugal: Vida Económica, 2019.

ANDRADE FILHO, Edmar Oliveira. **Imposto de renda das empresas**. 13. ed. São Paulo, Brasil: Atlas, 2018.

BARCELLOS, Maria Andréa Machado. **Estudo comparado entre o sistema constitucional tributário de Portugal e do Brasil**. 2017. Tese (Mestrado em Fiscalidade) – Universidade do Algarve, Faro, Portugal, 2017.

BARROSO, Darlan; OLIVEIRA, Marcos; BOLDRIN, Roberta. **Prática Tributária**. 3. ed. São Paulo, Brasil: Saraiva Jur, 2020.

BEPS obriga empresas a rever modelos de negócios. **Económico**. 26 de janeiro de 2016. Disponível em: http://economico.sapo.pt/noticias/beps-obriga-empresas-a-rever-modelos-de-negocio_240619.html. Acesso em: 10 maio 2021.

BORBA, Claudio. **Direito Tributário.** 28 ed. São Paulo: Método, 2019.

BRASIL. Constituição da República Federativa do Brasil (1988), **Diário Oficial da República Federativa do Brasil**, Poder Executivo, Brasília, DF, 5 out. 1988. Col. 1, p.1, Anexo.

BRASIL. Lei Ordinária n.º 5.172, de 25 de outubro de 1966. **Diário da República Federativa do Brasil**, Poder Executivo, Brasília, DF, 27 out. 1966. Col. 1. P. 12.452.

BRASIL. Lei das sociedades por ações: Lei n.º 6.404, de 15 de dezembro de 1976. **Diário da República Federativa do Brasil**, Poder Executivo, Brasília, DF, 16 out. 1976. Col. 1. p. 12.252.

BRASIL. Lei n.º 9.605, de 12 de Fevereiro de 1998. Dispõe sobre as sanções penais e administrativas derivadas de condutas e atividades lesivas ao meio ambiente, e dá outras providências.. **Diário Oficial da República Federativa do Brasil**, Brasília, DF, 13/02/1998.

BRASIL. Lei n.º 8.884 de 11 de junho de 1994, Transforma o Conselho Administrativo de Defesa Econômica (CADE) em Autarquia, dispõe sobre a prevenção e a repressão às infrações contra a ordem Econômica e dá outras providências. **Diário Oficial da República Federativa do Brasil**, Brasília, DF, 13/06/1994,

BRASIL. Lei n.º 10.406, de 10 de Janeiro de 2002. Institui o Código Civil. **Diário Oficial da República Federativa do Brasil**, Brasília, DF, 11/01/2002.

BRASIL. Decreto n.º 9.580, de 22 de novembro de 2018. Regulamenta a tributação, a fiscalização, a arrecadação e a administração do Imposto sobe a Renda e Proventos de Qualquer Natureza. **Diário Oficial da União**, Brasília, DF, 22 nov. 2018.

BRASIL. Lei n.º 10.637, de 30 de dezembro de 2002. Dispõe sobre a não-cumulatividade na cobrança da contribuição para os PIS e de Formação do Patrimônio do Servidor Público (PASEP), nos casos que especifica; sobre o pagamento e o parcelamento de débitos tributários federais, a compensação de créditos fiscais; a declaração de inaptidão de inscrição de pessoas jurídicas, a legislação aduaneira, e dá outras providências. **Diário Oficial da União**, Brasília, DF, 30 dez. 2002. Disponível em: http://www.planalto.gov.br/ccivil_03/leis/2002/l10637.htm. Acesso em: 22 nov. 2020.

BRASIL. Lei n.º 10.833, de 29 de dezembro de 2003. Altera a legislação tributária federal e dá outras providências. **Diário Oficial da União**, Brasília, DF, 29 dez. 2003. Disponível em: http://www.planalto.gov.br/ccivil_03/leis/2003/L10.833compilado.htm. Acesso em: 22 nov. 2020.

BRASIL. Lei n.º 9.718, de 27 de novembro de 1998. Altera a legislação tributária federal. **Diário Oficial da União**, Brasília, DF, 27 nov. 1998. Disponível em: http://www.planalto.gov.br/ccivil_03/LEIS/L9718.htm. Acesso em: 22 nov. 2020.

CALIENDO, Paulo. Neoconstitucionalismo e direito tributário. **Revista da AJURIS**, v. 40, n. 129, p. 199-224, 2013.

CAMPOS, Diogo Leite de. **O Sistema Tributário no Estado dos Cidadãos**. Coimbra, Portugal: Almedina, 2006.

CARDOSO, Ana Cecilia. **Lei Geral***:* anotada e comentada. Lisboa, Portugal: Lexit, 2017.

CARDOSO, Cláudio. **Da responsabilidade fiscal dos gestores de bens ou direitos de sujeitos não residentes.** Lisboa, Portugal: Librum Editora, 2019.

CARLOS, Américo Brás; PIMENTA, Maria Emília; DURÃO, João Ribeiro; ABREU, Irene Antunes. **Guia dos Impostos em Portugal 2021**. Lisboa, Portugal: Quid Juris, 2021.

CARMO, José Dinis; FERNANDES, Abel L. Costa. **A Tributação dos Rendimentos Empresariais em Portugal**. Coimbra, Portugal: Almedina, 2013.

CARNEIRO, Claudio. **Curso de Direito Tributário e Financeiro**. 9. ed. São Paulo, Brasil: Saraiva Jur, 2020.

CARRAZZA, Roque Antonio. **Curso de Direito Constitucional Tributário**. 32. ed. São Paulo, Brasil: Malheiros Editores, 2019.

CARVALHO, Cristiano. **Teoria da Decisão Tributária**. Coimbra, Portugal: Almedina, 2018.

CASTARDO, Hamilton. **Direito Tributário na Prática**. 4. ed. São Paulo, Brasil: Saraiva Jur, 2017.

CATARINO, João Ricardo; GUIMARÃES, Vasco Branco. **Lições de Fiscalidade**: princípios gerais e fiscalidade interna. 7. ed. Coimbra, Portugal: Almedina, 2021. ISBN: 9789724089829.

CHAVES, Francisco Coutinho. **Planejamento Tributário na Prática**: Gestão Tributária aplicada. 4. ed. São Paulo, Brasil: Atlas, 2017.

COSTA, Daniel Castro Gomes da. **Alterações na jurisprudência tributária e a segurança jurídica**. 2016. Tese (Mestrado em Direito) – UAL, Lisboa, Portugal, 2016.

COURINHA, Gustavo Lopes. **Manual do Imposto sobre o Rendimento das Pessoas Coletivas.** Coimbra, Portugal: Almedina, 2020.

CREPALDI, Silvio Aparecido. **Auditoria contábil: teoria e prática**. São Paulo: Atlas, 2019.

CREPALDI, Silvio Aparecido. **Planeamento Tributário**: teoria e prática. 5. ed. São Paulo, Brasil: Saraiva Educação, 2023.

DIAS, Sara Luís. **O Crédito Tributário no Processo de Insolvência e nos Processos Judiciais de Recuperação**. Coimbra, Portugal: Almedina, 2021.

DOMINGOS, Francisco Nicolau (Coord.). **Direito Tributário em Ação**: casos práticos resolvidos. 2. ed. Lisboa, Portugal: Rei dos Livros, 2019.

DOURADO, Ana Paula. **Direito Fiscal**. 6. ed. Coimbra, Portugal: Almedina, 2021.

DOURADO, Ana Paula. The Meaning of Agressive Tax Planning and Avoidance in the European Union and the OECD: An Example of Legal Pluralism in Internation Tax Law. *In*: ENGLISCH, Joachim. **International Tax Law**: New Challenges to and from Constitutional and Legal Pluralism. Amsterdam: IBFD, 2016, p. 256-257. Disponível em: https://www.cideeff.pt/xms/files/01_WHO_WE_ARE/MEMBERS/Prof_Dra_Ana_Paula_Dourado/International_Tax_Law_new_challenges_to_and_from_Constitutional_and_legal_pluralism.pdf. Acesso em: 20 set 2022.

FABRETTI, Cláudio Camargo. **Contabilidade Tributária**. 16. ed. São Paulo, Brasil: Atlas, 2017.

FALCÃO, Joaquim; GUERRA, Sérgio; ALMEIDA, Rafael (org.). **Tributação internacional e planeamento tributário**. Rio de Janeiro, Brasil: FGV Editora, 2016.

FERNANDES, Filipe de Vasconcelos. **Direito Fiscal Constitucional** – Introdução e Princípios Fundamentais. Lisboa, Portugal: AAFDL Editora. 2020.

FERNANDES, Filipe de Vasconcelos. **Constituição e Lucro** Real – Contributo ao Direito Fiscal Constitucional Português. Lisboa, Portugal: AAFDL Editora, 2018.

FERNANDES, Filipe de Vasconcelos. **As Contribuições Financeiras no Sistema Fiscal Português** – Uma Introdução. Lisboa, Portugal: Gestlegal Editora, 2020.

FINCATO, Denise Pires; GILLET, Sergio Augusto da Costa. **A pesquisa jurídica sem mistérios**: do projeto de pesquisa à banca. Porto Alegre, Brasil: Editora Fi, 2018.

GIL, Antonio Carlos. **Como elaborar projetos de pesquisa**. 5. ed. São Paulo, Brasil: Atlas, 2010.

GIL, Antonio Carlos. **Métodos e técnicas de pesquisa social**. 6. ed. São Paulo, Brasil: Atlas, 2008.

GOMES, Fábio Bellote. **Manual de Direito Empresarial**. 8. ed. São Paulo, Brasil: Jus Podium, 2019.

GRECO, Marco Aurélio. **Planeamento Tributário**. 4. ed. São Paulo, Brasil: Quartier Latin, 2019.

HOLMES, Stephen; SUNSTEIN, Cass R.; CIPOLIA, Marcelo Brandão. **O custo dos direitos**: por que a liberdade depende dos impostos. Coimbra, Portugal: Almedina, 2019.

INFORFISCO. Portugal: PricewaterhouseCoopers, 2017. Disponível em: https://www.pwc.pt/pt/pwcinforfisco/guia-fiscal/2017/irc.html. Acesso em: 22 mai. 2021.

INFORFISCO. Portugal: PricewaterhouseCoopers, 2019. Disponível em: https://www.pwc.pt/pt/pwcinforfisco/guia-fiscal/2019/irc.html. Acesso em: 22 mai. 2021.

INFORFISCO. Portugal: PricewaterhouseCoopers, 2020. Disponível em: https://www.pwc.pt/pt/pwcinforfisco/guia-fiscal/2020/irc.html. Acesso em: 23 mai. 2021.

INFORFISCO. Portugal: PricewaterhouseCoopers, 2021. Disponível em: https://www.pwc.pt/pt/pwcinforfisco/guia-fiscal/2021/irc.html. Acesso em: 23 mai. 2021.

INFORFISCO. Portugal: PricewaterhouseCoopers, 2022. Disponível em: https://www.pwc.pt/pt/pwcinforfisco/guia-fiscal/2022/irc.html. Acesso em: 10 out. 2022.

JORDÃO, Telma Alice Ventura. **O direito fundamental ao planeamento fiscal e o combate à evasão fiscal**. 2016. Tese (Mestrado em Direito) – Universidade Católica Portuguesa, Lisboa, 2016.

KNOP, Irvin Moreira. **Planeamento fiscal**: uma análise bibliométrica de 2010 a 2019. 2019. Tese (Mestrado em Contabilidade e Finanças) – Setúbal, Portugal, Escola Superior de Ciência Empresariais, 2019.

LEITÃO, Helder Martins. **Lei Geral Tributária**. 11. ed. Lisboa, Portugal: Nova Focus, 2021.

MACHADO, Hugo de Brito. **Introdução ao Planeamento Tributário**. 2. ed. São Paulo, Brasil: Malheiros, 2019.

MAGALHÃES. José Luiz Quadros de. **O estado plurinacional e o direito internacional moderno.** Curitiba, Brasil: Juruá, 2012.

MARCONI, Marina de Andrade; LAKATOS, Eva Maria. **Metodologia Científica**. 9. ed. São Paulo, Brasil: Atlas, 2021.

MARQUES, Daniel Brás; CARNEIRO, Elsa Sá. O planeamento fiscal, os seus limites e o direito legítimo ao planeamento. **Revista Revisores & Auditores**, Lisboa. v. 51, p. 50-63, 2015.

MARQUES, Rui. **Código do IRC**: anotado e comentado. Coimbra, Portugal: Almedina, 2019.

MARREIROS, José Manoel Martins. **Sistema Fiscal Português**. 18. ed. Lisboa, Portugal: Áreas Editora, 2021.

MARTINS, Helder Fanha; RODRIGUES, Ana Cristina. **Dicionário de Termos e Expressões de Fiscalidade e Direito Fiscal.** Lisboa, Portugal: Edições Sílabo, 2018.

MAZZA, Alexandre. **Manual de Direito Tributário**. 5. ed. São Paulo, Brasil: Saraiva Educação, 2019.

MELLO, Celso Antônio Bandeira de. **Discricionariedade e Controle Jurisdicional**. 2. ed. São Paulo: Malheiros, 2003.

MINARDI, Josicane. **Manual de Direito Tributário**. 7. ed. Salvador, Brasil: JusPodium, 2021.

NABAIS, José Casalta. **Direito Fiscal**. 11. ed. Coimbra, Portugal: Almedina, 2019.

NABAIS, José Casalta. **O regime fiscal das pequenas e médias empresas**. Congresso Internacional: as pequenas e médias empresas e o direito. Coordenação: J. M. Coutinho de Abreu. Coimbra, Portugal, 2017, Sessão IV, p. 294-300.

NABAIS, José Casalta. **Problemas Nucleares de Direito Fiscal**. Coimbra, Portugal: Almedina, 2020a.

NABAIS, José Casalta. **Estudos de Direito Administrativo Fiscal**. Coimbra, Portugal: Almedina, 2020b.

NABAIS, José Casalta. **Introdução ao Direito Fiscal das Empresas**. 3. ed. Coimbra, Portugal: Almedina, 2018.

NORONHA, Catarina Gomes Mendes. **Novo Regime Fiscal de Comunicação Obrigatória** – Esquemas de Planeamento Fiscal. Coimbra, Portugal: Almedina, 2021. ISBN: 9789724096483.

PALMA, Joana Celorico. **O exercício do direito à dedução em IVA**. Lisboa, Portugal: Rei dos Livros, 2021.

PÊGAS, Paulo Henrique. **Contabilidade Tributária**. 9. ed. São Paulo, Brasil: Atlas, 2017.

PEREIRA, Paula Rosado. **Manual do IRS**. 3. ed. Coimbra, Portugal: Almedina, 2021.

PEREIRA, Manuel Henrique de Freitas. **Fiscalidade.** 6. ed. Lisboa, Portugal: Almedina, 2018.

PEREIRA, Manuel Henrique de Freitas. **Convenções sobre dupla tributação no atual direito fiscal internacional**. Coimbra, Portugal: Almedina, 2021.

PIMENTEL, José. **Empreendedorismo forte**: mais emprego, renda e desenvolvimento. Brasília: Senado Federal, 2014.

PIZZORUSSO, Alessandro. **Curso de derecho comparado**. Barcelona, Espanha: Ariel, 1987.

PORTUGAL. Constituição da República Portuguesa, **Diário da República Portuguesa**, n. 86/1976, Série I de 1976-04-10.

PORTUGAL. Código Geral Tributário, Decreto-Lei nº 398/98, de 17 de Dezembro. **Diário da República Portuguesa**, 1ª Série, n.º 241.

PORTUGAL. Lei Geral Tributária, Decreto-Lei 398/1998. **Diário da República Portuguesa**, n. 290/1998, Série I-A de 1998-12-17.

PORTUGAL. Regime Geral das Infrações Tributárias, Lei n.º 15/2001. **Diário da República Portuguesa**, n. 130/2001, Série I-A de 2001-06-05.

RICARDO, Joaquim Fernando. **Direito Tributário**. 24. ed. Lisboa, Portugal: Vida Económica, 2021.

ROCHA, Isabel; ROCHA, Joaquim Freitas. **Fiscal**: códigos tributários e legislação conexa. 41. ed. Porto, Portugal: Porto Editora, 2021.

ROCHA, Joaquim da. **Lições de Procedimentos e Processos Tributários**. 8. ed. Coimbra, Portugal: Almedina, 2021a. ISBN: 9789724097787.

ROCHA, Joaquim da. **Regime Complementar do Procedimento de Inspeção Tributária e Aduaneira – Anotado e Comentado**. 2. ed. Lisboa, Portugal: Almedina, 2021b. ISBN: 9789724093765.

ROCHA, Joaquim Freitas da; SILVA, Hugo Flores da. **Teoria Geral da Relação Jurídica Tributária**. Lisboa, Portugal: Almedina, 2017. ISBN: 9789724071893.

RODRIGUES, Lúcia Lima. **SNC – Sistema de Normalização Contabilística**. 4. ed. Coimbra, Portugal: Almedina, 2020.

ROSÁRIO, Pedro Trovão do; HAMMERSCHMIDT, Denise; RI, Luciene Dal e PACHECO, José Ernani de Carvalho (coord.). **Direito Constitucional Luso e Brasileiro na Contemporaneidade**. Curitiba, Brasil: Juruá, 2019. ISBN 978 853 628 552 8.

SABBAG. Eduardo. **Manual de Direito Tributário**. 12. ed. São Paulo, Brasil: Saraiva Jur, 2020.

SABBAG. Eduardo. Eduardo. **Direito Tributário Essencial**. 7. ed. São Paulo, Brasil: Forense, 2020.

SANTOS, António Carlos dos. A nova proposta de diretiva sobre a matéria coletável comum consolidada em sede de imposto sobre as sociedades: passado, presente e futuro. TOC, **Revista da OTOC**, n. 136, p. 40-44, jul. 2011.

SANTOS, António Carlos dos. Planejamento fiscal, evasão fiscal, elisão fiscal: o fiscalista no seu labirinto. **NOMOS:** Revista do Programa de Pós-Graduação em Direito da UFC, Fortaleza, v. 30, n. 2, 2010, p. 227-266. Disponível em: https://repositorio.ufc.br/handle/riufc/12001. Acesso em: 3 nov. 2019.

SANTOS, António Carlos dos. O conceito de regimes fiscais mais vantajosos: uma aproximação ao conceito e à realidade. *In*: CABRAL, Nazaré da Costa; CALDAS, Marta. (Org.) CIDEEFF/FDUL. **Implicações Orçamentais dos Regimes Fiscais Mais Vantajosos**. Policy Papers, 2016/1 (revista eletrônica). 2016, p. 9-23.

SARMENTO, Joaquim; NUNES, Ricardo; PINTO, Marta Morais. **Manual Teórico-Prático de IRC**. Coimbra, Portugal: Almedina, 2021. ISBN: 9789724091907.

SEITENFUS, Ricardo; VENTURA, Deyse. **Manual de organizações internacionais**. 6. ed. Porto Alegre, Brasil: Livraria do Advogado, 2016.

SERVILHA, Claudia, MEZAROBA, Orides. **Manual de Metodologia da Pesquisa em Direito**. 8. ed. São Paulo, Brasil: Saraiva Jur, 2019.

SHOUERI, Luis Eduardo; MOSQUERA, Roberto Queiroga. **Manual de tributação direta da renda**. São Paulo, Brasil: Fernando Aurelio Ziveti, 2020.

SILVA, Germano Marques da. **Direito penal tributário**. Lisboa, Portugal: Universidade Católica Editora, 2009. ISBN 978.972.54.0253-5.

SILVA, Suzana Tavares da. **Direito Fiscal**: teoria geral. 2. ed. Coimbra, Portugal: Universidade de Coimbra, 2015.

SOUSA, Bábara Piaiaro de. **A Responsabilidade Civil da Administração** Tributária – Os Atos Lessivos em Matéria Tributária. Coimbra, Portugal: Almedina, 2021.

TEIXEIRA, Glória. **Manual de Direito Fiscal**. 6. ed. Coimbra, Portugal: Edições Almedina, 2021.

TEIXEIRA, Glória; CARVALHO, Marlene Teixeira de. **Os mais recentes desafios da política fiscal da união europeia**: The overarching issues of the european space – preparing the new decade for key socio-economic and environmental challenges. Porto: Faculdade de Letras da Universidade do Porto, 2018. p. 249-258.

TOMAR, Paulo Renato Lopes. **Planeamento fiscal**. Tomar. 2018. Tese (Mestrado em Direito) – Instituto Politécnico de Tomar, Tomar, 2018.

TORRES, Ricardo Lobo. **Tratado de Direito Constitucional Financeiro e Tributário**. vol. III, 3. ed. Rio de Janeiro: Renovar, 2005.

VARSANO, R. *et al.* **Uma análise da carga tributária do Brasil**. Rio de Janeiro: IPEA, 2021. Disponível em: http://www.dominiopublico.gov.br/download/texto/td_0583.pdf. Acesso em: jan. 2021.

VASQUES, Sérgio. **Manual de Direito Fiscal.** 2. ed. Coimbra, Portugal: Almedina, 2018.

VICENTE, Dário Moura. **Direito Comparado**. 4. ed. Coimbra, Portugal: Almedina, 2018.

VIEIRA, Lauriana Rita Pires Vieira. **Planeamento fiscal abusivo**: exemplificação de alguns esquemas. Porto: Instituto Superior de Contabilidade e Administração do Porto, 2014. Disponível em: http://recipp.ipp.pt/bitstream/10400.22/5437/1/DM_LaurianaVieira_2014.pdf. Acesso em: 3 nov. 2019.

YOUNG, Lúcia Helena Briski. **Planejamento tributário**. 3. ed. Curitiba: Juruá, 2008.

GLOSSÁRIO

A

ALÍQUOTA: Percentual que será aplicado sobre a base de cálculo para apurar o valor de determinado tributo.

B

BASE DE CÁLCULO: Montante sobre o qual se aplica a alíquota para determinar o valor do tributo devido.

BI-TRIBUTAÇÃO: Ocorrência de exigência por pessoas de Direito Público diferentes, de dois tributos sobre o mesmo fato imponível, sendo pelo menos uma das exigências desprovida de amparo jurídico.

BIS-IN-IDEM: Exigência pela mesma pessoa de Direito Público, de dois tributos diferentes sobre o mesmo fato imponível, sendo pelo menos uma das exigências desprovida de amparo jurídico.

C

CARGA TRIBUTÁRIA: O quociente obtido dividindo-se o total de tributos arrecadados pela renda. Se se estiver medindo a Carga Tributária Nacional, divide-se o total de tributos arrecadados no País pela renda nacional. Todavia, se o objetivo for medir a carga tributária de uma pessoa, organização ou setor da Economia, divide-se o total de tributos pagos pela pessoa, organização ou setor da Economia pelas suas receitas brutas.

CONTRIBUINTE: A pessoa natural ou jurídica que tem relação pessoal e direta com a situação que constitua o fato gerador da respectiva obrigação (Inciso I do parágrafo único do Art. 121 do CTN).

CONTRIBUIÇÕES PARAFISCAIS: São designadas de parafiscais as seguintes Contribuições: FGTS, Contribuições Econômicas, Taxas e Emolumentos.

CRÉDITO TRIBUTÁRIO: O montante que o sujeito ativo (Estado) pode exigir do sujeito passivo (contribuinte ou responsável), em virtude de ter ocorrido o fato gerador da obrigação principal (obrigação de pagar uma quantia).

D

DECADÊNCIA: A perda do Direito de a Fazenda Pública constituir o crédito tributário, pelo decurso de cinco anos a contar do primeiro dia do exercício seguinte àquele em que o lançamento poderia ter sido efetuado ou da data da decisão definitiva que houver anulado, por vício formal, o lançamento anteriormente efetuado (Art. 173 do CTN).

E

ELISÃO FISCAL: O procedimento adotado pelo sujeito passivo da obrigação tributária de acordo com os ditames da lei, todavia, resultando em menor ônus tributário do que aquele normalmente esperado.

EVASÃO FISCAL: O procedimento adotado pelo sujeito passivo da obrigação tributária, resultando em eliminação ou diminuição do ônus tributário, mediante adoção de práticas ilegais, tais como a fraude e a sonegação.

F

FACTO GERADOR: A concreção de uma situação material ou jurídica, estabelecida na legislação tributária, como necessária e suficiente para fazer surgir uma obrigação tributária.

I

ICMS: Imposto sobre Operações Relativas à Circulação de Mercadorias e sobre Prestação de Serviços de Transporte Interestadual e Intermunicipal e de Comunicação, também chamado de Imposto sobre Circulação de Mercadorias e Serviços. É um imposto estadual não-cumulativo. É a grande fonte de receita do Distrito Federal e dos Estados.

IMPOSTO: O tributo que tem como fato gerador uma situação independente de qualquer atividade estatal específica relativa ao contribuinte (Art. 16 do CTN).

ISENÇÃO: Dispensa da obrigação de pagar um crédito tributário, por fatos geradores que venham a ocorrer a partir da vigência da lei que a concede em caráter geral, ou do despacho da autoridade administrativa quando em caráter individual.

INCENTIVOS FISCAIS (ou BENEFÍCIOS FISCAIS): Redução ou eliminação, direta ou indireta, do respectivo ônus tributário, oriundo de lei ou norma específica.

IOF: Imposto sobre Operações de Crédito, Câmbio e Seguro, ou relativas a Títulos ou Valores Mobiliários, também chamado de Imposto sobre Operações Financeiras. É um tributo que integra a receita da União e é cobrado sobre operações financeiras e seguros. Seu percentual varia de acordo com o tipo de operação, conforme a política monetária adotada pelo Poder Executivo por meio do Banco Central.

IPI: Imposto sobre Produtos Industrializados. É um imposto federal cobrado das indústrias sobre o total das vendas de seus produtos e das pessoas jurídicas responsáveis pela importação de produtos em geral. Sua alíquota é variável.

IPTU: Imposto Predial e Territorial Urbano. É um imposto municipal recolhido anualmente (normalmente parcelado em algumas prestações mensais) pelos proprietários de edificações (casas, apartamentos etc.) e terrenos urbanos. Sua alíquota e sua metodologia de cálculo variam de um município para outro.

IPVA: Imposto sobre a Propriedade de Veículos Automotores. É um tributo estadual pago anualmente pelo proprietário de todo e qualquer veículo automotor ao qual seja exigido emplacamento. Do total arrecadado, 50% cabem ao Estado e 50%, ao Município onde ocorreu o emplacamento.

IRPF: Imposto de Renda das Pessoas Físicas. É um tributo federal. Pagam-no as pessoas físicas sobre sua renda, sobre ganhos de capital (como o lucro imobiliário) e sobre o rendimento de aplicações financeiras.

IRPJ: Imposto de Renda das Pessoas Jurídicas. É um tributo federal. Pagam-no as pessoas jurídicas não imunes/isentas sobre seu Lucro Real, após as adições e exclusões efetuadas sobre os lançamentos constantes do Lalur (Livro de Apuração do Lucro Real), ou sobre a Faturação/Receita Bruta, caso a empresa haja optado pelo pagamento do IR por Lucro Presumido, cujo percentual de presunção oscila entre 1,6% e 32%, conforme o tipo de atividade da empresa.

IRRF/PF: Imposto de Renda Retido na Fonte – Pessoa Física. É o Imposto de Renda da pessoa física, retido no ato do pagamento do salário, *pro labore*, férias, 13º salário e outras vantagens pessoais. Esse desconto mensal (IRRF) não isenta o Contribuinte do pagamento do Imposto de Renda remanescente, apurado quando da apresentação de sua Declaração de Rendimentos (Declaração de Ajuste Anual) no ano seguinte.

IRRF/PJ: Imposto de Renda Retido na Fonte – Pessoa Jurídica. É o imposto retido sobre os pagamentos efetuados por uma pessoa jurídica a outra pessoa jurídica, variando de 1,0% a 1,5%, dependendo da atividade da empresa prestadora de serviço. O valor retido será compensado quando da apuração do Imposto de Renda devido.

ISS: Imposto Sobre Serviços é um tributo municipal. Incide sobre a prestação, por pessoas físicas e jurídicas, de serviços listados sujeitos ao imposto. A alíquota varia conforme a legislação de cada Município, indo de 2 a 5%.

ITBI: Imposto sobre Transmissão de Bens Imóveis. É um imposto municipal, de responsabilidade do comprador, pago/recolhido por esse nas transações imobiliárias.

ITCD: Imposto sobre Transmissão Causa Mortis e Doação de quaisquer Bens ou Direito. É um imposto estadual sobre a transmissão de herança e doações.

ITR: Imposto sobre a Propriedade Territorial Rural, também chamado de Imposto Territorial Rural. Equivalente ao IPTU (municipal), pagam-no os proprietários dos imóveis territoriais rurais.

IVA: Sistema de cobrança de imposto apenas sobre o valor adicionado ou agregado ao preço anterior do produto.

L

LANÇAMENTO: O procedimento formal, privativo da autoridade administrativa, tendente a verificar a ocorrência do fato gerador da obrigação correspondente, determinar a matéria tributável, calcular o montante do tributo devido, identificar o sujeito passivo e, sendo o caso, propor a aplicação da penalidade cabível (Art. 142 do CTN).

O

OBRIGAÇÃO TRIBUTÁRIA: O dever que surge para o sujeito passivo da relação jurídico tributária em decorrência do fato gerador.

OBRIGAÇÃO TRIBUTÁRIA ACESSÓRIA: O dever de fazer (prestação positiva) ou deixar de fazer (prestação negativa), no interesse da arrecadação ou fiscalização dos tributos (§ 2º do Art. 113 do CTN).

OBRIGAÇÃO TRIBUTÁRIA PRINCIPAL: O dever que surge com a ocorrência do fato gerador e tem como objeto o pagamento de tributo ou penalidade pecuniária (§ 1º do Art. 113 do CTN).

P

PLANEAMENTO TRIBUTÁRIO: O planejamento empresarial que tem como objeto o tributo e seus reflexos nas organizações.

PRESCRIÇÃO: A perda do Direito de acionar judicialmente o sujeito passivo (o devedor) para receber um crédito, pelo decurso do prazo estipulado em lei, que, se referido a tributo, é de 5 anos a contar da constituição definitiva do crédito (Art. 174 do CTN).

R

REMISSÃO: Renúncia do crédito tributário, decorrente de fatos geradores ocorridos anteriormente à vigência da lei ou do despacho concessivos.

RESPONSÁVEL: A pessoa natural ou jurídica, que tendo uma relação indireta com o fato gerador da respectiva obrigação é designada pela lei como obrigada (Inciso II do parágrafo único do Art. 121 do CTN).

S

SIMPLES: Tratamento tributário simplificado aplicável às microempresas ou empresas de pequeno porte, também denominado SIMPLES Nacional ou Super SIMPLES, estabelecido pela Lei Complementar 123/2006.

T

TAXA: O tributo cobrado em razão da prestação de um serviço público, específico e divisível, utilizado pelo contribuinte, ou sendo esse de uso compulsório, seja colocado à sua disposição de forma regular ou pelo exercício do poder de polícia (Art. 77 do CTN).

TRIBUTO: O desembolso financeiro a que as pessoas estão sujeitas, compulsoriamente, por imposição legal, cujo objetivo primordial é o de produzir os recursos públicos necessários à consecução das finalidades do Estado.